Coletânea Bienal

Coordenação editorial
Maurício Sita

Coletânea Bienal

© LITERARE BOOKS INTERNATIONAL LTDA, 2022.
Todos os direitos desta edição são reservados à Literare Books International Ltda.

PRESIDENTE
Mauricio Sita

VICE-PRESIDENTE
Alessandra Ksenhuck

DIRETORA EXECUTIVA
Julyana Rosa

DIRETORA DE PROJETOS
Gleide Santos

RELACIONAMENTO COM O CLIENTE
Claudia Pires

EDITOR
Enrico Giglio de Oliveira

ASSISTENTE EDITORIAL
Luis Gustavo da Silva Barboza

REVISÃO
Ivani Rezende

CAPA
Paulo Gallian

DESIGNER EDITORIAL
Lucas Yamauchi

IMPRESSÃO
Gráfica Paym

Dados Internacionais de Catalogação na Publicação (CIP)
(eDOC BRASIL, Belo Horizonte/MG)

C694 Coletânea Bienal: memórias, histórias e estratégias capazes de revolucionar vidas / Coordenação Mauricio Sita. – São Paulo, SP: Literare Books International, 2022.
392 p. : il. ; 16 x 23 cm

Inclui bibliografia
ISBN 978-65-5922-389-3

1. Administração. 2. Empreendedorismo. 3. Sucesso nos negócios. I. Sita, Mauricio.

CDD 658.4

Elaborado por Maurício Amormino Júnior – CRB6/2422

LITERARE BOOKS INTERNATIONAL LTDA.
Rua Antônio Augusto Covello, 472
Vila Mariana — São Paulo, SP. CEP 01550-060
+55 11 2659-0968 | www.literarebooks.com.br
contato@literarebooks.com.br

SUMÁRIO

9   UMA JORNADA DE TRANSFORMAÇÃO BASEADA EM REVISÃO DE PROCESSOS DE NEGÓCIOS E GESTÃO DE MUDANÇAS
Alexandre Gomiero

19   O PODER DO PENSAMENTO COMO CRIAÇÃO DA REALIDADE
Amanda Hellen Cunha

27   TRANSFORMAÇÕES EM TEMPOS DIFÍCEIS
Ana Gabriela Menezes

35   A CONSTRUÇÃO DA AUTOESTIMA
Ana Lira

43   O DOMÍNIO DO INGLÊS TRANSFORMANDO VIDAS E CARREIRAS
Ana Petrosino

51   A NOVA ETIQUETA: REFLEXÕES DE NOVOS COMPORTAMENTOS PARA UM NOVO TEMPO
Andréia Nakagawa

59   A REVOLUÇÃO NA VIDA DOS CONSUMIDORES: O SUPERMERCADO E SUA CONTRIBUIÇÃO
Antonio Carlos Ascar

67   DESPERTE O VENDEDOR QUE EXISTE DENTRO DE VOCÊ
Benito Costta

75   COMO TER UM NEGÓCIO DE SUCESSO NO COMÉRCIO ELETRÔNICO?
Camila Theobald

85   NOVO OLHAR PARA O PLANETA TERRA
Carlos Barros

93   A SAGA DO VESTIDO AZUL OU A PROFECIA
Carmen Hornick

103	APAIXONADA POR VIAGENS E TRANSFORMADA POR MAIS DE 50 CULTURAS **Cláudia Aquino de Oliveira**
111	O PODER DE RESSIGNIFICAR O INCONSCIENTE **Cristiane Silva**
121	MEMÓRIAS, HISTÓRIAS E ESTRATÉGIAS CAPAZES DE REVOLUCIONAR VIDAS **Daniel Paz Arend**
127	CRÔNICAS EM TEMPOS DE PANDEMIA **Daniela Stein**
135	MEMÓRIAS, HISTÓRIAS, ESTRATÉGIAS CAPAZES DE REVOLUCIONAR VIDAS: CANABIDIOL – MEDICINA DO FUTURO **Débora Fukuoca**
143	DOMINAR A IRA É NECESSÁRIO **Domingos Sávio Zainaghi**
151	A SAÚDE MENTAL DA IGREJA: VIVE 100% ESPIRITUAL QUEM JÁ MORREU **Elias Lopes Vieira**
161	INTEGRANDO OS SENTIMENTOS E ACOLHENDO A SOMBRA NO *COACHING* EM GRUPO **Elisa Próspero**
169	FRASES QUE SERÃO CAPAZES DE MUDAR SEU DIA **Euclides Filho**
177	FLORESCENDO REALIZAÇÕES COM O PODER DOS SONHOS **Francisco de Assis das Neves Mendes**
185	DE PROTAGONISTA DE TV À AUTORA DA MINHA HISTORIA REAL **Gabriela Durlo**
195	COMO A FIGURA DO MICROEMPREENDEDOR INDIVIDUAL MUDOU O BRASIL **Itacir Amauri Flores**
203	ACREDITE ANTES DE TUDO EM VOCÊ! DEPOIS, COM AUTOCONFIANÇA, AJA NA DIREÇÃO CERTA E MOBILIZE TODOS OS RECURSOS PARA CONCRETIZAR O QUE DESEJA **Ivanilde Lima**
209	SOB UM NOVO OLHAR... **Jacinta Rosa Okde**

215	A DOR DO FIM NÃO DURA PARA SEMPRE	
	Jéssica Cosendey	
223	VIAGENS QUE TRANSFORMAM VIDAS	
	Joelma Tavares	
231	AS COMPETÊNCIAS, HABILIDADES E ESTRATÉGIAS EXIGIDAS NA ERA DIGITAL	
	José Roberto Cavalcante Filho	
239	THE LOVE LAKE LAGO GRANDE (CAMOCIM, CE)	
	Julie Carroll e Claudyana Bastos	
245	SEJA PROTAGONISTA DA SUA VIDA E DA SUA CARREIRA	
	Kelen Turmina	
257	LEVE A VIDA DE UM JEITO MAIS LEVE	
	Márcia Tejo	
265	A CIRCULAÇÃO DOS AFETOS NA VIDA E NA ESCOLA	
	Maria Amália Forte Banzato	
273	RECONHECENDO E ADMINISTRANDO NOSSAS EMOÇÕES DIANTE DAS FRUSTRAÇÕES E INCERTEZAS DA VIDA	
	Maria Helena Lobão	
281	SUPERANDO AS ADVERSIDADES	
	Ohannes Kiledjian	
291	ESTRATÉGIAS PARA VENCER OS PRINCIPAIS BLOQUEIOS QUE O IMPEDEM DE VIVER DO SEU PROPÓSITO	
	Patrícia Mello	
299	ALGO ESTÁ ERRADO NA EDUCAÇÃO DO MEU FILHO, QUEM É O CULPADO?	
	Pedro Beltrão Machado Nogueira	
307	COMO LIDAR COM A PROCRASTINAÇÃO?	
	Rafael José Kraisch	
317	MAPEAMENTO COMPORTAMENTAL: SUA IMPORTÂNCIA NO MUNDO CORPORATIVO	
	Rafael Zandoná	
325	QUANDO A ADVERSIDADE MOTIVA	
	Regivane Aquino	

335   COMO SE TIVÉSSEMOS OUTRA VIDA
Sibeli Borba

343   COMO EVITAR OS IMPACTOS DA INTELIGÊNCIA EMOCIONAL EM UMA CRISE
Sidney Botelho

351   CONSCIÊNCIA, UM PRODUTO SOCIAL: VOCÊ SE ENCONTRA NO (DES)ENCONTRO COM O OUTRO
Sofia Barile

359   SEJA UM CONTADOR DE HISTÓRIAS: O PODER DO *STORYTELLING* NA EDUCAÇÃO DOS FILHOS
Stella Azulay

369   UM CASO DE SUCESSO
Teresa Cristina

379   FENÔMENO DA LUZ CINÉREA
Tiago Laveso

385   MENTALIDADE DE CRESCIMENTO
Yara Furbino

1

UMA JORNADA DE TRANSFORMAÇÃO BASEADA EM REVISÃO DE PROCESSOS DE NEGÓCIOS E GESTÃO DE MUDANÇAS

A definição de "o que fazer" é fundamental para conduzir as mudanças e a correção de "como fazer". A gestão de mudanças traz um conjunto de ferramentas para apoiar a jornada de transformação.

ALEXANDRE GOMIERO

Alexandre Gomiero

Contatos
www.sitedoautorblogblabla.com.br
www.lexgobr.com.br
agomiero@gmail.com
LinkedIn.com/in/agomiero
11 99195 7337

Economista e pós-graduado em Comércio Exterior pela Universidade Presbiteriana Mackenzie. Com 30 anos de experiência como executivo em empresas multinacionais, teve passagens pelas áreas financeira, de tecnologia de informação, planejamento corporativo e melhoria de processos de negócios. Liderou projetos de planejamento estratégico, bem como implantação de sistemas e de inovações tecnológicas. Escritor e palestrante, atua como consultor em gestão de projetos, processos e transformação organizacional, com o propósito de apoiar as empresas em suas jornadas de transformação.

Introdução

Mudanças fazem parte do cotidiano do ser humano desde os seus primórdios. Na revolução agrícola, o homem migrou do sistema de caça e coleta para sobreviver passando a utilizar a agricultura como principal fonte de cultivo do solo, com a plantação de alimentos. À medida que passava a percorrer espaços menores, muitas pessoas morriam por doenças até então desconhecidas. Muitas adaptações foram necessárias para o homem sobreviver às mudanças.

Nos últimos 250 anos, passamos por quatro revoluções industriais, quando o homem deixou de produzir da forma artesanal para a manufaturada, chegando ao momento atual, com a revolução digital trazendo Inteligência Artificial e robótica, entre outras grandes inovações. Todas essas mudanças foram permeadas por guerras, novos sistemas políticos e pandemias. Assim, o ser humano foi obrigado a mudar. E quem estava mais bem preparado para as mudanças sobreviveu e venceu.

Na gestão empresarial, a preparação para as mudanças tornou-se não mais um diferencial, mas um fator fundamental para o sucesso das empresas em um ambiente de transformação.

Participei de uma jornada de transformação em uma empresa multinacional no período de 2012 à 2017. Alguns aspectos do processo foram abordados em reflexões anteriores (GOMIERO, 2019, 2020).

Neste relato, retomo pontos-chave de minha vivência e destaco a adaptação como aspecto crucial para o sucesso das iniciativas.

Contexto da jornada de transformação

Em 2011, uma das maiores empresas multinacionais do Japão adquiriu 100% de uma empresa voltada à armazenagem, logística e exportação de *commodities* agrícolas, tais como soja e milho; ela será aqui identificada com o nome fictício PoliAgro. O intuito da multinacional estrangeira era que a empresa recém-adquirida atuasse no fornecimento de grãos para a sua plataforma de vendas para a Ásia. Dessa forma, investiu em ativos, colaboradores experientes e melhoria de processos.

O cenário econômico nacional em 2011 era favorável, com as exportações brasileiras alcançando o recorde de US$ 256 bilhões, 14% do Produto Interno Bruto (PIB). A China já era o maior parceiro comercial do Brasil. As exportações para o país asiático haviam crescido quatro vezes mais que as exportações totais entre 2000 e 2010, com destaque para soja, café, minério de ferro e petróleo.

Fui contratado para participar de um programa de transformação nos processos da PoliAgro. O objetivo dos acionistas era que a empresa triplicasse o seu faturamento em cinco anos, tornando-se um grande *player* no mercado de agronegócio. Visando atingir tal objetivo, organizamos um comitê junto aos demais diretores e realizamos um estudo sobre a estrutura da empresa.

A PoliAgro não possuía documentação dos seus processos de negócios e o conhecimento estava concentrado em poucos colaboradores. O sistema de gestão empresarial era muito customizado e sem interfaces com outros sistemas que atendiam a processos de áreas específicas. Além disso, a tecnologia de sua arquitetura estava obsoleta. Havia muito controles financeiros sendo realizados em planilhas e, consequentemente, falta de confiança nas informações geradas por tais controles. O fechamento contábil mensal era extremante demorado, acarretando complicações na dinâmica da empresa.

A conclusão dos acionistas foi desenvolver um programa de transformação, tendo como projeto principal a implementação de um novo sistema integrado mais robusto, e substituir todos os sistemas legados da empresa. Após a aprovação do investimento para o programa, eu fui designado como PMO (Project Management Officer), respondendo diretamente ao conselho de administração composto por executivos da matriz.

Definição e escopo

O programa teve início em 2013 e foi finalizado em 15 meses, conforme planejamento inicial. O escopo do programa englobava todas as áreas da empresa, com grande ênfase em finanças, logística, comercial e gestão de riscos. Definimos, em conjunto com os diretores, a cessão de gerentes e coordenadores das respectivas áreas para serem usuários-chave no projeto, dedicados em 100% de seu tempo e respondendo diretamente ao PMO, enquanto durasse o projeto.

Após um intenso processo de seleção, contratamos uma empresa multinacional como consultoria implementadora. Para complementar a solução, contratamos sistemas satélites e as respectivas consultorias de gestão tributária, recursos humanos e gestão agrícola para integrar a arquitetura do novo sistema. Desta forma, o processo colaborativo de implementação do novo sistema integrado de gestão empresarial envolveu uma equipe multidisciplinar, como detalharei a seguir:

Estrutura colaborativa

A equipe contou com 30 usuários-chave (áreas de negócios e Tecnologia da Informação) e 80 consultores especialistas, organizados por células de trabalho (Comercial, Logística, Financeiro, RH, entre outras) e uma equipe de gestão de mudanças. Como parte do programa de transformação, nesse mesmo período, liderei um projeto de implantação de um CSC (Centro de Serviços Compartilhados) simultaneamente à implantação do sistema integrado de gestão empresarial. Tal caso poderá ser alvo de futuras publicações complementares à presente.

Dinâmica de trabalho

Cada célula de trabalho tinha um diretor como responsável pelos requisitos de negócios e que, além do acesso direto aos usuários-chave, acompanhavam semanalmente as reuniões de andamento do projeto com o PMO. Nem sempre tínhamos a colaboração de todos os diretores, que demandavam outras atividades aos subordinados alocados no projeto. Nesse momento, entrava em ação a equipe de Gestão de Mudança para realinhar as atividades.

As fases iniciais do projeto transcorreram sem problemas, com cada célula de trabalho executando suas atividades dentro do tempo e da normalidade. Entretanto, com o início dos testes integrados, as células tiveram que se relacionar para execução das atividades. Nessa dinâmica, os problemas relacionados à construção dos processos de negócios surgiram e demandaram atenção especial, exigindo a colaboração das equipes de forma multidisciplinar.

Assim, pudemos constatar que a implantação de um sistema integrado de gestão empresarial é sempre um grande desafio, mas quando envolve todas as operações da empresa, desde a área comercial até a contabilidade, a complexidade e a necessidade de colaboração se tornam ainda mais importantes.

Resultados

Todas as informações financeiras passaram a ser geradas no novo sistema, ou através dele, e tiveram sensível diminuição do prazo para fechamento contábil mensal. A gestão de todos os contratos de compra/venda de *commodities* passou a ser realizada dentro do sistema, com indicadores gerenciais de performance e resultados. Ainda, verificou-se melhoria na importante integração das informações entre os departamentos.

A equipe de gestão de mudanças desenvolveu um projeto de multiplicação de conhecimento, que se estendeu após o *Go-Live*, no qual a colaboração dos usuários na produção de materiais e treinamento foi fundamental para assimilação das novas rotinas no novo sistema integrado de gestão empresarial.

A implantação do sistema integrado de gestão empresarial trouxe um conjunto de lições aprendidas:

- Engajar os gestores desde o começo do projeto.
- Aportar usuários-chave com grande conhecimento de negócio e poder de decisão.
- Definir os processos de negócios e trabalhar especialmente naqueles que não estejam maduros.
- Ter a participação ativa das filiais, através de um processo de Gestão de Mudança efetivo.
- Formar usuários multiplicadores desde o início do projeto, uma vez que serão pontos-chave no suporte às filiais.

Novo projeto – *Business Process Management* (BPM)

Após a implantação do sistema integrado de gestão empresarial no final de 2014, o cenário econômico nacional havia mudado, entrando em forte recessão a partir do segundo trimestre daquele ano. Essa conjuntura foi acompanhada por uma intensa crise política, que resultou no afastamento definitivo de Dilma Rousseff do cargo de presidente, com a conclusão de um processo de *impeachment* em agosto de 2016. O ambiente de transformação interno na empresa intensificou-se, com a necessidade de redução das atividades e com a demissão de muitos colaboradores. Eu fui convidado para desenvolver e liderar uma equipe para suportar a transformação nos processos de negócios.

Definição da equipe

Conforme informado anteriormente, na fase final do projeto de implantação do novo sistema integrado de gestão empresarial, alguns pontos de atenção foram levantados referente aos processos de negócios, que precisariam ser revistos.

Após o término de tal projeto, viajei para o país no qual se localiza a matriz da PoliAgro, visando apresentar os resultados obtidos. Após uma maratona de apresentações, foi recomendado que desenvolvêssemos um departamento de BPM (*Business Process Management*) para suportar o processo de transformação da empresa no Brasil e, também manter um sistema de Controle Interno (JSOX – Lei Sarbanes-Oxley Japonesa) sem deficiências. O departamento de BPM seria um projeto de dois a três anos, até que o processo de transformação se estabilizasse.

Estrutura da equipe

O processo de montagem do departamento de BPM foi um desafio junto ao departamento de RH. Precisávamos de colaboradores que conhecessem os negócios da empresa, pois o setor de agronegócios tem características muito particulares. Mas precisávamos também de colaboradores que dominassem metodologia de mapeamento de processos e controle interno. Além disso, todos os colaboradores seriam recolocados em outros departamentos após o término do BPM.

A solução foi uma equipe híbrida, com colaboradores que haviam participado do projeto de implantação do sistema de gestão integrado e novos colaboradores contratados no mercado, com experiência em melhoria de processos. Realizei um acompanhamento próximo com cada colaborador, integrando-os à equipe.

Dinâmica de trabalho

Elaboramos um mapa de governança da empresa, com a identificação de um dono de processo, que era um diretor ou gerente sênior, e um ponto focal por área. Na equipe de BPM, designamos um integrante responsável por área, que tinha como responsabilidade organizar semanalmente as reuniões com os donos de processos e pontos focais.

Manter a execução dos processos em conformidade e ter flexibilidade para apoiar os negócios da empresa é sempre um grande desafio. No entanto, quando há uma equipe qualificada, motivada e, acima de tudo, trabalhando em total colaboração mútua, o resultado é gratificante e positivo.

Após o término do departamento, os colaboradores foram realocados para outras áreas. Um departamento de Controle Interno foi mantido para apoiar as áreas em relação ao J-Sox e à manutenção de normativos.

Liderar uma equipe atuando como um agente de transformação é um desafio enorme. Além disso, o momento econômico do País era muito desfavorável e impactava negativamente o ambiente, culminando com muitas demissões de colaboradores e a diminuição das atividades da empresa. Nesse cenário, a estrutura de "silos" se reforça dentro da mesma.

As principais lições aprendidas durante o processo de liderança em um ambiente de transformação aqui descrito foram:

- Engajar e manter muito próximos todo os gestores.
- Comunicar, comunicar e comunicar.
- Manter a flexibilidade como ferramenta principal de negociação com as áreas de negócio.

Conclusão

Neste capítulo, relatei uma jornada de transformação empresarial desde a implementação de um sistema de gestão empresarial, passando por um processo de gestão de mudanças necessário para sua correta e completa implementação. Tal processo envolveu diversas superações de desafios, novos processos e conquistas relevantes, ou seja, uma sequência que demandou inúmeras e profundas adaptações.

Em discurso proferido na década de 1960, o professor da Louisiana State University, Leon C. Megginson, destacou: "Não é o mais forte que sobrevive, nem o mais inteligente, mas o que melhor se adapta às mudanças" – apresentando sabiamente sua interpretação sobre a ideia central de um dos livros mais importantes já elaborado pela humanidade: A origem das espécies, de Charles Darwin.

Se a capacidade de adaptação sempre foi essencial para nossa espécie, nesta fase crítica de pós-pandemia que vivenciamos, essa capacidade emerge como ainda mais essencial.

Espero que este capítulo inspire todos que necessitam de engajamento de processos de mudanças, especialmente neste momento.

Referências

GOMIERO, A. Processo colaborativo na implantação de sistema integrado de gestão empresarial. In: SADDY, R. *Engage For Business: como superconectores aceleram negócios por meio de redes colaborativas*. São Paulo: Editora Literare Books, 2019. p. 19-24.

GOMIERO, A. Desafios da Liderança em um Ambiente de Transformação. In: SIMONATO, M. *Liderando juntos: um novo olhar para a gestão das gerações atuais*. São Paulo: Literare Books, 2020. p. 09-15.

2

O PODER DO PENSAMENTO COMO CRIAÇÃO DA REALIDADE

Neste capítulo, você encontrará uma reflexão sobre como as crenças influenciam o seu modo de pensar, sentir e se comportar e criam a sua realidade, bem como os primeiros passos para uma transformação revolucionária.

AMANDA HELLEN CUNHA

Amanda Hellen Cunha

Contatos
amandahellencunha@gmail.com
Facebook: Psicóloga Amanda Hellen
Instagram: abrigo_emocional
11 98452 9901

Psicóloga graduada pela Universidade Nove de Julho (2017); com curso de extensão em Neurociência Cognitiva e Filosofia da Mente pela USP (2017) e em Psicologia Positiva pela Pennsylvania University (2021); especialização em Terapia Cognitivo-comportamental pela PUC-RS (2021). Atua em atendimentos clínicos a jovens e adultos nos casos de ansiedade, depressão e relacionamentos desde 2017.

Somos o que pensamentos. Tudo o que somos surge com nossos pensamentos. Com nossos pensamentos, fazemos o mundo
BUDA

O mundo atual é palco para muitas inquietações. Em algum momento, provavelmente você já se flagrou buscando respostas para seus desejos, anseios, expectativas sobre o futuro e sentimentos ou já deixou se entregar a um estado em que não parava de remoer um problema, e quanto mais pensava nesse problema, mais as suas emoções pareciam criar vida. É possível que você tenha conversado com amigos quando estava angustiado e eles lhe disseram coisas que você nunca havia parado para pensar, e após refletir sobre algumas questões, se sentiu melhor. A cada dia, nós passamos por situações que demonstram que a forma de pensar determina a forma de sentir. Às vezes, temos a sensação de que nada dá certo; imprevistos e decepções acontecem, mas o grau da nossa aflição está ligada diretamente à forma como pensamos nas situações problemáticas e não necessariamente aos eventos. Apesar de muitas vezes culparmos os outros ou as circunstâncias da vida por estarmos nos sentindo frustrados, ressentidos, ansiosos ou deprimidos, não podemos fugir de uma grande verdade: os nossos pensamentos e crenças determinam a forma como nos sentimos e como nos comportamos.

Embora não seja possível mudar pessoas ou circunstâncias da vida, nós podemos e devemos mudar a forma de pensar sobre tudo isso, e a partir do momento em que passamos a pensar de uma forma mais equilibrada e a enxergar tudo com mais clareza, deixaremos de nos sentir aflitos a cada vez que surge um novo problema em nossa vida. Sabemos que nenhuma mudança é simples, porém, se houver força de vontade e um pouquinho de esforço extra, sabemos que nós podemos prosseguir na caminhada da vida. Esta Coletânea Bienal tem o intuito de trazer esse brilho nos olhos, essa inspiração e motivação através de memórias, histórias e estratégias que são capazes de revolucionar vidas, e eu me sinto muito feliz por fazer parte de tão nobre projeto que vem ao encontro do meu objetivo e da contribuição para a sociedade em todos esses anos, através da minha atuação como psicóloga, apaixonada pelo ser humano: revolucionar vidas através da compreensão e ressignificação das emoções.

Eu não tenho nenhuma dúvida sobre a magnitude e o poder do pensamento, e que através dele podemos construir e destruir, colocando o mundo inteiro em movimento. Se você puder compreender o poder que tem em suas mãos, poderá transformar a sua vida e impactar o mundo ao seu redor.

> Aquilo que um homem pensa de si mesmo – é isso que determina ou, antes, indica o seu destino.
> (HENRY THOREAU)

Através do poder do pensamento, podemos nos transformar nos seres mais evoluídos deste mundo, transformando a nossa vida e a dos demais. Por isso, eu o convido a refletir: o que você tem pensado sobre si mesmo e o mundo e como tem utilizado esse recurso maravilhoso capaz de alterar completamente a sua história?

Os pensamentos são transitórios e, muitas vezes, conscientes. Nós possuímos milhares de pensamentos todos os dias e, com certa frequência (nem todas as vezes), podemos identificar esses pensamentos se prestarmos mais atenção e analisá-los com um olhar mais investigativo.

As crenças sobre nós mesmos e sobre o mundo são suposições com certo grau de estabilidade e normalmente são inconscientes, apesar de às vezes pensarmos de forma consciente e questionarmos se são racionais ou não. As nossas crenças são capazes de influenciar o nosso modo de pensar, sentir e nos comportar.

O que são cognições e crenças e de onde elas vêm?

O termo cognição vem da raiz latina *cognoscere*, que significa "conhecer". "Cognitivo" significa um conjunto de processos mentais, logo, uma terapia cognitiva, por exemplo, consiste basicamente em ajudar a examinar e alterar nosso modo de pensar. As nossas cognições vêm de várias influências que moldam as nossas percepções no decorrer da vida, como podemos listar abaixo:

- mensagens que recebemos dos pais, professores, irmãos e colegas;
- pessoas com quem nos relacionamos no decorrer de nossa vida, como cônjuges, membros da família, colegas de trabalho;
- todas as informações adquiridas em cursos, palestras, através de leituras;

- mensagens armazenadas que recebemos da sociedade por meio de revistas, propagandas, televisão, cinema.

Nós somos o reflexo dos nossos pais, irmãos, professores e de todas as vivências que tivemos, tanto das experiências boas e positivas como das experiências frustrantes. Quando éramos pequenos, aprendemos como devíamos nos sentir em relação a nós mesmos e sobre a vida através das reações dos adultos à nossa volta.

Esse é o modo como aprendemos o que pensar sobre nós.

"Nunca faço nada direito." "É tudo minha culpa." "Se eu ficar com raiva, sou uma pessoa má."

Crenças desse tipo criam uma vida frustrante! E quando crescemos, temos a tendência de recriar o ambiente emocional do lar em que fomos criados.

A ansiedade não é um problema, mas sim o pensamento catastrófico que é produzido em diversas situações. E todas as situações que você experimentou em sua vida até agora foram criados pelos pensamentos que você usou ontem, semana passada ou muitos anos atrás.

O passado já passou, o importante é o agora e que você esteja decidido a criar novos pensamentos que transformarão as suas experiências daqui para frente.

Lembre-se: o seu ponto de equilíbrio está no momento presente

Muitas das mensagens que recebemos através dos veículos de comunicação podem influenciar as nossas crenças ao enfatizar a importância de, por exemplo:

- ser magro, jovem e atraente;
- ser popular e ter sucesso profissional;
- parecer ter relações perfeitas com a família e amigos;

As pessoas, de uma forma geral, aceitam essas informações/mensagens de formas diferentes, em graus diferentes. Muitos acreditam que, para ser feliz ou ser bem-sucedido, é preciso ter um emprego magnífico, ser bem remunerado, possuir objetos de luxo, fazer viagens internacionais, ter muitos seguidores nas redes sociais e ser muito popular, por exemplo. Quanto maior for a força com que nos agarramos a essas crenças, maiores serão as probabilidades de nos sentirmos infelizes nos momentos em que a realidade não corresponde às nossas expectativas.

Aprendendo a analisar seus pensamentos

Através dos atendimentos clínicos realizados em meu consultório, cheguei à conclusão de que o que nós pensamos sobre nós torna-se uma verdade para nós mesmos.

Cada pensamento que temos está criando o nosso futuro, pois cada um de nós cria suas experiências através dos pensamentos e emoções.

Com quais afirmações abaixo você se identifica mais?

"Todos querem me prejudicar de alguma maneira."

"Todos estão sempre dispostos a me ajudar de alguma maneira."

Suzana combinou de sair com a amiga na sexta-feira à noite; porém a amiga telefonou cancelando o compromisso de última hora e agora é tarde demais para providenciar outro programa para aquele dia. Somente o fato de pensar em ter que ficar em casa faz com que Suzana se sinta infeliz, e ela pensa consigo mesma: "Todos os demais irão sair para algum lugar e eu não tenho para onde ir, isso é horrível."

Mesmo que seja coerente sentir certa decepção com um cancelamento de ultima hora, é realmente preciso se sentir tão desanimada? Na verdade, o fato de que Suzana se sinta tão aborrecida depende das suas cognições e não exatamente do acontecimento. Suzana se sentiu arrasada por ter os seguintes pensamentos:

- "Todo mundo sai para se divertir na sexta à noite."
- "Eu deveria sempre sair nas sextas à noite."
- "É ruim ficar em casa enquanto as outras pessoas estão se divertindo."

Para que Suzana deixe de se sentir tão infeliz e aborrecida, ela precisa tomar consciência de suas cognições e desafiar algumas delas, como demonstrarei agora.

Aprendendo a desafiar as cognições negativas

A consciência das nossas crenças e pensamentos é o primeiro passo no processo de aquisição de cognições mais saudáveis, porém o simples conhecimento não irá mudar o modo de pensar. Por isso, é necessário, após identificarmos padrões negativos, aprender a questionar esses padrões.

Aquelas emoções que nos abalam emocionalmente são causadas por pensamentos irrealistas ou irracionais, e um meio muito útil de alterar essas cognições é aprender a se opor a elas de uma maneira mais lógica.

Vamos observar alguns exemplos de declarações de questionamento que você pode utilizar para desafiar suas próprias crenças irracionais:

Crença	Afirmação Lógica/Racional
Preciso ser aprovado e amado por todos.	Gosto que as pessoas gostem de mim mas entendo que não é possível que todas as pessoas gostem de mim, e se algumas pessoas não gostarem, não significa que eu não seja legal. Eu posso me sentir bem mesmo se algumas pessoas não gostarem de mim.
O mundo deveria ser seguro e as pessoas sempre justas, e eu nunca deveria ser maltratado.	Há muitas injustiças no mundo, muitas pessoas não são justas e há chances de que eu sofra alguma injustiça.
Quando eu erro, sou uma pessoa má, um fracassado e incompetente.	Como todas as pessoas, eu também cometo falhas, mas isso não faz de mim uma pessoa má. Fiz grandes coisas na minha vida, e me rotular me fixando em apenas alguns dos meus comportamentos é irracional e autoderrotista.

Ao longo da vida, enfrentamos diversas situações que irão nos influenciar positivamente e negativamente. Embora não possamos mudar as situações, podemos aprender a saber fazer uma boa gestão das nossas emoções e, assim, reagir de forma diferente. Ao fazer esse exercício diário, você conseguirá ter uma visão mais ampla de como você está funcionando em determinado momento e, ao desafiar as cognições negativas, irá começar a alterar seus padrões disfuncionais e revolucionará a sua vida!

> Na estação chamada Vida, você é mestre e aluno, ensinando algumas vezes e aprendendo todos os dias. Esteja aberto a isso e procure escrever a cada dia um lindo e empolgante capítulo na página do livro da sua vida.
> AMANDA HELLEN

Antes de finalizar, gostaria de deixar um conto para a reflexão:

> Conta-se que, certo dia, um mestre e seu discípulo estavam a caminho de uma aldeia vizinha, quando chegaram a um rio caudaloso e viram, na margem, uma mulher tentando atravessá-lo.
> O mestre ofereceu-lhe ajuda e, erguendo-a em suas costas, a levou até a outra margem. Lá chegando, a mulher partiu sem dizer, ao menos, obrigado.
> O discípulo, vendo aquilo, ficou bastante perturbado, pois o mestre sempre lhe ensinara sobre o valor da gratidão. Então, perguntou ao mestre:
> – Mestre, por que o senhor não disse nada àquela mulher?
> O mestre ficou em silêncio.
> No dia seguinte, o discípulo voltou a perguntar:
> – Mestre, por que o senhor não disse nada àquela mulher?
> O mestre, mais uma vez, permaneceu em silêncio.
> No dia seguinte, o discípulo, ainda perturbado com aquela situação, insiste na indagação:
> – Mestre, por que o senhor não disse nada àquela mulher? Ela não lhe disse ao menos obrigado por tê-la ajudado..."
> O mestre, finalmente, respondeu-lhe:
> – Eu carreguei aquela mulher apenas uma vez. Você a está carregando há três dias.
>
> (Autor Desconhecido)

Referências

BECK, J. S. *Terapia cognitiva: teoria e prática.* Porto Alegre: Artes Médicas, 1997.

BECK J. S. *Terapia cognitivo-comportamental: teoria e prática.* Trad. Sandra Mallman da Rosa. 2. ed. Porto Alegre: Artmed, 2013.

KNAPP P. Princípios da terapia cognitiva. *In*: Knapp P. (org.) *Terapia cognitivo-comportamental na prática psiquiátrica.* Porto Alegre: Artes Médicas, 2004.

3

TRANSFORMAÇÕES EM TEMPOS DIFÍCEIS

Transformações trazem novos cenários, novos cenários trazem novos desafios e novos desafios trazem novas soluções. É baseada nesta reflexão que o convido a conhecer um pouco das estratégias que me permitiram enfrentar um período tão difícil de uma forma mais leve, podendo inclusive inserir novos e bons hábitos em minha rotina.

ANA GABRIELA MENEZES

Ana Gabriela Menezes

Contatos
agabrielam1989@gmail.com
LinkedIn: Ana Gabriela Menezes

Enfermeira graduada pelo Centro Universitário São Camilo (2010), com pós-graduação em Auditoria dos Serviços de Saúde (Universidade Cruzeiro do Sul) e MBA em Gestão Empresarial (BBS Business School). Certificada em Hipnose Clínica pelo Instituto Brasileiro de Formação em Hipnose, *master practitioner* em Programação Neurolinguística e Autoliderança (AGP), certificada pelo Instituto Ideah. Gerente da área de Sinistro da Care Plus Bupa, docente no Senac nas áreas de Recurso de Glosas e Faturamento e membro da equipe de treinamentos de alto impacto do Instituto Ideah. Seu diferencial é ser apaixonada pelo desenvolvimento humano por meio do autoconhecimento.

Março de 2020, um mês que ficou marcado na vida de muitas pessoas, inclusive para mim. Apesar de toda a incerteza mundial devido à pandemia do coronavírus, tinha a convicção de que em poucas semanas poderíamos voltar a ter uma vida "normal".

Passei a semana do dia 16 de março na minha empresa, discutindo e verificando a viabilidade de se manter alguns processos que dependiam de documentação física no próprio escritório, caso tivesse a possibilidade de um *lockdown* em São Paulo.

No dia 20 de março de 2020, por volta das dez horas da manhã, fui comunicada que todo o pessoal da operação precisaria ir para suas casas e que a companhia seria fechada até que a situação no País se normalizasse. Todo o planejamento feito foi descontinuado e em menos de oito horas todos os colaboradores já estavam com seus computadores configurados para o trabalho remoto. Mesmo diante de tantas incertezas, naquele momento, eu ainda imaginava que, dentro de alguns dias, estaríamos todos de volta.

Com o passar do tempo, fui notando a piora do cenário e me convencendo de que realmente demoraríamos muito para voltar à rotina.

Para a maior parte da população, este foi um período muito difícil, de muitas perdas, muitas mudanças e muitas dificuldades. Nos primeiros meses, passei por uma fase grande de adaptação, afinal sempre acreditei que não teria disciplina para trabalhar em casa. Acreditava que conciliar o trabalho com as tarefas de casa seria impossível!

Esses pensamentos me torturaram por várias semanas. O fato de acreditar fortemente nisso me impedia de ver as possibilidades e oportunidades que existiam ao meu redor.

Hoje, é cada vez mais claro para mim que nosso diálogo interno e as crenças que alimentamos são os balizadores para nossas decisões e comportamentos, ou seja, se eu acreditar que determinada ação é impossível de ser realizada e repetir para mim mesma que sou incapaz, realmente não conseguirei executá-la.

Aprendi em uma aula que nossa mente não diferencia o que real do que é imaginário, ou seja, todas as vezes em que repetirmos para nós mesmos que não somos capazes de realizar determinada tarefa, nossa mente visualiza esse fracasso e o toma como verdade. O lado bom dessa descoberta é que, com consciência, podemos utilizar essa forma de visualização da mente a nosso favor.

Quanto mais frequente for a repetição, mais fortalecidos seremos em relação a essa crença positiva que criamos. Dou um exemplo prático: a maioria dos empresários bem-sucedidos relata visualizar em detalhes seu projeto ou empreendimento antes mesmo de qualquer coisa se materializar. Ou seja, quando a situação se torna realidade, a mente deles já reconhece como algo já visto antes e, assim, a execução se torna ainda mais fácil e fluida.

Essa afirmação até parece algo esotérico ou vinda de textos motivacionais, mas a realidade é que, quanto mais positivo for nosso diálogo interno (aquelas histórias que contamos para nós mesmos), maiores as chances de sucesso.

Já parou para pensar em quantas críticas negativas fazemos a nós mesmos diariamente? Seja porque não estamos satisfeitos com algo que fizemos, não gostamos de algo no nosso corpo ou até porque algo que planejamos não saiu da forma esperada? Se realmente tivéssemos esse olhar e desde crianças alimentássemos de forma positiva nossa mente, com certeza utilizaríamos muito melhor os obstáculos da vida como desafios em prol do nosso crescimento e não como prova de nossos fracassos.

Gosto muito de um pressuposto da PNL (Programação Neurolinguística) que diz que na vida não existem fracassos, apenas resultados. Se olharmos a vida dessa perspectiva, conseguimos entender que, se o resultado saiu diferente do desejado, é porque algo pode ser mudado, nos motivando a agir, ou seja, é uma excelente oportunidade de aprendizado. Qualquer ação gera um resultado, então, se você continuar a executar suas atividades da mesma forma, não poderá obter resultados diferentes.

Há algum tempo, quando percebo que meu diálogo interno está muito negativo, faço um exercício que aprendi com meus grandes mestres William Ferraz e Maíra Laranjeira. É o seguinte: experimente, por ao menos uma semana, se olhar no espelho e dizer para si três coisas que admira em você mesmo. Busque a conexão com seu interior, deixe que essas palavras penetrem seu coração, respire profundamente e repita por quantos dias achar necessário (no mínimo, sete dias). Após esse tempo de autoelogio, perceba o que muda em seu diálogo interno. Você irá se surpreender!

A decisão

Após esse período de conflito interno, percebi que eu tinha duas alternativas: me manter presa a toda negatividade e pesar característico do momento ou aprender a me adaptar a uma nova rotina e tirar o melhor proveito desse período.

Tudo acontece por uma razão e um fim, e acreditar que toda adversidade contém algum benefício maior e útil já é um motivo grande e suficiente para aprendermos a lidar com qualquer adversidade.

Decidi, então, seguir pelo caminho do aprendizado e valorizar o lado bom que toda situação possui. Foi assim que, aos poucos, passei a analisar meu dia a dia e percebi a quantidade de "nãos" que dizia a mim mesma, priorizava tudo e todos, menos a mim mesma.

Comecei analisando minha rotina e percebi quais eram as atividades de que eu gostava e de que estava abrindo mão, seja para trabalhar ou para cuidar do outro e até mesmo da casa. O primeiro passo foi algo bem simples, mas que para mim era essencial, a organização da minha rotina. Foi então que passei a organizar e priorizar as atividades que realmente eram importantes para mim. Utilizei (e utilizo ainda hoje) alguns conceitos da tríade do tempo.

Basicamente, a metodologia se resume em identificar nas suas atividades diárias o que é circunstancial (atividades desnecessárias como, no meu caso, acompanhar o *feed* do Instagram), urgente (algo não previsto que surge de última hora e que é fundamental) e importante (atividades que são significativas em nossas vidas, relacionadas aos nossos sonhos e objetivos). No início, parece complexo, mas quando você percebe o ganho que isso traz, torna-se parte da rotina.

Até aprender essa metodologia, eu não tinha ideia de que a maior parte das minhas atividades estava alocada como circunstancial e urgente. Ou seja, a maioria das minhas tarefas diárias não estava voltada para atividades significativas e que contribuíam para meus sonhos e objetivos.

É importante identificar todas as atividades, sejam elas de cunho pessoal ou profissional. No meu caso, por exemplo, algo importante que estava deixando de lado era meu tempo de meditação e atividade física e a qualidade do tempo com a família. Itens esses que são essenciais para uma qualidade de vida e para a tão procurada felicidade basal.

Experimente olhar para seu interior e identificar quais atividades de que você gosta e deixou de fazer, ou até mesmo aquelas que são muito importantes para seu futuro, como estudar, cuidar do corpo e da mente, entre outras. Coloque essas atividades em seu calendário e as classifique como importantes e inegociáveis. Aos poucos, conseguirá perceber o quão poderosa é esta ferramenta e como seu tempo passará a ter um melhor rendimento.

Gratidão

Outra estratégia poderosa que aprendi foi a da gratidão. Vou começar refletindo sobre o que é gratidão. No dicionário, temos a seguinte definição: "gratidão é a qualidade de quem é grato; agradecimento; reconhecimento por um benefício recebido". A palavra gratidão deriva do latim *gratitudo*, revelando o sentido de se sentir agradecido. Além disso, gratidão deriva também de *gratia*, que em latim significa graça.

Há diversos estudos que apontam que o sentimento genuíno de gratidão está diretamente ligado à sensação de bem-estar. Isso se dá porque, quando sentimos gratidão, nosso cérebro reconhece que algo bom aconteceu e libera uma substância chamada dopamina, que aumenta a sensação de prazer. Há também a liberação de outra substância chamada ocitocina, que estimula o afeto e a tranquilidade, reduzindo a ansiedade e o medo.

Muitas vezes, buscamos em tantas coisas fúteis essa sensação de prazer, ou até mesmo utilizamos itens banais para fugirmos do medo e da ansiedade, como, por exemplo, comidas com muito sabor, bebidas alcoólicas, entre outros; enquanto uma ação simples como ser grato pode trazer a mesma sensação e muito mais benefícios.

Já se perguntou qual foi a última vez em que se sentiu grato por alguma coisa? Acredita-se, muitas vezes, que a gratidão está relacionada a algo muito grandioso e marcante, e com isso perdemos a oportunidade de observar as pequenas conquistas de nosso cotidiano.

Muitas pessoas podem olhar para suas vidas e talvez não consigam enxergar motivos para serem gratas. Às vezes, o que acontece é que estamos sendo duros demais conosco, não nos permitindo enxergar que temos conquistas, momentos especiais e pessoas maravilhosas ao nosso redor. Você já percebeu como podemos ser gratos simplesmente por termos a oportunidade de abrir os olhos e enxergar por mais um dia?

Em um primeiro momento, confesso que achei que essa prática não tinha esses benefícios. De qualquer forma, escolhi começar a ser grata pelas pequenas coisas, como poder passar o dia em companhia das minhas cachorras, poder almoçar com meu marido, ter um tempo de qualidade, estar com saúde. Ser grata por algo diariamente me permitiu iniciar o dia de forma mais leve e com um foco muito mais positivo.

Há diversos exercícios para a prática da gratidão. Iniciei com uma técnica chamada pote da gratidão, até que esse processo de agradecimento se fixasse como um hábito. Hoje utilizo a prática diária da gratidão ao acordar ou, antes de dormir, em conjunto com minha oração.

O pote da gratidão consiste basicamente em se ter um pequeno pote com tampa, papel e caneta. A intenção é que diariamente você escreva um motivo pelo qual você é grato e o guarde no pote. Em momentos difíceis, ou até mesmo no final do ano, a proposta é abri-lo e ler cada um dos motivos pelos quais você é e foi grato. Realmente é algo mágico!

Hoje, até mesmo devido à agenda lotada, tenho meu momento diário da gratidão, normalmente ao final do dia. Sento-me e, num local tranquilo, tomo algumas respirações profundas e repito para mim mesma três motivos pelos quais sou grata por aquele dia. Se preferir, você também pode anotar seus motivos para ser grato em um caderno. Essa prática traz a sensação de calma e tranquilidade até mesmo nos dias mais estressantes e cansativos. Com o tempo e com o autoconhecimento, fica mais fácil saber qual técnica funciona melhor.

Não existe uma regra, e sim a técnica e o momento que se adapte melhor ao seu momento de vida. O mais importante é agradecer!

Equilíbrio

Todo esse processo de mudança e criação de novos hábitos me fez perceber o quanto me cobrava em excesso e o quanto faltava reconhecimento às minhas atitudes diárias. Percebi que tinha a crença de que ter equilíbrio era ser 100% disciplinada e boa em tudo o que eu fizesse. O que não notava é que isso contribuía cada vez mais para o sentimento de incapacidade, fracasso, desanimo e baixa autoestima.

Temos várias áreas de nossa vida que precisam de harmonia e equilibro, o que não significa que precisamos ser os melhores em tudo e, sim, buscar fazer o nosso melhor dentro de um limite aceitável para o nosso bem-estar.

O desequilíbrio causa uma série de transtornos em nossa vida, pois nada se encaixa; um item em um setor da vida que não esteja bem facilmente impactará outras áreas negativamente. No entanto isso não significa que temos que ter 100% de satisfação a todo momento, em todas as áreas.

A autocobrança excessiva pode ser prejudicial, especialmente para nossa saúde emocional. A vida precisa ser vivida de forma mais leve e devemos buscar a harmonia interior diariamente.

O equilíbrio da vida está diretamente relacionado ao autocuidado e ao autoconhecimento, e esse foi o motivo pelo qual resolvi trazer este tópico. Ele surge, principalmente, quando passamos a ter clareza de nossas dificuldades e quando decidimos mudar alguns hábitos, os quais muitas vezes incluem mudanças de pensamentos e comportamentos que nos limitam ou prejudicam.

Assim, encerro esse capítulo afirmando que o equilíbrio e o bem-estar vêm com o tempo. Viva um dia de cada vez, sempre buscando ser ao menos 1% melhor do que você foi ontem. Dedique tempo a você, tanto para cuidar-se fisicamente quanto para se conhecer.

Acredite em você, pois todos somos capazes!

Priorize-se, isso não é egoísmo e sim autocuidado. Não deixe sua chama se apagar por acender tanto a chama dos outros!

Referências

BARBOSA, C. *A tríade do tempo*. São Paulo: Buzz Editora, 2018.

RASCHID, T.; SELIGMAN, M. *Psicoterapia positiva: manual do terapeuta*. Porto Alegre: Editora Sinopsys, 2019.

4

A CONSTRUÇÃO DA AUTOESTIMA

Ser feliz sem motivo é a autêntica forma de felicidade.
CARLOS DRUMMOND DE ANDRADE

ANA LIRA

Ana Lira

Contatos
www.analira.com.br
Instagram: @analiraoficial
11 94363 0565

Psicanalista, graduada em gestão de pessoas, pós-graduada em Psicopedagogia e Neuroeducação. Certificada como: consteladora sistêmica integrativa, *master practitioner* em Programação Neurolinguística, *coach* estrutural sistêmica, *coach* criacional, analista de perfil comportamental, analista de perfil corporal e facilitadora de reaprendizagem criativa. Docente por 14 anos dos cursos de graduação e pós-graduação em Gestão de Pessoal e de Programação Neurolinguística. Escritora, treinadora, palestrante e empresária premiada. Idealizadora do Instituto Ana Lira, especialista em relacionamentos intencionais a partir do autoconhecimento.

Dê a você o lugar que merece! Já parou para pensar que ninguém poderá ocupar o seu lugar? Nunca houve, nem haverá em nenhum outro tempo ou lugar, um outro você, que é único e insubstituível. Comece se amando exatamente como é para se conectar com a sua verdadeira felicidade.

A felicidade de ser apenas você

Feche os olhos e busque rapidamente por um momento em que se sentiu feliz. Reconheça e usufrua dessa sensação e perceba que ela ocorre em você: não importa se estiver se sentindo feliz por alguém ou por algo que conquistou ou realizou, mesmo assim a felicidade ocorrerá dentro de você. Você e a sua percepção são fundamentais para que a felicidade aconteça.

E como encontrar e reconhecer a felicidade? Por mais que pareça uma pergunta complexa, sua resposta é tão simples quanto óbvia: reconhecendo e entendendo quem você é, tornando possível a identificação dos seus porquês e dos seus "para quê".

Ser feliz não é específico nem concreto. Para mim, ser feliz pode ser sinônimo de ficar em casa curtindo a família, enquanto para você pode ser viajar pelo mundo. Felicidade é um conceito que pode variar de pessoa para pessoa. A pergunta que precisa ser feita é: para você, o que é ser feliz? O que precisa acontecer concretamente para que você considere que a felicidade foi alcançada? (Geronimo Theml)

A busca pela felicidade ocorre "a partir" de você e não "para" você! Esse processo acontece ao se reconhecer merecedor e pronto para usufruir de tudo aquilo que está a sua espera. O universo é abundante, você pode escolher o que acessar.

Você se dedicaria a algo por alguém que não acredita valer a pena? Ou por um estranho em quem não confia? Acredito que não. E se esse alguém for você? Quantos minutos por dia você tem se dedicado para escrever sobre suas emoções, comportamentos, objetivos? Para se conhecer, se desenvolver, se gratificar? Ou está distraído demais atendendo à demanda externa para se tornar alguém ideal para só então atingir a felicidade? Para acessar a felicidade em você, é fundamental se amar.

Amar-se é apreciar-se por inteiro, acolhendo todas as suas "partes", entendendo que cada uma delas é importante e não pode ser excluída, mas pode ser ressignificada, enfraquecida ou fortalecida. Isso significa abandonar, mesmo que inconscientemente, uma postura de vítima e se tornar protagonista da construção da felicidade ao invés de esperar que a "sorte" o presenteie sem que você ocupe o lugar de mérito por assumir quem você mesmo é.

Aceitação e gratidão

Adoro o texto "Amar" de Marla de Queiroz, ele descreve o movimento de e aceitação e autoestima plena:

Ame o que dói em você, pois o que é qualidade já possui o olhar cuidadoso do reconhecimento. Ame o que te limita, pois o que te impede de avançar está te impulsionando quando vira desconforto. Ame, sobretudo, aquilo que você tenta esconder por não ser a sua parte mais bonita: isto faz de você real e te aproxima de sua totalidade. Ame o que é defeito, o que rejeita, o que é criticado: amar o que é destituído de admiração é a parte que mais precisa de você.

É inspirador saber que tudo do que precisamos para sermos felizes já está em nós. Agradeça e seja grande a partir da apreciação de quem você é! Quem pratica gratidão, constrói mais emoções positivas por meio da apropriação e validação da realidade, acessando mais facilmente um estado de felicidade e satisfação.

Se se entende que a felicidade está condicionada a um estágio a ser alcançado, e não ao seu estado atual, certamente não há presença no agora, e a única maneira de alcançar qualquer objetivo é através dos olhos do presente, de quem você é, e não de quem deseja se tornar. Crie uma relação amorosa consigo mesmo hoje e agradeça a sua história, ela lhe trouxe até aqui.

Quando você acolhe e identifica os seus padrões hoje, consegue gerar movimento de gratidão e, consequentemente, evolução. Enquanto o seu foco estiver em se culpar ou se punir, não haverá espaço para a felicidade ou mudança. Esteja do seu lado, celebrando e incentivando-se, como faria com alguém muito importante para você.

Reflita por alguns minutos: o que você aprecia em você? Acredita ser capaz de alcançar o que deseja? Conhece a sua história e orgulha-se dela? Você aprecia a sua companhia? O que você seria capaz de fazer por si? Confia nas suas decisões e intuições? Sente-se grato por ser quem você é? Percebe-se responsável por sua felicidade?

Ao refletir sobre essas questões, é possível perceber a relação e a estima que estabelece consigo mesmo e, através dessa análise, estabelecer como deseja se relacionar a partir de agora.

Quero terminar este tópico com um convite para você: celebre sua existência, sua história e quem você é! Não seja egoísta deixando de acessar a sua potencialidade com medo de falhar. Quando você não ocupa o seu lugar, o mundo perde a porção que caberia apenas a você entregar. A sua humanidade, assim como a minha, o torna imperfeito, só assim sendo, é possível evoluir. Mas não se engane: por mais que evolua, nunca deixará de ser você mesmo, apenas será um "você" melhorado.

Portanto ame-se, e não se prenda às expectativas de "ter" para ser. Seja quem é, sem máscaras ou lamentos, essa é a relação que você merece ter com a única pessoa que está do seu lado desde o seu primeiro dia até o último, sem desistir de nenhum único instante. Então não vire as costas para você!

Autorresponsabilidade é sinônimo de autoestima

Não é o que acontece a você que pode definir como irá se sentir, e sim o significado que você dá para o que acontece. Ou seja, você é o único responsável por construir a sua felicidade, independentemente das circunstâncias em que vive. Os fatos não podem ser alterados, mas os significados, sim. Use a seu favor o seu arquivo de memória.

Quando você não entende e não reconhece o que sente, tende a responsabilizar o que está fora de si mesmo: situações, pessoas, o clima, a moda, a economia, a mãe, o pai, o marido, filho, esposa, azar, sorte. Ninguém coloca sentimentos dentro de você, eles são seus e por isso são de sua responsabilidade.

A relação interna consigo mesmo é primordial para estabelecer relações saudáveis com o mundo. É importante ressaltar que a sua visão e percepção de mundo são únicas, devido ao empilhamento de valores e importâncias conscientes ou inconscientes que você credita a tudo aquilo que escuta, enxerga e experimenta, e geralmente ao relacionar-se espera que o outro enxergue o mundo conforme você o vê.

Aprender a nomear seus sentimentos e se expressar com autorresponsabilidade é um ato de amor consigo e com o outro, pois estará levando em conta os seus valores, crenças e demandas e também as do outro. Nesse processo relacional, há equilíbrio e respeito, em que os envolvidos não precisam abrir mão de quem são e muito menos invalidar o ponto de vista do outro para se expressarem e se sentirem aceitos, mesmo que não haja concordância.

Se me julgo, me reprovo, tenderei a duas posturas extremas: ficar na defensiva, por achar que o outro de alguma maneira está me diminuindo ou atacando, ou me anular, por me sentir inferior ao outro. Você se enxerga em alguma dessas posições? Para se relacionar de maneira saudável e madura, é imprescindível se relacionar amorosamente consigo primeiro.

Quando você possui uma boa autoestima e autopercepção, você não depende da aprovação do outro. Aprecia a própria companhia e estabelece vínculos sem dependência. Torna-se responsável por suas escolhas, sentimentos e tende a ser mais grato e positivo. Acolhe e entende que todos têm direito de se expressar e que cada um possui a sua própria verdade.

Recordo-me de uma paciente belíssima que se sentia frustrada por não conseguir estabelecer relacionamentos duradouros e saudáveis. A insegurança e o medo de ser trocada, deixada ou traída eram como fantasmas que a assombravam constantemente. Ela já estava no terceiro noivado, mas não conseguia se sentir amada o suficiente para se casar.

Por mais que fosse linda, tivesse um excelente trabalho, ótimas condições financeiras, muito estudo, ela esperava que alguém pudesse dar o amor, a atenção e a segurança que ela não conseguia se dar. Por conta dessa expectativa, a sua vida era voltada quase que integralmente a agradar e a servir os gostos, desejos dos noivos, na esperança de receber de volta tanto esforço e dedicação.

Com um olhar distante e desatento, é comum achar que uma relação com tanta entrega seja saudável, mas definitivamente esses modelo de relação não é pautado em equilíbrio e amor maduro. Geralmente, ocorre uma cobrança velada e, automaticamente, frustração e sobrecarga para um ou para ambos. Ninguém pode ser responsável por dar o amor e a confiança que você não consegue se dar. Para se sentir confiante, confie em você! Para se sentir amado, seja amado por si mesmo!

Imagino que esteja curioso para saber qual foi o desfecho com essa paciente. Bem, durante algumas sessões ela foi apresentada para a pessoa que se tornou o grande amor da vida dela: ela mesma! O que mudou para que ela pudesse se amar? Percebeu-se "perfeita" na sua humanidade, sendo apenas quem ela é. Ah, ela se casou após esse processo, e hoje é terapeuta e ajuda muitos casais a se amarem antes de buscarem o amor de outra pessoa.

A felicidade é o presente contínuo de quem se ama, se estima e se enxerga como autor e protagonista da própria história.

A resposta está no início da sua vida

A sua criança sabe mais de você do que imagina. Não importa quantos anos você tenha, você já foi criança um dia. Consegue se lembrar de como você era? Como se sentia quando estava sozinho? Com os amigos? Quando tinha medo de algo? Que sonhos você tinha? O que gostava de fazer? Do que você achava graça? Lembrar o ajudará a se aproximar mais da sua essência, independentemente das respostas.

Resgate a sua criança com amor, olhe para ela, supra-a com tudo que ela sentiu falta até este momento. Dê-se a mão, se pegue no colo, se ame, cuide de você. Tire-se da dor. Uma criança só estará pronta para amadurecer e se tornar um adulto quando ela conseguir estar confiante, segura e sentir que nunca estará sozinha, e com a certeza de poder cuidar dela mesma.

Além de saber muito sobre você, a sua criança pode o ensinar muito sobre felicidade. Nascemos prontos para sermos felizes, mas a dúvida do amor e pertencimento nos distancia de nós mesmos, gerando uma falsa ilusão de encontrar esses sentimentos fora de nós.

Ser adulto não tem a ver com a cronologia etária e sim com o amadurecimento interno (confiança e amor-próprio). Quantos adultos você conhece que continuam imaturos, presos à infância e buscando aprovação e amor sem se sentirem supridos e suficientes para crescer? Amadurecer é entender que os desafios continuarão e que agora a responsabilidade de lidar com eles é sua.

Não se abandone nem se iluda achando que encontrará a felicidade fora de você. A felicidade, quando sentida, é sentida em você. Lembre-se: por mais que alguém o ame incondicionalmente, esse amor não deve ser maior do que o seu por você mesmo. Tornar-se um adulto maduro é se estimar sem que haja a necessidade de consentimento para seguir feliz da maneira que desejar.

1... 2... 3... Ação! Vamos à prática! Celebre a sua origem

Pegue um papel e uma caneta, e deixe-os próximos a você.

Feche os olhos e amorosamente conduza sua mente até uma situação em que você se sentiu muito feliz. Perceba o que você fazia, com quem estava, em que pensava. Permita que a sua mente o leve para mais um momento em que se sentia plenamente feliz, prestando atenção a todos os detalhes do que via, sentia, ouvia. Permita que essa sensação invada todo o seu corpo e o seu coração.

Abra os olhos e escreva uma carta de gratidão a você mesmo. Não busque as palavras "certas". Deixe o seu coração fluir e escreva o que sente. Nessa carta, se refira a você pelo seu nome ou apelido. Agradeça-se por todas as situações que vocês passaram juntos. Diga o quanto você é importante na sua própria vida para que conquiste o que deseja no futuro. Descreva quanto amor tem e o quanto estima essa pessoa para a qual escreve a carta. Lembre-se dos momentos de alegria, de tristeza, de surpresa, de amor em que ela sempre esteve do seu lado e agradeça-a.

Dobre a carta, coloque-a num envelope, lacre-a e a entregue para alguém de confiança, pedindo que essa pessoa a envie para o seu endereço daqui a alguns meses, sem especificar a data.

Esta pequena porém poderosa prática transformará a relação consigo mesmo. Será uma grande alegria receber os relatos do seu próprio processo!

Referências

ANTUNES, R. A. *Felicidade como mindset*. Editora Globus: São Paulo, 2019.

BURKHARD, G. *Tomar a vida nas próprias mãos*. 6. ed. São Paulo: Editora Antroposófica, 2016.

EKER, T. H. *Os segredos da mente milionária*. 2. ed. Rio de Janeiro: Editora Sextante, 2003.

GUEDES, T. *Movimento do amor*. São Paulo: Editora Spontaneum, 2017.

SHINYASHIKI, R. *A carícia essencial: uma psicologia do afeto*. 149. ed. São Paulo: Editora Gente, 1985.

THEML, G. *Produtividade para quem quer tempo*. 17. ed. São Paulo: Editora Gente, 2016.

TOLLE, E. *Praticando o poder do agora*. 3. ed. Rio de Janeiro: Editora Sextante, 2003.

VIEIRA, P. *O poder da autorresponsabilidade*, 8. ed. São Paulo: Editora Gente, 2017.

5

O DOMÍNIO DO INGLÊS TRANSFORMANDO VIDAS E CARREIRAS

Compartilho, neste capítulo, a história de como a língua inglesa foi um agente de transformação na minha vida e tem sido na vida de meus clientes executivos.

ANA PETROSINO

Ana Petrosino

Contatos
www.anapetrosino.com.br
ana@anapetrosino.com.br
11 99995 0333

Comecei a dar aulas de inglês aos 17 anos sem saber muito o que estava fazendo. Apaixonei-me pela experiência de estar em sala de aula. Um aluno consegue elevar a energia do professor e vice-versa. Até hoje, saio dos treinamentos que ministro com essa sensação. Por uma coincidência do destino, que para mim se chama "deuscidência", a maioria dos meus alunos sempre foi composta por adultos, e por esse motivo me especializei em ensiná-los. Em um determinado momento da minha carreira, percebi que os resultados em fluência e *listening* não apareciam, e foi aí que inúmeros treinamentos no Brasil, EUA e Inglaterra aconteceram na minha vida. Algumas das qualificações que eu me orgulho de ter são: Cambridge CELTA, Cambridge DELTA com especialização em *Business English*, *Certificate in International Business English Training* pela *Trinity College London* e *Professional and Life Coach* pelo IBC. Mais importante que elas é o impacto que esse conhecimento gerou na vida de cada um dos meus clientes fluentes em inglês hoje.

Introdução

Aos 13 anos, eu recebi uma bolsa de estudos para cursar o ensino fundamental na escola em que eu estudava. Junto com a bolsa, veio também uma oferta de trabalho para ser professora assistente nessa mesma escola. Cercada e inspirada pelos meus professores, que viraram meus colegas de trabalho, eu me tornei uma educadora.

Sigo apaixonada pelo aprender e ensinar. Aquela oferta de trabalho ressoa até hoje na minha vida pessoal e professional e, de alguma forma, impacta a vida dos meus clientes e suas famílias.

A paixão pela língua inglesa

Um pouco antes de fazer 11 anos, minha mãe me matriculou em uma escola de inglês que ficava em Pirituba, São Paulo.

Quando eu iniciei o nível básico, minha primeira professora, chamada Miranda, tinha uma maneira cativante e inspiradora de ensinar. Fui influenciada pela sua paixão pela língua e logo estava completamente apaixonada pelo inglês.

É interessante refletir sobre esse processo hoje e perceber o quanto somos impactados pelos nossos mestres e os resultados que eles nos trouxeram.

Esse impacto também está presente no processo de motivação de alguém que está aprendendo a língua inglesa. O profissional é positivamente impactado pelo seu aluno, se envolve no processo de desenvolvimento, começa a notar os resultados e se motiva quando os percebe. E isso foi o que aconteceu comigo.

O primeiro emprego

Depois de alguns anos trabalhando como professora assistente e estudando inglês há alguns bons anos, decidi me desafiar e me tornar professora de inglês.

Pedi uma vaga para a coordenadora de idiomas na época no mesmo local onde eu já trabalhava e recebi um "não é possível". Por eu ter apenas 16 anos, não ser formada nem possuía licenciatura, meus planos de me tornar professora de inglês do ensino pré-escolar foram frustrados.

Recuperando-me do "não", voltei à Miranda, minha professora de inglês, e expliquei a ela o desejo de me tornar professora de inglês assim como ela era.

Participei de alguns processos, mas não fui aprovada. Em um dia da semana, Miranda me levou até uma escola de idiomas perto do local onde a gente trabalhava. Escolas de idiomas livres não exigem licenciatura para ensinar, mas o profissional deve ser proficiente no idioma. Fui entrevistada na recepção da escola em inglês e, naquele mesmo momento, recebi um convite para participar de um treinamento para futuros professores.

Após duas semanas de treinamento intenso, fui aprovada e me tornei professora de língua inglesa de uma grande franquia do Brasil.

Dediquei três anos ensinando crianças, adolescentes e adultos.

Ao longo dessa jornada, me apaixonei por ensinar inglês para adultos e faço isso até hoje, há mais de 20 anos, de maneiras distintas, seja presencialmente ou on-line, em uma sala de treinamento em um hotel sofisticado em São Paulo, via Zoom ou Youtube.

Minhas crenças sobre a educação executiva

Ao longo dessa jornada, eu estudei muito a educação executiva e andragogia. Tive oportunidade de morar fora do Brasil e ensinar falantes de outras línguas a falarem inglês.

Aprendi que "na educação de adultos, o currículo é construído em torno das necessidades e interesses do aluno" (Lindeman, 1926, p. 8). Quanto mais sabemos sobre por que um aluno precisa aprender uma língua, melhor será o programa e os resultados alcançados. Essa se tornou minha grande oportunidade de ajudar inúmeros profissionais direta ou indiretamente a ascenderem em suas carreiras através de inglês fluente.

O que significa ser fluente

Ser fluente, pelas minhas observações em sala de aula e estudos ao longo da minha carreira como professora de inglês, significa garantir a fluidez de comunicação entre dois indivíduos em uma troca de mensagens por um período de tempo.

Isso implica que o falante precisa sustentar sua fala usando uma série de subestratégias como: repetição, paráfrase, autocorreção, precisão, uso adequado de palavras e regras gramaticais, para nomear apenas algumas. Além dessas subestratégias, é necessário mencionar o uso de características paralinguísticas, como linguagem corporal, gestos, expressões faciais, tom e volume de voz. A união de todos esses elementos garante que o nível de entendimento seja alcançado entre dois ou mais falantes.

Existem tipos de inglês

Dar aulas de inglês para negócios, também chamado de *Business English* (BE) difere de muitas maneiras de dar aulas de inglês geral, *General English* (GE), ou Inglês para Fins Acadêmicos (EAP). Os alunos de GE estudam inglês com o objetivo de viajar, estudar, falar sobre interesses pessoais; já quem estuda inglês para fins acadêmicos (EAP) deseja aprender e ensinar em contextos universitários ou entrar no mundo das pesquisas, enquanto no BE há uma infinidade de necessidades diversas, incluindo socializar, analisar, competir e comprometer (Frendo, 2005), realizadas em uma variedade de contextos, como reuniões, apresentações, negociações e com objetivos de negócios como resolução de problemas, logística e realização de transações monetárias (Donna, 2000). Atender a essas necessidades de linguagem é fundamental. Ensinar e aprender inglês para negócios implica ensinar os alunos a realizar tarefas de negócios gerais, como fazer reuniões, apresentações e negociações ou outras mais específicas, como assistir palestras ou fazer anotações para transmitir conhecimento aos colegas de trabalho.

O perfil do aluno, o meio corporativo e o alinhamento de expectativas

Na minha experiência, os alunos de inglês para negócios são adultos aprendendo em um ambiente de inglês como língua franca, ou seja, há utilização de uma única língua por falantes de diferentes línguas maternas; são profissionais experientes e conscientes de que precisam progredir. O ambiente de inglês para negócios inclui as seguintes partes interessadas: o aluno, seu gerente imediato e a equipe de RH, que frequentemente são os patrocinadores do programa e a instituição ou profissional que executará o serviço.

Essas pessoas comumente compartilham expectativas diferentes em relação às necessidades e resultados dos alunos. A equipe de RH frequentemente declara que as necessidades dos alunos são desenvolver habilidades de escuta e fala, mas nem sempre conseguem identificar as principais habilidades de negócios necessárias. O gerente, ao contrário, pode listar o idioma e as tarefas de negócios necessárias, como participar de uma reunião ou fazer uma apresentação. No entanto, quando o aluno é questionado, ele geralmente compartilha uma visão mais crítica de como usa o inglês regularmente, oferecendo uma visão mais detalhada e significativa dos pontos a serem abordados em um programa de sucesso.

A definição de prazos irrealistas para que o progresso seja feito é comum e constantemente ocasiona ansiedade e estresse no aluno, em um contexto em que os riscos de não se falar inglês fluente pode custar seu emprego e impactar carreiras.

Motivação do cliente executivo

Os alunos de inglês para negócios são comumente motivados instrumental e extrinsecamente, os primeiros se referindo à necessidade de aprender a língua para benefício material (Ur, 2012, p. 10), como ser promovido, e os últimos, referindo-se aos benefícios percebidos de sucesso e aversão ao fracasso. Por exemplo, alunos fazendo uma apresentação para a diretoria e temendo um desempenho ruim. Além disso, a falta de motivação intrínseca (ou seja, interesse na aprendizagem de línguas ou o desejo de maior desenvolvimento pessoal) é comumente observada, e muitas vezes leva à queda da motivação extrínseca quando os alunos de BE enfrentam problemas como estar extremamente atarefados, ter progresso lento ou encarar um conteúdo desafiador.

Um programa de sucesso é composto pelo incentivo apropriado e objetivos explícitos, reflexão sobre o progresso, *feedback* regular e foco nas estratégias de aprendizagem. Desta forma, a motivação pode mudar e se tornar intrínseca. Contudo, "manter a motivação ao longo da jornada de aprendizagem é um desafio enfrentado pela maioria dos professores", segundo Ushioda (*apud* Burns e Richards, 2012).

A estratégia – aplicações imediatas e úteis são importantes

O desempenho e o envolvimento do aluno de inglês para negócios são aumentados quando eles são expostos ao conhecimento com aplicações práticas imediatas. No entanto, normalmente alunos e as partes envolvidas não conseguem identificar esse conteúdo em detalhes, e portanto, precisam de ajuda externa.

Identificar "conteúdo apropriado e que atenda às necessidades dos alunos no menor tempo possível" (Donna, 2000, p. 4) é chave para um programa corporativo de sucesso.

Incluir conteúdo customizado e negociado com os alunos, levando-se em consideração o contexto, as necessidades e os resultados, traz a enorme vantagem de que os alunos ficam muito mais motivados porque ajudaram a projetar o que deve ser feito" (Frendo, 2005, p. 38).

Conhecimento especialista

Os professores de inglês para negócios devem ter "conhecimento sobre os princípios, práticas e terminologia dos negócios internacionais modernos" (Ur, 2012, p. 269). Por exemplo, em aulas de inglês para negócios mistos, pode haver profissionais de manufatura, indústrias farmacêuticas e do campo jurídico. Saber como esses segmentos operam, o que o trabalho dos alunos implica e quais são suas necessidades e resultados permite ao estrategista do programa de idiomas escrever um programa que combine conteúdo, linguagem e habilidades de comunicação.

Carreiras executivas e vidas transformadas

Ao longo desses mais de 20 anos dedicados ao ensino de inglês, presenciei perdas de oportunidades, mas também foco alinhado à superação, que resultaram em visibilidade, crescimento profissional, destaque e promoção.

Um dos casos que mais me marcou foi o de um executivo que saiu do interior do Amazonas, iniciou sua jornada como operador em uma grande indústria do Polo Industrial de Manaus, chegou a uma posição executiva e foi desafiado a aprender inglês aos 48 anos de idade para que sua carreira fosse além. Aos 52 anos, se tornou diretor industrial e passou a representar a empresa em reuniões e treinamentos globais, e no âmbito pessoal, ganhou confiança para seguir com a sua família mundo afora em viagens internacionais.

Dominar a língua inglesa em ambientes corporativos leva sua carreira para níveis diferenciados ao mesmo tempo que o torna um cidadão do mundo.

Os próximos passos da educação executiva e o desenvolvimento do inglês

Em 2018, participando da maior conferência internacional para professores de língua inglesa no mundo, me foram apresentadas as tendências para o ensino no futuro. Com a transformação do mundo depois de tudo que vivemos, os processos foram ainda mais acelerados e noto que:

— A educação executiva voltada à qualificação na língua inglesa clama por métodos mais ágeis de aprender e ensinar.

— Necessidades pontuais e específicas do idioma deverão ser atendidas por soluções que entreguem resultados rápidos, porém consistentes.

— Os executivos brasileiros fluentes mais bem preparados nadarão em um oceano azul de oportunidades globais e poderão escolher a nacionalidade da empresa em que trabalharão e a moeda em que irão receber seu salário.

O executivo brasileiro que não estiver preparado para viver esse novo momento de oportunidades aceleradas pelo pós-pandemia enfrentará restrição de comunicação no ambiente de trabalho, impactando negativamente a sua vida profissional e gerando estagnação.

6

A NOVA ETIQUETA
REFLEXÕES DE NOVOS COMPORTAMENTOS PARA UM NOVO TEMPO

A etiqueta veio se transformando e se adaptando aos usos e costumes, ao contexto e, principalmente, às necessidades da sociedade. Hoje, diante de tantas transformações e tanta volatilidade, este capítulo tem como objetivo fazer uma reflexão sobre o papel de uma nova etiqueta que vise equilibrar as relações, tornando-as respeitosas e harmoniosas por meio do exercício das virtudes.

ANDRÉIA NAKAGAWA

Andréia Nakagawa

Contatos
ikigaietiqueta.com
andreiadiasnakagawa@gmail.com
Instagram: @andreiadias_ikigai
11 94228 2805

Andréia Dias da Silva Nakagawa tem formação superior em Publicidade e Propaganda e especialização em Marketing. Pós-graduada em Gestão de Negócios e Organização de Eventos. Mestre em Hospitalidade. É certificada como *Master* em Etiqueta pela Escola Brasileira de Etiqueta e tem formação internacional pela British School of Etiquette, em Londres, e Estilo & Tendências, em Paris. Direcionou suas pesquisas pelo CNPq para compreender as relações humanas. Atuou por 15 anos nas áreas comercial, de atendimento e marketing em grandes empresas. Professora universitária por mais de dez anos em instituições como Senac, FMU, UAM e Faculdade Hotec. Autora do livro *A etiqueta corporativa e o jogo das relações sociais: a etiqueta como viés do poder* (2015), autora de diversos artigos e empresária, é fundadora e CEO da Ikigai Etiqueta e Hospitalidade Ltda.

Eu sei que existem pessoas que acreditam que ter etiqueta é saber usar talheres ou ser elegante é usar roupa de marca cara. Quem ainda pensa assim está desatualizado. A etiqueta realmente surgiu com a intenção de diferenciação social, mas hoje seu papel é bem diferente. Se antes ela era uma forma de construir barreiras, hoje ela constrói pontes e derruba muros. Podemos começar refletindo sobre a questão da imagem pessoal.

Para quem acha que a preocupação com a imagem é algo que surgiu com as redes sociais, saiba que a busca pela imagem perfeita está presente desde os tempos da Grécia Antiga, quando já existiam esculturas de corpos com curvas, músculos e traços perfeitos, onde se associava toda perfeição à ideia de sabedoria, de arte e de cultura. Esse culto à imagem perfeita faz parte da natureza humana, e o que muda são os padrões do que se considera perfeito. Quanto ao padrão corporal, por exemplo, as gordinhas já foram consideradas as mais belas, assim como as supermagras e depois as saradas. Podemos verificar que as pessoas se iludem com um ideal de beleza. Existe uma grande busca vã pela perfeição. O preocupante é ver muitos jovens que gostariam de ser como seus ídolos e influenciadores acabarem frustrados porque perseguem, muitas vezes, algo fictício e irreal. Geralmente, as pessoas que tentam reproduzir a imagem de outra são aquelas que não se conhecem e, assim, acabam transmitindo uma imagem que não reflete quem elas realmente são.

Primeiro, a pessoa deve se perguntar que mensagem ela quer transmitir para as pessoas. Essa pergunta é muito importante no processo de autoconhecimento. É interessante olhar para minha própria história e verificar que mudei minha imagem conforme amadurecia. No início da minha vida profissional, para expressar maturidade, eu me vestia com roupas formais e salto alto, mesmo sendo muito jovem. Naquele momento, tudo fazia sentido, mas com o tempo meus objetivos mudaram e minha imagem também.

Criei meu próprio estilo para transmitir o que eu desejava, e quando professora eu me vestia para transmitir autoridade e modernidade, para me adequar ao ambiente acadêmico. Como empresária, quero transmitir elegância, então me visto de acordo com a situação e o ambiente, sempre mantendo o meu estilo clássico. É muito importante também conhecer as pessoas com quem convivemos, os ambientes que frequentamos. Para construir uma imagem de forma estratégica, é preciso saber o que queremos transmitir, quais os valores que queremos cultivar e qual é nosso propósito. Somente através desse autoconhecimento, podemos saber o que realmente nos torna mais felizes conosco mesmos.

Quando encontrarmos o nosso próprio estilo, conseguiremos dar o nosso toque de originalidade. No Oriente, muitas pessoas consideram a forma como vestimos um sinal de respeito ao outro. Por exemplo: no Japão, é considerado algo ofensivo usar decote, porque pode causar algum tipo de constrangimento a outra pessoa. Com a globalização, cada vez mais vamos ter contato com várias culturas diferentes, e para uma boa convivência, devemos nos adequar a essa realidade. Principalmente em relação à cultura do outro, e para isso precisamos conhecê-la e respeitá-la com elegância. A elegância é importante nas relações sociais. Então vamos entender o que é elegância.

Etimologicamente, elegância vem de eleger ou fazer boas escolhas. Na prática, quer dizer que não vou usar a minha bolsa Louis Vuitton para ir a um encontro com pessoas humildes. Isso causaria mal-estar, pois seria ostentação. Também não é adequado usar salto na praia. Imagine ir a uma entrevista de emprego com roupa de *pop star*. Portanto, em uma entrevista, é aconselhável vestir-se de acordo com o seu próprio estilo, levando em consideração o bom senso e a adequação ao ambiente em que pretende ingressar. Mesmo que atualmente a vida profissional seja flexível, se questionar é um bom ponto de partida para conciliar o seu bem-estar e o dia a dia que vai escolher. Eu divido a imagem pessoal em três momentos: como os outros me veem; como eu me vejo e como desejo que me vejam.

O primeiro momento envolve reputação (aquilo que falam de mim na minha ausência). Podem ser impressões positivas ou negativas, lembrando que a reputação é construída por meio do seu estilo e comportamento. O segundo momento é como eu me percebo no mundo (autoimagem). Essa autoimagem pode ser distorcida, se eu não me conhecer muito bem. O terceiro momento é como eu quero ser visto pelos outros, o que desejo transmitir. Só se consegue entender esses três momentos através do autoconhecimento, quando se sabe quais são os gostos, os anseios, as preferências e os sentimentos, para se fazer as melhores escolhas. Somos seres visuais.

Eu estaria sendo hipócrita se ignorasse o julgamento e o preconceito das pessoas, o que influencia os três momentos da imagem. A máxima atual de que "eu sou assim, quem quiser que me aceite", pode parecer interessante, mas pode levar à falta de consideração aos outros, o que pode gerar pessoas egoístas. Não somos seres isolados, pois não vivemos numa ilha onde podemos andar nus e ouvir música no último volume sem incomodar ninguém. Nós somos seres que vivem em sociedade e temos que levar em consideração o outro. É urgente um novo comportamento que deve ser baseado no equilíbrio em resposta às transformações constantes e dificuldades sociais que estamos vivendo. Não cabe mais aquela antiquada etiqueta pautada em regras rígidas, mas precisamos de uma nova etiqueta, baseada em bom senso e respeito ao coletivo, em que ser elegante é estar adequado. Será que sempre que eu vestir um Chanel pretinho de salto alto estarei elegante? Talvez, não, porque dependerá de quem eu sou, de onde e com quem estou.

O mundo metaverso já é uma realidade irreversível, precisamos adaptar nossos comportamentos. Para esse novo cenário virtual, algumas empresas criaram um *dress code* (código de como se vestir de maneira adequada em determinadas situações) para reuniões on-line, não permitindo, por exemplo, que as pessoas apareçam de pijama. Foram criados também fundos de tela profissionais para que seja transmitido um ambiente mais profissional. Esses novos códigos de elegância estão sendo incorporados para que haja uma adequação à linguagem de comunicação nos novos tempos.

Gosto de lembrar que, quando surgiu o celular, as pessoas não entendiam bem como utilizá-lo na medida certa entre o razoável e o invasivo. Tanto no mundo real como no virtual, o corpo fala, então os bocejos, cabeça apoiada, barulhos em volta, comida e aquele senta-e-levanta demonstram falta de educação ou desinteresse. Acredito que estar bem apresentável é uma demonstração de respeito, consideração e até de carinho. Preparar uma mesa bem-posta ou usar batom para estar com as minhas amigas numa *happy hour*, ainda que virtualmente, faz com que eu me sinta melhor por estar agradando e respeitando quem vou encontrar.

Toda essa reflexão sobre a nova etiqueta me fez pensar muito em como a pandemia impactou (e continuará impactando) a nossa vida familiar. Um dos efeitos colaterais foi o aumento de divórcios. Segundo pesquisas do IBGE, o número de divórcios saltou desde que a covid-19 virou a nossa rotina de cabeça para baixo e acabou interferindo também nas relações conjugais. O problema é que não tínhamos, e não temos, nenhum tipo de preparação para vivermos isolados por tanto tempo. De repente, as famílias tiveram que conviver 24 horas juntos. Pais, filhos, maridos e esposas que praticamente só se encontravam por poucas horas do dia e em momentos de lazer no final de semana agora tinham que conviver *full-time*. Por causa dessa convivência compulsória, os cômodos das casas ganharam novas funções (varanda *gourmet* virou local de *home office* e o quarto virou sala de aula), pais e mães descobrem que seus filhos ficam o dia inteiro no computador e que não são bem-educados. Descobriram que não se conheciam tão bem e passaram a ter a sensação de conviver com amados estranhos.

A tarefa de "educar", antes delegada à escola porque os pais estavam muito ocupados com o trabalho, retornou para suas mãos, e agora? A eles coube não só educar seus filhos, mas também cuidar, proteger, criar momentos de descoberta e crescimento. Há momentos históricos que provam que as sociedades mais desenvolvidas e educadas passaram por muitos momentos difíceis e de profundas mudanças estruturais. Vale a pena pensar nisso. Nós temos o costume de culpar aquilo sobre o que não temos controle, como problemas políticos, econômicos, mídia e escola para justificar nossas ausências e assim nos livrarmos de nossas culpas. Mas temos também o livre-arbítrio para fazer nossas escolhas, filtrando quais programas, filmes e séries eles irão assistir, aonde eles podem ir e ensinar-lhes a fazer escolhas e mostrar que todas têm consequências. É claro que os fatores externos influenciam as relações familiares, mas é importante saber que é a família que transmite e desenvolve as virtudes e os valores a uma criança.

Agora, nesse "novo normal", foi exposto que não se sabe mais quais os limites entre a família e a escola. Ao participar de grupos de WhatsApp entre mães de colégios neste período de pandemia, evidenciei que não se sabe distribuir os méritos e os deméritos com justiça. Sempre a parte boa é da família e a parte ruim é da escola. Será que isso é uma verdade? Mães e pais acham que é da escola a obrigação de educar seus filhos, mas não aceitam a contrapartida da professora que critica o comportamento deles, não há um consenso entre o que seja educação formal e familiar. O que preocupa é a desarmonia causada por esse "empurra-empurra" das responsabilidades, outro efeito colateral da pandemia. Acredito que um lar com alicerces construídos com base nas virtudes como respeito, empatia, compreensão das diferentes necessidades de cada um e amor é o caminho para a harmonia familiar. A família é como uma minissociedade: se não há harmonia, os vícios afloram, como o egoísmo, o radicalismo e o preconceito.

Outro desafio dos nossos dias é a convivência entre as gerações. Na minha infância e adolescência, eu respeitava tanto os meus avós que nem me aproximava deles. Era um respeito que beirava o medo. Do extremo da minha época pulamos para outro, quando vemos netos tratando seus avós como tratam um colega. Não com intimidade, mas sim com displicência e sem respeito. O que é preciso é refletir sobre a importância do equilíbrio e da harmonia nas relações e, nesse caso, a melhor maneira de estimular essa convivência tão saudável entre gerações é por meio de virtudes como o zelo, a gentileza, o respeito, a paciência e a gratidão. Sim, eu defendo essas virtudes porque acredito no poder da educação com amor, num ambiente em que os pais mostram aos filhos os valores e ajudam as crianças a construírem seu caráter pela ética.

Essa construção vem das explicações, quando necessárias, mas principalmente pelos exemplos. Cada vez que alguém faz um comentário racista, mesmo que esteja "brincando", a criança vai incorporá-lo como uma verdade, ainda que inconscientemente. Quando cometemos infrações de trânsito, mesmo que pequenas, esse comportamento está estimulando nossos filhos a se comportarem de forma irresponsável. Se maltratamos um segurança ou um garçom, demonstramos falta de respeito e, dessa forma, não podemos exigir o respeito de nossos filhos. Todas essas atitudes são exemplos que ficarão marcados como cicatrizes e que provavelmente serão reproduzidas no futuro.

Se fôssemos pessoas gentis desde pequenos, não precisaríamos de leis e regras de trânsito. É por isso que a nova etiqueta é necessária para tornar a convivência mais equilibrada. Não nascemos virtuosos, podemos desenvolver nossas virtudes durante nossas vidas e, ao nos tornarmos pais, temos a responsabilidade de preparar nossos filhos para construírem a sociedade. Se há em nós a presença de preconceito contra gays, outras etnias, culturas e religiões, por exemplo, precisamos treinar virtudes como a tolerância, a empatia e o respeito para aceitar as diferenças e assim transmitir essas virtudes aos nossos filhos para que eles não se tornem adultos preconceituosos também. Isso é um grande gesto de sabedoria, amor, generosidade e desprendimento.

Sinceramente, acredito que as pessoas podem aprender e melhorar. Podem querer ser melhores para que os filhos sejam melhores. Mas se esse esforço em melhorar não acontece, o círculo vicioso não é interrompido e algumas famílias continuam exteriorizando preconceitos, gerando assim uma sociedade preconceituosa. Para tentar reverter esse ciclo de vícios, é necessário refletir, questionar e mudar paradigmas, comportamentos e posturas que possam prejudicar as relações familiares. Nesse combate, as virtudes devem ser exercitadas, começando pela empatia (a mais difícil das virtudes), que nos permite compreender questões delicadas como a homossexualidade, o racismo e a intolerância religiosa e ideológica. A nova estrutura familiar, com famílias cada vez mais diversas, pode contribuir para a quebra desse círculo vicioso.

Hoje, os casais trazem histórias (e filhos) de casamentos anteriores, mães que criam seus filhos sozinhas por opção (ou não) e casais homossexuais. Todos estão presentes em belas fotografias de família. Mas ainda há um longo caminho a ser percorrido para que as "minorias" sejam totalmente aceitas. Infelizmente, o diferente ainda causa estranheza, mesmo que a bandeira da diversidade seja levantada numa luta legítima. Esse é um dos grandes desafios do mundo contemporâneo: aceitar o diferente. A pandemia foi um acelerador que mostrou o quanto somos frágeis e o quanto tudo pode mudar. Essa volatilidade e incerteza tornam urgente a necessidade de uma bússola para conduzir as relações familiares, sociais e profissionais a um novo norte harmonioso.

Ao longo da história, a etiqueta veio se transformando e se adaptando aos usos e costumes, ao contexto e, principalmente, às necessidades da sociedade. Agora, o papel da nova etiqueta e seu grande desafio é o de equilibrar e melhorar as relações.

Referências:

ARISTÓTELES. *Ética a Nicômaco*. Tradução: Maria Stephania da Costa Flores. Editora Principis, 2021.

LIPOVETSKY, G. *A era do vazio: ensaio sobre o individualismo contemporâneo*. Apresentação: Juremir Machado da Silva. Barueri: Editora Manole, 2005.

LIPOVETSKY, G. *O império do efêmero: a moda e o seu destino nas sociedades modernas*. Tradução: Maria Lúcia Machado. São Paulo: Companhia das Letras, 2009 (1944).

7

A REVOLUÇÃO NA VIDA DOS CONSUMIDORES
O SUPERMERCADO E SUA CONTRIBUIÇÃO

Toda essa história começou em 1912, com um revolucionário sistema de vendas em autosserviço e, por meio de sua lenta evolução, com o supermercado, que surgiu em 1930, ambos nos EUA. Os grandes diferenciais do supermercado o tornam um vitorioso vendedor de alimentos e afins em todo o mundo. Neste capítulo, conto como surgiu e cresceu no Brasil e as minhas contribuições nesses últimos 57 anos em que atuei nesse ramo do maravilhoso mundo supermercadista.

ANTONIO CARLOS ASCAR

Antonio Carlos Ascar

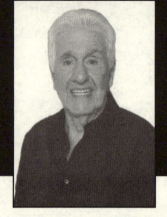

Contatos
ascar@ascarassociados.com.br
iris@ascarassociados.com.br
11 3744 7173

Antonio Carlos Ascar é estudioso das tendências mundiais do varejo de autosserviço, tema principal de suas palestras, artigos e livros. É graduado e pós-graduado em Administração de Empresas pela FGV- SP. Tem especialização em Empreendedorismo pela Babson College (Boston, EUA). Por 31 anos, foi diretor executivo do Grupo Pão de Açúcar, chegando a diretor corporativo e responsável por toda a operação de varejo do grupo. Desenvolveu diversos formatos de loja, como: Extra, Minibox, Superbox, Peg & Faça e Express, entre outros. Atualmente, é consultor e sócio diretor da Ascar & Associados, empresa de consultoria que atua na prestação de serviços a redes supermercadistas. É autor do livro *Distribuindo as camisas*, *Glossário Ascar de termos supermercadistas* e *Supermercados no Brasil: conceitos, história e estórias*. São 57 anos de estudo e paixão pelo varejo supermercadista.

Tudo começou em 1912, nos Estados Unidos, quando uma rede de lojas de chá, a Atlantic & Pacific, desenvolveu a técnica do autosserviço e passou a utilizá-la em uma de suas lojas em Jersey City, NJ, Estados Unidos.

A partir dessa revolução na técnica de venda nas lojas, essa rede de mercearias foi gradativamente evoluindo e incorporando seções de perecíveis a suas lojas – num primeiro momento, fora da área de vendas e com atendimento a serviço.

Em 1916, o país contava com mais de 8 mil mercearias, ainda vendendo no sistema a serviço, usando um balcão para separar os clientes dos balconistas. Foi nesse ano que Clarence Saunders abriu, em Memphis, no Tennessee, a primeira loja Piggly Wiggly, com autosserviço na mercearia e nas seções de carnes, frutas e verduras. Passou-se a usar um *checkout* na saída e introduziu-se a borboleta (catraca) para a entrada dos consumidores.

Piggly Wiggly em Memphis 1916.

O varejo alimentício estava, então, em franca evolução.

Foi um grande sucesso, copiado por muitas redes, que foram transformando suas lojas para o novo sistema de vendas. Em 1920, a rede Piggly Wiggly já contava com 404 lojas.

Em 1930, nos Estados Unidos, havia mais de 300 mil mercearias em operação, segundo M. M. Zimmerman, e muitas já estavam operando em autosserviço. Esse ano foi o mais importante para o varejo alimentício no país e no mundo.

Piggly Wiggly em Memphis 1916. (2)

Antonio Carlos Ascar | 61

Esse grande número de mercearias em redes e em autosserviço foi acabando com as conhecidas, simpáticas e pequenas lojas chamadas *Mom-and-Pops,* que eram operadas por uma família e resistiam ao uso do autosserviço, apostando no bom atendimento familiar.

Nesse cenário de revolução – e muitas inovações espalhas pelos EUA –, alguém resolve juntar as partes mais importantes de um mercado, inova muito e cria o primeiro supermercado do mundo, em Long Island, na Jamaica Avenue esquina com 171th street, no estado de Nova York.

Assim, em 4 de agosto de 1930, pelas mãos de Michael Cullen, surge o King Kullen, o primeiro e verdadeiro supermercado.

Fachada do primeiro supermercado King Kullen.

A loja tinha como diferencial a utilização do autosserviço, bem como todos os elementos que passaram a caracterizar os supermercados, como as seções de mercearia, carnes, FLV (frutas, verduras e legumes) e laticínios, além de uma ampla linha de produtos, que na época eram cerca de 1.100 itens à venda. A chave do sucesso estava na combinação de todos esses elementos, acrescidos de margens diferenciadas por produto.

Mas havia algo a mais; os supermercados não mais recebiam pedidos por telefone, não faziam entregas e as vendas eram somente à vista, sem uso de cadernetas. Com isto conseguiam, realmente, baixar seus custos operacionais, principalmente o de pessoal.

Como é possível observar, a grande revolução no varejo foi o surgimento do autosserviço, que hoje é usado em quase todos os ramos de negócios varejistas e até atacadistas. O supermercado, na verdade, foi uma grande e lenta evolução do varejo alimentício, que culminou, em 1930, com o surgimento dessa inovadora loja: a King Kullen Supermarket.

Este é um resumo de tudo que diferenciava e caracterizava o novo formato de loja:

- utilização do autosserviço;
- grande área de vendas para a época (700 m²);
- amplo estacionamento;
- 20% das vendas a serviço e 80% em autosserviço;
- vender barato a preços de atacado da época;
- margens diferenciadas por produto e departamentos;
- baixo custo operacional e fixo;
- venda em massa com alta rotação dos produtos;
- local afastado do centro, com baixo aluguel;
- sem pedidos por telefone;
- vendas só à vista;
- sem entregas em domicílio.

Essas características permanecem vivas até hoje, com exceção das quatro últimas, flexibilizadas com o passar dos anos.

A loja foi um sucesso de vendas. Seis anos depois, já havia cerca de 1.200 supermercados no país, espalhados por 32 estados e vendendo cerca de 500 milhões de dólares. A forte depressão dos anos 1930 foi um grande aliado dos supermercados e de seu rápido crescimento. Acrescente-se a isso um interesse político de acabar com o oligopólio das grandes redes de mercearia e o sucesso do novo formato estava acontecendo.

Em 1937, já existiam 3.066 supermercados com vendas ao redor de 800 milhões de dólares.

Número de supermercados americanos e suas vendas (de 1932 a 1941)

Ano	Número de lojas	Número de Estados	Vendas Anuais (Us$ Milhões)
1932	300	Pacific Coast and Southwest	150
1936	1.200	32	500
1937	3.066	47	800
1938	3.700	47	1.000
1939	4.982	48	1.500
1940	6.175	48	2.000
1941	8.175	48	2.500

Fonte: M. M. Zimmerman

O formato se espalhou pelo mundo, chegando ao Brasil em 24 de agosto de 1953 pelas mãos dos pioneiros Fernando Pacheco de Castro e Raul Borges, que, na rua da Consolação, 2.581, na cidade de São Paulo, em um galpão alugado, abriram o primeiro supermercado do Brasil com o nome "Sirva-se". O imóvel tinha 1.400 metros de área construída e 800 de área de vendas

O começo foi um pouco difícil. Os clientes estranhavam a catraca na entrada, não queriam deixar suas sacolas para acessar a área de vendas e empurrar carrinhos constrangia, principalmente, os homens. Alguns clientes se sentiam inferiorizados por não terem dinheiro para encher o carrinho, como se isso fosse obrigatório. A solução foi fazer pequenas cestas para substituir os carrinhos.

Conta-se, também, que os pioneiros tiveram problemas com as autoridades municipais, pois uma lei da cidade proibia a venda de perecíveis e não perecíveis no mesmo espaço. Fala-se até que os donos passaram um dia presos, mas que o prefeito da cidade à época, Jânio Quadros, reviu a interpretação da lei e optou por aderir ao modelo norte-americano, que permitia combinar a venda de perecíveis e não perecíveis no mesmo espaço.

O gerente da loja Sirva-se, o icônico Mario Gomes d'Almeida, um paulistano nascido em 1925, teve bastante trabalho para que todos se acostumassem ao supermercado e às suas regras. Para vender quase apenas em autosserviço, eles mesmos empacotavam arroz, farinha e outros cereais, além de sabão. Porém, apesar do início problemático e cheio de desafios, o negócio vingou, conquistando autoridades e consumidores.

Em poucos anos, não apenas o pioneiro, mas também outros supermercados da época conquistaram as famílias brasileiras e se multiplicaram, enquanto as vendinhas foram minguando aos poucos.

Se o autosserviço foi a grande revolução do comércio, hoje existindo em muitos outros ramos de negócio como farmácias, padarias, materiais de construção e outros, o supermercado foi a grande evolução do varejo no mundo, facilitando muito a vida dos consumidores.

Ele está hoje em quase todos os 193 países existentes no mundo, tendo crescido a uma velocidade vertiginosa.

Hoje, parece ser difícil a vida sem o autosserviço e, principalmente, sem os supermercados.

Em 1965, enquanto terminava a faculdade, entrei no ramo e conheci esse "maravilhoso mundo supermercadista", que é como gosto de chamá-lo.

Fui executivo do GPA e, durante a década de 1980, cheguei a dirigir toda a operação de varejo: a divisão de supermercados Pão de Açúcar, dos hipermercados Jumbo e Extra, das lojas de desconto Minibox, do atacarejo Superbox, magazines Eletro, restaurantes Well's etc.

Quando saí da empresa, após 31 anos, virei empresário, com uma rede própria de lojas, e desenvolvi uma empresa de consultoria específica para supermercados.

Assim, nesses últimos 57 anos no ramo, tive a oportunidade de dar as minhas contribuições, como tantos outros executivos, para que esse formato fosse um sucesso e facilitasse muito a vida dos consumidores, que são a razão de ser de qualquer negócio.

Minhas contribuições? Algumas delas foram:

- escrevi mais de 240 artigos durante esses anos;
- na revista SuperHiper, escrevo uma coluna, What's up, que fala das novidades dos supermercados no mundo;
- fui o diretor responsável pela implantação do modelo de hipermercado Extra, das lojas de desconto Minibox e do atacarejo Superbox;
- desenvolvi os restaurantes Well´s;
- criei a rede Peg & Faça de lojas *do-it-yourself*;
- fiz inúmeras palestras no Brasil e no exterior;
- fui o primeiro supermercadista brasileiro a palestrar no exterior, no CIES, em Veneza, na Itália, em 1975;
- presido a consultoria Ascar & Associados, com trabalhos realizados no Brasil, Paraguai, Chile e Angola, sempre voltados para o ramo supermercadista;
- sou autor dos livros *Glossário Ascar de TermosSupermercadistas*, *Distribuindo as camisas e o último*, lançado no ano passado, *Supermercados no Brasil: conceitos, história e estórias*.

Quero trazer agora as principais contribuições que o formato do supermercado trouxe para a vida atual do consumidor ficar mais fácil e mais moderna.

- utilização e fortalecimento do autosserviço;
- modernidade comercial;
- rapidez e higiene para fazer compras;
- escolhe-se vendo e tocando nos produtos;
- o preço dos alimentos tornou-se mais barato;
- ajudou-se a desenvolver a indústria de alimentos;
- compra-se tudo em alimentos e afins em um mesmo local;
- desenvolveu-se a indústria de embalagens;
- desenvolveu-se o marketing de varejo;
- sempre tem uma loja perto do consumidor.

As vantagens foram tantas que até hoje o número de lojas continua a crescer no Brasil e no mundo, a se modernizar e evoluir. Talvez sejam raras as cidades no mundo que não têm hoje a sua loja de supermercado.

E mais ainda: cresceram os formatos de loja de alimentação; além do supermercado, vieram (não nessa ordem) o hipermercado, a loja de conveniência, o supermercado de proximidade, o gourmet, o especializado... enfim, há hoje infinitos formatos para atender a infinitos nichos de mercado existentes.

Viver sem poder comprar alimentos e afins em um supermercado parece ser, hoje, uma missão impossível.

Nossos atuais e futuros clientes; meus netos.

Tudo isso foi e é a grande contribuição ao mundo, do nosso "maravilhoso mundo supermercadista".

8

DESPERTE O VENDEDOR QUE EXISTE DENTRO DE VOCÊ

Vender é uma estratégia de vida, uma habilidade comum a todas as pessoas. Todos nós temos habilidade para vender. Não saber vender é uma crença que permeia a mentalidade de muita gente, e vencer essa crença é primordial para o sucesso profissional. A mente comanda nossas ações e comportamentos. Por isso, é importante despertar o nosso vendedor interno, para atingir resultados inéditos e incríveis.

BENITO COSTTA

Benito Costta

Contatos
Contato@benitocostta.com.br
Redes sociais: @benito.costta
11 96060 9573

Pós-*master trainer*, CEO da Benito Costta® Treinamento e Desenvolvimento Humano, escritor, criador do Método Venda Verdade, mentor, referencia em gestão de vendas para pequenas e médias empresas. Certificado por renomadas instituições internacionais como: European Mentoring e Coaching Council, Disney Institute e Ohio University. Foi treinado pessoalmente por Tim Reynolds - PH,d, criador da metodologia *Competitive Advantage Strategic* para residentes na faculdade de negócios - Ohio University, uma das instituições mais seletas e respeitadas do mundo. Com mais de 25 anos de experiência, Benito trás uma metodologia moderna e eficaz para empresas que precisam destravar as suas vendas e vender de verdade, é o único *trainer* no Brasil que conseguiu fazer a maior imersão de vendas do Brasil, 100% voltado para o Planejamento e Estratégia. Escritor e *expert* em Gestão de pessoas e Comportamento humano, já atendeu mais de 10 mil pessoas, grandes personalidades do mundo corporativo e diversas empresas e instituições renomadas no Brasil por meio de treinamentos, mentorias individuais e grupos.

Faz muitos anos que trabalho com vendas e com formação de vendedores, equipes e processos comerciais. Em todos esses anos, há uma frase que ouço sempre, em todas as regiões do País, muitas e muitas vezes. A frase é: "Eu não tenho dom para venda".

Você já disse ou já ouviu essa frase ser dita por alguém?

Eu também acreditava nisso, acreditava que vender era um dom que algumas pessoas tinham e outras, não. Mas aprendi que não é bem assim, e você, depois de ler este capítulo, vai entender que isso é uma mentira que contamos durante toda nossa vida.

É claro que existem pessoas que têm facilidade para vender, isso acontece quando elas são naturalmente comunicativas, relacionais, simpáticas e gostam de ganhar dinheiro. Ou seja, não é que elas têm "dom" para venda, elas apresentam características que são importantes para o processo de venda e conectam suas habilidades com uma oportunidade de carreira. Mas eu conheço muitas pessoas que acreditavam que não sabiam vender e hoje são grandes profissionais dessa área.

Mesmo pessoas que não são tão comunicativas, e até pessoas que têm alguma dificuldade para negociação podem aprender a vender, porque eu acredito que "todos temos um vendedor interno". Em alguns, ele está adormecido, em outros, ele já está acordado.

O vendedor interno é uma persona que mora dentro de você, como muitas outras personas que você, eu e todos nós temos. Eu conheço muito bem essa minha persona, e tenho facilidade e naturalidade para apresentá-la às outras pessoas. Converso com meu vendedor interno e o alimento muito bem com informações e motivação diária.

Se você não conhece essa sua força interna, saiba que ela está aí, você só precisa fazê-la despertar e usar esse poder a seu favor. Seu vendedor interno precisa ser reconhecido e cuidado, você precisa olhar para dentro de si e dizer: "Todas as capacidades de que preciso já estão dentro de mim".

Eu acredito nessa verdade porque estamos o tempo todo vendendo alguma coisa. As pessoas mais tímidas, que não se acham boas vendedoras, costumam ser ótimas em defender as suas ideias. Quanto mais elas estudam e aprendem, mais criam poder de argumentação – elas só precisam conseguir enxergar que isso também é uma habilidade de venda.

Quando você escolhe uma roupa para ir a um encontro, uma entrevista ou apresentar uma palestra, você está preparando sua imagem para ser "aprovada" por alguém: isso é venda! Quando você prepara suas redes sociais com o melhor do seu dia a dia, usa os melhores filtros na foto e capricha na legenda, isso é venda! Quando você faz qualquer coisa para ganhar um elogio de alguém, você está fazendo um tipo de venda – ou trabalhando uma habilidade importante na venda.

Sabe o que eu acredito sobre vendas? Vender, para mim, é gerar valor para algo, e saber mostrar aos outros esse valor. Todas as pessoas têm uma boa noção de valor, principalmente de valor próprio, porque o primeiro produto que você vende é você mesmo.

Essa persona que estou chamando de vendedor interno já sabe gerar valor para muitas coisas. Onde, então, está o ponto de melhoria? Na habilidade de gerar valor como uma competência profissional, para algum produto, algo que tenha um retorno financeiro. É assim que pessoas comuns se tornam vendedores de excelência com resultados incríveis: aprendendo a gerar valor.

Dentro de você já existe essa fonte de "poder". Eu quero ajudá-lo nesse processo de descoberta e autoconhecimento, por isso vamos falar sobre a diferença entre valor e preço.

O que é geração de valor?

Antes de o ajudar com dicas para despertar o seu vendedor interno, vamos pensar sobre geração de valor. Esse é um princípio importante para você entender que a base da venda é algo que todas as pessoas já fazem em algum momento.

Valor é diferente de preço. Preço é moeda, tem um significado simplesmente monetário. Valor está direcionado a algo intangível, tem a ver com um benefício ou uma vantagem muito relevante para cada pessoa individualmente.

Vendedores adormecidos só entendem de preço, vendedores despertos e empoderados geram valor.

Vou contar uma breve história para você compreender como nós, mesmo sem sabermos que isso é uma competência profissional, conseguimos entender o que é valor e atribuir valor a muitas coisas.

Um vizinho do meu pai tinha um carro Passat azul, ano 1974. Um carro antigo e conservado, que ele tinha ganhado como herança do avô. O carro já não andava mais, acredito que por problemas mecânicos, mas mesmo assim ele estava lá na garagem por anos e anos. De vez em quando, o Passat ganhava um banho e uma polida.

Houve um tempo em que a família desse vizinho passava por uma dificuldade financeira muito grande e seu filho encontrou um colecionador de carros antigos disposto a pagar 15 mil reais pelo Passat 1974 que já não funcionava mais. Todos ficaram felizes com a oportunidade, mas o velho vizinho foi irredutível: "Não vendo meu Passat por dinheiro nenhum do mundo".

Os mais novos, filhos e netos, acharam que era loucura não vender o carro, afinal de contas, qual outra pessoa ofereceria tanto por aquele carro velho? Mas os outros entendiam que aquele carro representava todas as memórias de uma família, que durante décadas tinha apenas ele para passear no final de semana. Foi naquele Passat que a esposa desse vizinho chegou à igreja vestida de noiva, no dia em que se casaram. Foi nele também que esse vizinho levou a mãe para o hospital, antes de ela falecer.

Será que 15 mil seria dinheiro suficiente para pagar por todas aquelas memórias? Como comparar o valor emocional com o dinheiro oferecido?

Com muita conversa e boa vontade do colecionador de carros, o Passat foi vendido por 18 mil reais, mas o vizinho do meu pai nunca mais foi o mesmo. Nunca mais ninguém o viu sentado à porta de casa, como ele fazia sempre no final da tarde. Eles pagaram parte das dívidas, mas a casa nunca mais teve alegria.

Quando olhamos para um objeto ou para uma prestação de serviço e conseguimos enxergar apenas o preço e não o valor, não somos capazes de comprar e, muito menos, vender esse objeto/serviço; por isso, tudo começa na percepção de valor.

Um vendedor que não enxerga o valor do que vende jamais terá credibilidade para fechar um negócio. Ele tenta convencer alguém a comprar, mas ele mesmo não está convencido do valor daquele serviço ou produto.

Mas sabe o mais incrível? Todos nós sabemos atribuir valor a algo.

Uma criança tentando convencer o pai a comprar um *videogame* de cinco mil reais (ou mais) e esse pai pagando esse mesmo valor em um relógio de pulso mostram como cada um de nós atribui valor – para além do preço – a coisas diferentes. O pai acha que o filho não sabe o valor do trabalho por querer um brinquedo tão caro, e o filho acredita que o pai pode ver as horas no celular e não precisa gastar com um relógio.

Pense comigo: se todos nós sabemos atribuir valor a alguma coisa e tentamos convencer as outras pessoas de que essa percepção de valor está correta, todos nós podemos vender, apenas canalizando o processo de atribuição de valor para o que nos interessa.

Dizendo de uma forma mais simples, se o menino sabe justificar para o pai o valor do *videogame*, ele pode explicar para outras pessoas o valor de um carro, de um perfume, de um celular, de um imóvel.

Gerar valor é o alicerce da venda, e todos nós sabemos fazer isso.

O que tem mais valor para você, mas que, talvez, não tenha o mesmo valor para outras pessoas?

Existe alguma coisa que, quando você compra, alguém diz: "Eu jamais pagaria esse preço por isso"?

Você acredita que consegue perceber o valor de outras coisas e convencer as pessoas disso?

Cinco dicas para despertar o vendedor que existe dentro de você

Eu precisei despertar o vendedor que existia dentro de mim. Nem eu mesmo sabia que poderia ser bom em vendas, mas fui entendendo que quanto mais eu acreditava nas minhas habilidades, mais eu melhorava os meus resultados.

Foi aos poucos que me destaquei nessa área, não tive muitas pessoas para me modelar. Por isso, hoje uso todo meu conhecimento e habilidades para alavancar os resultados de outras pessoas e empresas. Isso faz bem para mim e, com isso, realizo minha missão de vida.

Quero oferecer para você, que está me honrando com a leitura deste capítulo, um minitreinamento. Isso mesmo, as cinco dicas abaixo valem por um trecho de treinamento comportamental de vendas. Você pode tirar o melhor proveito dessas dicas se colocar cada uma delas em prática.

Vamos a elas.

1. Abandone a crença de que você não sabe vender

Não saber vender é uma crença, mas quanto mais você a repete, mais isso se torna uma verdade para você. Sua mente vai acreditando na mentira que você mesmo conta.

Todos podemos aprender a vender e sermos bons vendedores, isso porque vender é também um processo, que pode ser aprendido por qualquer pessoa.

Mas você precisa trabalhar o seu padrão mental antes, caso contrário, essa crença vai se tornar cada vez mais forte.

2. Encontre em você habilidades que o ajudem nas vendas

Pare de olhar apenas para o que você ainda não tem e comece a observar aquilo em que você é realmente bom. Com certeza, existe alguma característica em você que pode ser usada para suas vendas.

Talvez você não seja muito bom em construir relacionamentos com os clientes, mas é bom para demonstrar o produto. Talvez você não seja muito bom em demonstrar o produto, mas é ótimo em encontrar as necessidades do cliente. Quando você encontra o seu poder, se torna ainda mais forte e consegue trabalhar o que ainda lhe falta no campo das habilidades.

3. Leia, estude, faça treinamentos e se interesse pelo universo das vendas

Vendedores que se consideram "natos" não costumam gostar de fazer treinamentos e acabam vendendo sempre da mesma maneira. O resultado é que não se atualizam e não conseguem clientes novos.

Seu vendedor interior será despertado quanto mais informações sobre vendas você tiver e, principalmente, se colocar essas informações em prática. Mesmo que você já seja muito bom, acredite que sempre pode ser melhor, mesmo que seja apenas trocando informações com outras pessoas.

4. Tenha orgulho em dizer: "Sou vendedor"

Eu não sei por que, mas muitas pessoas acham que vender é algo sem importância e chegam a ter vergonha de dizer que trabalham com vendas. Eu lhe digo: tenha orgulho de ser vendedor.

Todo mundo precisa comprar e muitas pessoas sentem prazer nisso. O vendedor é uma pessoa muito importante no mercado e precisa ser valorizado por todos. Ser um bom vendedor exige muito estudo e dedicação, e poucas pessoas se tornam realmente diferenciadas. Por isso, se orgulhe disso!

5. Comemore cada venda e sempre analise o que foi mais importante naquele fechamento

Pode parecer bobagem, mas acredite: comemorar e agradecer gera mais motivação para continuar vendendo.

Quando a venda passa a ser algo muito rotineiro, o "tirar pedido" faz a motivação baixar e o trabalho literalmente perde a graça. Por isso, comemore cada venda e pense sempre: "O que eu fiz de bom nessa venda? Por que ela deu certo?". Assim, você se tornará um *expert* no seu próprio processo de vender, se conhecendo e se avaliando.

Mas não é apenas isso, nós podemos fazer alguns exercícios para ajudar. Para abandonar a crença de que "não tenho dom para venda", fale em voz alta: "A cada dia que passa, eu estou vendendo cada vez melhor e me desenvolvendo cada vez mais".

Repetir isso em voz alta faz seu cérebro acreditar nisso e, aos poucos, vai mudando seu padrão mental.

Mas padrão mental é importante para vender? Na verdade, padrão mental é importante para tudo. Despertar o vendedor dentro de você é, em primeiro lugar, acreditar que ele existe, e isso começa no seu padrão mental. É acreditar que todos nós temos capacidades de negociação.

Muitas vezes, um vendedor que acredita que não sabe vender, na verdade, não gosta de vender, e não há problema nenhum nisso. Todos nós temos atividades de que gostamos mais e de que não gostamos tanto assim. É importante saber diferenciar algo de que eu "não gosto" de algo que acredito que não sei.

Para finalizar, quero convidá-lo a entender a nobreza do ato de vender e negociar. Em uma sociedade capitalista, tudo que temos foi pensado, produzido, distribuído e vendido por alguém. Mesmo aquilo que é doado passa por esse mesmo processo. Então, como não acreditar na nobreza de uma atividade como essa, tão essencial para todos na sociedade?

Eu sou um vendedor com muito orgulho. Tanto que hoje minha missão de vida é formar outros profissionais de vendas, que tenham suas habilidades reconhecidas e que tenham resultados financeiros e de satisfação com a vida. Eu busco treinar pessoas capazes de chegar a resultados ainda mais extraordinários que os meus, porque assim cumprirei minha missão de vida.

Se o seu vendedor interno ainda dorme, é sua responsabilidade acordá-lo. Agora você já tem cinco dicas para começar esse movimento interno.

Desejo-lhe todo sucesso do mundo. E, se precisar de apoio, você sabe como me encontrar.

9

COMO TER UM NEGÓCIO DE SUCESSO NO COMÉRCIO ELETRÔNICO?

Conheça o plano para construir o seu negócio digital do zero. Para quem é este capítulo? Para pessoas que estão em busca de uma vida com mais liberdade financeira, conforto e tempo.

CAMILA THEOBALD

Camila Theobald

Contatos
Camila.olth@outlook.com
Intagram: @camila.theobald
11 9200 53521

Escritora publicada pela Literare Books e gestora do grupo Theobald. Empreendedora desde 2012, atualmente é sócia da Embala Web – fábrica de embalagem para *e-commerce*. Seu objetivo é ajudar o maior número de empreendedores a iniciar, estruturar e escalar o seu *e-commerce*.

Essa é oficialmente a sua melhor chance de começar um negócio que lhe traga retorno financeiro e os benefícios agregados. Digo isso porque há 10 anos eu comecei a empreender, iniciando no Mercado Livre com um produto que virou febre nacional – Dermaroller. Pasme, eu dominava as três primeiras páginas de busca, era um produto campeão de vendas. Na época, percebi uma oportunidade de auxiliar outros empreendedores que estavam começando, e não tinham recursos de tempo e espaço para ter estoque ou realizar postagem: montei um *Dropshipping* em 2016.

A partir das dificuldades técnicas no fornecimento do *Drop*, surgiu a ideia de desenvolver um sistema que chamamos de LojaHub, nossa aliada na operação e gestão de mais de 1 milhão de reais em vendas.

O que tenho para lhe dizer sobre *e-commerce* é que hoje o meu negócio realmente me rentabiliza: me trouxe a tão sonhada liberdade financeira que tanto busquei.

Vou auxiliá-lo a encontrar o melhor caminho para iniciar sua nova jornada digital, e no meu *site* você encontrará material complementar sobre o passo a passo para construir o seu negócio. O *e-commerce* pode ser utilizado como estratégia para vender produtos e serviços através da internet. Uma coisa que aprendi no decorrer da minha vivência no mercado digital é que é necessário conhecer a estrutura e regras do *marketplace*; nesses *sites*, o preço é o grande atrativo. Mais adiante vou lhe mostrar que você deve conhecer o seu público-alvo para direcionar os anúncios e deve conhecer os benefícios do seu produto/serviço para não ficar refém da batalha de preço.

Vamos começar pelo básico, a definição da palavra *e-commerce*: comércio eletrônico, ou seja, venda que acontece através da internet. Por exemplo, eu acesso o Mercado Livre e Shopee, que são grandes *marketplaces*, para comprar ou vender; acesso o *site* da Embala Web e anuncio caixas para *e-commerce*, qualquer pessoa que buscar no Google o termo "caixa para *e-commerce*" ou "caixa de papelão" encontrará o *site* e poderá realizar compras. Para que você consiga entender todas as etapas da jornada para construir o seu negócio dentro do mercado digital, o plano é o seguinte: abordarei dez pontos-chave, um para cada ano empreendido na minha jornada até aqui.

1º ponto-chave: nicho de mercado. Considere dois requisitos importantes na hora da escolha: foque o nicho e o subnicho, pois é comum que novos empreendedores invistam de forma aleatória e desordenada. Por exemplo: vou vender bonés, mas encontrei fornecedor de mochilas, então vou anunciar mochilas também; consegui uns eletrônicos baratos, vou incluí-los também no meu *e-commerce*. Dentro dessa exemplificação, observe que, no momento de definir o público-alvo e persona, teremos dificuldade de direcionamento, porque é necessário focar o negócio, e quando estiver estruturado e validado, aí sim o próximo passo é a ampliação.

2º ponto-chave: pesquisa de mercado. Hoje eu entendo sua importância. Por quê? É muito importante você verificar a demanda do nicho: tem procura? As pessoas se interessam por esse produto ou serviço? Quem é o cliente ideal para o seu produto ou serviço? Dica de ferramenta: Use o Google *Trends*, para ver a demanda nas buscas por palavras-chave do seu produto.

3º ponto-chave: onde encontro o produto para vender? Dentro da pesquisa de mercado, busque por fornecedores. Se o seu produto for nacional, comece buscando fornecedor na sua cidade. É possível fabricá-lo? Se sim, questione a possibilidade: "Farei eu mesmo ou posso gerar emprego e montar uma fabriqueta?". Para encontrar fornecedores através do fabricante, confira o selo do produto: tem algumas informações obrigatórias, uma delas é o CNPJ, o selo indica as empresas que vendem o produto no atacado/varejo. O produto que você escolheu é importado? Faça cotação no Alibaba, comece com a importação simplificada. Outra opção é o *container* compartilhado: você consegue baratear o frete e reduzir o capital investido, por exemplo. Dica: A China Link nos auxiliou nas primeiras importações.

4º ponto-chave: escolher o nome do seu negócio. Fique atento para não estacionar nesse ponto! O mais importante é fazer uma busca na rede: procure inspiração, faça uma lista para escolher a melhor opção. Na minha empresa, tivemos dificuldade para fazer o registro, então solicitei os serviços dos nossos parceiros da Mamba Digital, uma empresa de publicidade focada em ajudar empresas a começar suas atividades na internet. Dica: comece fazendo uma busca no Registro Br, verifique a disponibilidade do domínio para o seu *site*.

5º ponto-chave: a construção do *site* ou da loja virtual. O foco é estar ao alcance do seu cliente 24 horas por dia, enquanto o seu produto/serviço estiver exposto na internet. O *site* é um requisito para ter um negócio mais profissional e apresentável. E, atualmente, é possível ter um *site* com baixo investimento.

Empreendedor é um ser resiliente, determinado, "indesistível"!

6º ponto-chave: legalize o seu negócio! Não ter CNPJ não significa que seu negócio seja ilegal, abra um MEI para começar. Os *marketplaces* estão dando mais relevância para CNPJ, apesar de ainda ser possível trabalhar com o CPF. Além disso, para enviar o seu produto por transportadora é necessária a emissão de nota fiscal eletrônica (NFe). A geração da nota fiscal eletrônica é um processo simples, que leva poucos segundos. Na plataforma que você escolher para fazer o seu *site*, observe se há integração com alguma ERP (*Enterprise Resource Planning*): é o recurso que melhora a gestão, automatizando os processos e integrando as atividades de vendas, estoque, logística, entre outras. Dica: ganhe agilidade. Na Embala Web, utilizamos a LojaHub e Bling!

7º ponto-chave: como ser competitivo no comércio eletrônico? Pense na logística e no frete do *e-commerce*. O seu cliente vai desejar receber o produto o quanto antes, se possível no mesmo dia. Se você conseguir entregar, já se tornou mais competitivo; não estamos falando de preço, mas sim, da urgência, da necessidade ou ansiedade de se ter o produto em mãos. Isso já acontece na China: o cliente tem o produto em mãos, recém-adquirido no comércio eletrônico, num tempo de até quatro horas. Pense na possibilidade de colocar o produto mais próximo do cliente, por exemplo, na mesma cidade. Dessa forma, você consegue atrair a atenção de uma grande massa. Dica: a equipe da Primes Log tem vasta experiência quando o assunto é *Fulfillment* e Envio Flex. E qual o maior benefício de contar com a Primes Log? Redução do valor do frete e do tempo de entrega.

8º ponto-chave: é importante investir na estratégia de marketing, pois você precisa faturar, o seu maior objetivo aqui é monetizar no seu *e-commerce*. Você precisa entender qual o tipo de *e-commerce* com que você trabalha, o segmento que você escolheu. Porque uma coisa é a estratégia de varejo, outra é a estratégia para a prestação do serviço; e tem ainda a outra estratégia para os infoprodutores, que são aqueles que vão vender o conhecimento no mercado digital. Então, as estratégias são diferentes para cada segmento de negócio.

Para validar o negócio no mercado, é necessário utilizar ferramentas adequadas para visualizar se o seu negócio está no caminho certo. Um bom indicador é quando a estratégia de marketing utilizada ranqueia o produto nas páginas de busca ou coloca seu produto nas primeiras páginas. Para os prestadores de serviço, um bom indicativo é a captura de *leads* quentes – clientes que estão prontos para comprar.

9º ponto-chave: a estrela do seu negócio é o cliente. Quando um cliente é bem atendido, isso gera para o seu negócio no mínimo mais dez clientes! Essa ação é popularmente conhecida como marketing boca a boca: o cliente que gostou do seu produto, serviço, atendimento, vai indicá-lo. O objetivo é realizar a venda do produto/serviço e fidelizar o cliente. Na Embala Web, aplicamos a seguinte técnica: os clientes recorrentes com *ticket* médio-alto entraram para o grupo vip, e eles receberão um desconto a mais nas compras futuras.

10º ponto-chave: quero parabenizá-lo pela sua determinação e escolha de continuar a leitura que mudará a sua jornada! Essas são as etapas na jornada da construção de um negócio sólido, escalável e rentável. **Dica:** comece agora! Comece pelo *marketplace* que está em alta, a Shopee veio para revolucionar o mercado!

Como iniciar, estruturar e escalar suas vendas na Shopee?

A Shopee chegou ao Brasil em 2019. A gigante singapurense faz parte de um conglomerado de Singapura chamado Sea, grupo que reúne ainda outros *e-commerces*. A plataforma investiu pesado no marketing, no final do ano de 2021, e por aqui o aplicativo da empresa se tornou o mais baixado na categoria *e-commerce*.

Para vender no *marketplace*, você vai precisar de: uma boa oferta, ranqueamento com tráfego e boa reputação.

Os principais requisitos para se ter a melhor oferta: você precisa ter excelente fotos. Faça as fotos com boa resolução, tire-as de todos os ângulos, em 360°. Indique as medidas. As fotos vendem, representam o vendedor da loja física. No comércio eletrônico, não tem uma pessoa para fazer o *unboxing*, o *review* na hora em que o cliente está diante do produto on-line, então você precisa trabalhar as fotos. Mas não deve ter apenas uma foto de fundo branco, ok?! Foque os detalhes, utilize o *zoom*, mostre aquele detalhe que só o seu produto tem. Invista em fotos, evite pegar fotos da concorrência. Uma estratégia bacana é fotografar kits: junte alguns produtos complementares para compor o kit. Por exemplo, eu vendo caixa de papelão, tenho um kit anunciado que é o maior sucesso, o Kit Melhor Envio; destinado ao público-alvo que não conhece os produtos da Embala Web, para quem está começando no e-commerce, quem faz minienvios ou deseja ter uma amostra do nosso material. Para quem está começando no *e-commerce*, quem faz minienvios ou deseja ter uma amostra do nosso material. E na loja também vendemos o material complementar, acessórios utilizados para embalar – etiqueta térmica, saco inviolável, filme *stretch*, entre outros.

Um ponto primordial na oferta é o título, você tem que brincar com as palavras-chave de forma assertiva; o comprador, ao digitar um título no Google, tem que ter como resultado o seu produto aparecendo na frente dos outros. Porém, o título sozinho não faz milagre, mas o conjunto – ranqueamento, reputação e uma boa oferta –, sim! O conjunto faz com que você apareça na frente, e isso é ranqueamento. Então, use palavras-chave, não tente inventar uma fórmula mágica para encontrar novas palavras. Crie uma lista de títulos, pegue as melhores palavras e as anote. Faça a seguinte pergunta para algumas pessoas: "Para o produto tal, você buscaria por essas palavras? Se sim, quais são as mais importantes?". Outra opção é criar um título com as palavras que você buscaria para encontrar o seu produto. Dica: verifique se o seu produto tem mais de uma grafia ou nomes regionais, e se tiver, coloque-os no título.

Uma boa oferta precisa de excelente descrição: coloque os benefícios do produto, você vai vender mais indicando cada um deles. Use a ficha técnica, que deverá ser fidedigna: se o produto hidrata, se é de cerâmica, se tem *led* ou infravermelho, se o cabo é flexível, quantos metros tem. Mencione a voltagem, se é bivolt, descreva tudo. O ideal é que o cliente consiga sanar todas as dúvidas já no anúncio. Já deixei de comprar produto por não ter a informação da voltagem (eu precisava de uma escova que fosse bivolt). Um ponto extremamente importante é a logística: deixe claro o tempo de postagem do produto. Em épocas festivas, como Dia das Crianças e Natal, esse detalhe faz toda a diferença! Dica: olhe as dúvidas frequentes nos *marketplaces* e faça um apanhado: o que os clientes estão querendo saber sobre tal produto? Não adianta você fazer um trabalho de ranqueamento se não tiver uma boa oferta. O detalhe mais importante nessa situação é que o algoritmo identifica que você não tem uma boa oferta, pois o cliente chega até o seu produto, mas não o compra. Não ter uma boa oferta é um grande erro, pois o *marketplace* tem como objetivo apresentar para o cliente a melhor oferta do mercado.

Você vendeu! O preço é o grande detalhe do negócio na Shopee. E acredite: 50% do convencimento ou do fator decisório de compra de um cliente é o preço. O ideal é estabelecer o preço um pouco abaixo do valor praticado pela concorrência. Se não for possível colocar o mesmo preço, tente se destacar com os outros itens da oferta: fotos, título, descrição, envio imediato.

Como ganhar cinco estrelinhas na Shopee: a reputação dentro da Shopee é muito importante, porque 70% dos possíveis compradores que virem o seu anúncio levarão em conta a reputação, que é a experiência dos compradores anteriores. Mande um folder junto com o produto, lembre-se de comentar que o *feedback* do seu cliente é muito importante, pois você está começando e uma avaliação positiva ajudaria bastante! Para evitar problemas com os clientes insatisfeitos, acrescente uma mensagem, como esta: "Caso tenha algum problema com a compra, chama no WhatsApp (11) CYG-020722, não é necessário abrir reclamação!". Uma mensagem pode evitar muitos problemas.

O seu anúncio deve aparecer na primeira página de buscas da Shopee, que tem um sistema de ranqueamento muito semelhante ao do Mercado Livre. Lembra do meu produto campeão?! Os meus anúncios estavam sempre entre a primeira, segunda e terceira página de busca. O que acontece quando a pessoa digita o nome de um produto e aparecem 11 páginas de ofertas ou mais? Dá preguiça de pesquisar. Se for um comprador mais experiente, ele vai utilizar os filtros para encontrar o melhor preço e o menor tempo de entrega. Para você não precisar contar com a sorte, faça um trabalho de ranqueamento: isso é tráfego. O tráfego é uma estratégia de marketing que impulsiona o seu negócio, e pode ser pago ou orgânico. Orgânico é o termo utilizado quando você ranqueia os produtos sem investir numa campanha, por exemplo. Lembra da propaganda da Shoppe com o Jackie Chan? Gerou tráfego orgânico, as pessoas baixaram o *app* da Shoppe após ver o comercial, e uma vez dentro do *marketplace*, começaram a pesquisar ou identificar ofertas atraentes, e a plataforma trouxe muitos clientes, gerando muitos negócios. Existe também o tráfego pago: você pode fazer o Shopee Ads ou participar das promoções nas ofertas-relâmpago. São estratégias que funcionam muito bem. Eu utilizo Ads em nossas contas da Shopee com o intuito de ranquear os produtos; quando eles ganham relevância nas buscas, pausamos as campanhas. Algumas vezes, o retorno financeiro é 0 x 0, porque o tráfego pago em um produto com uma margem de lucro baixa ou nula apresenta esse resultado. E está tudo bem! O pensamento é: "Estou ranqueando os meus produtos dentro da Shopee". Por isso, é importante você começar o quanto antes, ainda dá tempo! Dica:

o que faz ranquear são as vendas. Lembre-se: num mercado competitivo, dê motivos para a pessoa se tornar seu cliente.

Alguns pontos têm que ter atenção: no atendimento ao cliente, o cumprimento do prazo é referente aos envios em boas condições, com o não cancelamento dos pedidos. Consulte o guia na plataforma sobre pontos de penalidade do vendedor. O sistema foi projetado para rastrear seu desempenho, vale a pena visitar a central do vendedor da Shopee: clique em "Desempenho da Conta", verifique os pontos recebidos e os privilégios. Faça uma boa gestão do seu *e-commerce* para oferecer uma ótima experiência de compra!

Bônus: ao longo deste capítulo, mencionei alguns parceiros que transformaram os nossos negócios, e eu quero compartilhar com vocês os benefícios exclusivos e os seus três bônus. Faça a leitura deste código QR e aproveite!

10

NOVO OLHAR PARA O PLANETA TERRA

Educar é "despertar as aptidões naturais do indivíduo e orientá-las segundo os padrões e ideais de uma determinada sociedade" (*Dicionário da Língua Portuguesa*, Larousse Cultura). A educação ambiental se tornou um fator para a conscientização e mobilização da sociedade, para reivindicar a tomada de decisão junto ao poder público e sobre as principais questões ambientais do país.

CARLOS BARROS

Carlos Barros

Contatos
geitaqua@gmail.com
11 99968 7465

Escritor. Professor de oficina de jogos matemáticos e projetos temáticos. Bacharel em Teologia pela IBETEL. Graduando em Pedagogia pela Universidade Braz Cubas. Tecnólogo em gestão ambiental pela Universidade Braz Cubas. Diretor Presidente do Grupo Escoteiro Nova Aliança. Chefe escoteiro por 50 anos. Líder da Mocidade da IEAD (Igreja Evangélica da Assembleia de Deus). Recebeu dois prêmios: pelos trabalhos prestados na cidade de Itaquaquecetuba e funcionário padrão, após 15 anos de casa na empresa ACIL.

> *Educar é "despertar as aptidões naturais do indivíduo e orientá-las segundo os padrões e ideais de uma determinada sociedade".*
> Dicionário da Língua Portuguesa Larousse Cultural

A educação ambiental tornou-se importante fator para a mobilização da sociedade com o propósito de reivindicar a tomada de decisão junto ao poder público sobre as principais questões do país em relação ao meio ambiente. Discussões sobre o aquecimento global, os aterros sanitários, os gases poluentes produzidos pelas indústrias e veículos motorizados acontecem hoje não só no Brasil como também a nível mundial, já que a ação de um interfere na do outro e prejudica o planeta como um todo.

Mesmo com todas as medidas que vêm sendo tomadas em relação às questões ambientais, não há garantias de que sejam efetivas para reverter a situação atual do planeta. Foram milhões de anos de devastação, de extinção, de negação de uma realidade que poderia afetar milhares de pessoas. A mudança gradativa de posturas sustentáveis contribuirá para ajudar a preservação do meio ambiente. Porém, estratégias intensas e eficazes de todos os países serão necessárias para mudar o futuro do planeta.

O consumismo exagerado ainda é um fator que contribui para a problemática ecológica – e isso não será fácil resolver. Grandes potências, como Estados Unidos e China, dominam o mercado consumidor mundial e não conseguiram estabelecer um acordo para inibir a emissão de gases poluentes na proporção próxima ao ideal. E a questão vai além, estabelecer acordos com relação à emissão de poluentes interfere na produtividade e na rentabilidade, fatores que pesam na balança da hegemonia e do controle econômico.

Impulsionados por essas grandes potências, países em desenvolvimento acabam praticando ações para explorar os bens naturais em busca de riquezas. Nesse caso, a questão ambiental é ainda mais afetada, visto que a pobreza leva muitas pessoas a atitudes desesperadas de sobrevivência. E atitudes desesperadas levam ao caos humano e à necessidade de se obter condições econômicas a qualquer custo, mesmo que isso devaste ainda mais a natureza do lugar em que se vive. Ou pior, na tentativa de alavancar a economia, acordos com países desenvolvidos são estabelecidos, muitas vezes permitindo que áreas naturais sejam prejudicadas para a obtenção de lucros em benefício dessa hegemonia.

Reduzir o consumo é o primeiro passo a ser tomado em relação à preservação ambiental. Práticas sustentáveis como a separação seletiva do lixo doméstico em orgânico e reciclável, o uso de sacolas retornáveis nas compras, a substituição do transporte individual pelo coletivo, o descarte correto do óleo de fritura, foram incorporadas ao cotidiano das pessoas nas grandes cidades. Além disso, as técnicas de compostagem têm auxiliado muito no cultivo de hortaliças que hoje são mantidas em pequenos espaços urbanos. Ações simples que fazem grande diferença e trazem resultados benéficos ao planeta.

As políticas governamentais também vêm investindo em pesquisas científicas para melhor aproveitamento da energia solar, eólica, hidráulica, de mares e de biomassas, com o propósito de baratear os custos para as diversas regiões do país, promovendo substituições dos sistemas antigos, que devastam ainda mais o meio ambiente. No entanto, ainda se faz necessário baratear o custo da produção desse tipo de energia para que possa atingir maior número de usuários. O que impede a instalação de mais centrais ecológicas é o custo. Quanto mais barato ficar, maior a porcentagem da população, principalmente de baixa renda, que será beneficiada com o uso dela, tornando os recursos naturais uma forma equilibrada de garantir reservas para as futuras gerações.

Além disso, a matriz energética tem sido usada no Brasil como forma de garantir eficiência e continuidade do processo de produção. Um exemplo é a matriz de insumo de produto hídrico como transformação de energia; outro, a energia eólica, por não prejudicar o meio ambiente. Todavia, o custo ainda é alto. Talvez com as pesquisas na área, o quadro se reverta no futuro. A importância de novas medidas para solução em cooperação com o meio ambiente depende não só da reeducação na utilização dos recursos naturais, mas também do investimento em soluções viáveis e a baixo custo. No tratado de Kyoto, o governo brasileiro defendeu a proposta das matrizes energéticas com o objetivo de reduzir a emissão de gases, além de criar maneiras menos impactantes em países que estão em desenvolvimento.

No entanto, essas medidas promovem ações que não atendem ao problema no momento – representam um conjunto de medidas a longo prazo – e o planeta já está sofrendo com a ação da própria natureza. Catástrofes de proporções imensuráveis têm devastado vários países e deixado muitas mortes e regiões praticamente inabitáveis. Frio excessivo em partes do planeta, calor em demasia em outras, seca, maremotos, terremotos, tufões são alguns dos graves problemas que afetam a população mundial e desespera as autoridades. Mesmo assim, a política das grandes potências continua inabalável em relação à questão da produtividade a qualquer custo e à emissão de gases poluentes.

O efeito estufa tem elevado ainda mais a temperatura do planeta. O desgelo dos árticos aumenta, e muito, o nível de água do mar. Animais estão partindo de seus habitats naturais na tentativa de sobrevivência. Espécies estão se extinguindo a uma velocidade assustadora. Rios e lagos estão cada vez mais poluídos e contaminados por lixos tóxicos. As consequências de ações humanas, em muitos casos, são irreversíveis e todos sofrerão com a irresponsabilidade da devastação do meio ambiente, em nome do progresso e do consumo excessivo.

Além das questões climáticas, problemas relacionados à falta de fiscalização têm prejudicado muito o meio ambiente. Derramamento de óleo nos mares, queimada da Floresta Amazônica e poluição de águas de rios com resíduos químicos têm acarretado transtornos em grandes proporções à fauna, flora e ao próprio ser humano. E pouco se tem feito em relação a isso. Percebe-se um descaso das autoridades a questões ambientais, mesmo com as propostas de discussões já realizadas por vários países em torno do planeta. Um caso a elucidar é o que aconteceu na Amazônia e nas praias do Nordeste, em 2019. Pouco tem sido realizado por parte do governo como resposta efetiva a questões que são tão relevantes para a preservação de áreas naturais.

Ademais, o rompimento das barragens de Mariana e a de Brumadinho mostram o descaso das autoridades em relação à fiscalização efetiva dos órgãos responsáveis para evitar que desastres dessa proporção aconteçam. Além da morte de pessoas, o prejuízo em relação à biodiversidade e à degradação dos rios é incalculável. A falta de uma fiscalização efetiva não acontece somente nas grandes empresas – pior ainda – é praticamente inexistente nas periferias dos centros urbanos, em que o lixo é descartado às margens dos rios ou depositado em bueiros, causando enchentes que deixam muitas famílias desabrigadas.

Sabe-se que a segregação dos entulhos nas obras da construção civil e a destinação inadequada dos resíduos é de responsabilidade do gerador. Porém, o que se percebe, principalmente, nas periferias dos centros urbanos, é um descaso em relação a isso, reforçado pela falta de fiscalização adequada por parte dos órgãos competentes. O crescimento desordenado nas grandes cidades provoca a construção dos pequenos e médios prédios para habitação ou comércio muitas vezes de forma clandestina, nas margens de rios. E o descarte do entulho dessas obras é que vai parar nas encostas dos rios da cidade.

Para exemplificar a gravidade dessa questão, em 2009, devido à forte chuva que assolou a cidade de São Paulo (em um só dia choveu o esperado para um mês, 38%, segundo o CGE – Centro de Gerenciamento de Emergências) e a quantidade de entulho acumulado às margens do rio Tietê, houve uma enchente de grandes proporções e dois bairros vizinhos do rio ficaram embaixo d'água por três meses, Jardim Romano e Vila Itaim, no Itaim Paulista, e as ruas ficaram alagados mesmo em dias secos. Na época, para tentar amenizar o problema, a prefeitura construiu um reservatório e um dique impedindo que novas enchentes acontecessem. Todavia, na Vila Itaim nada foi feito para a contenção das águas. Mais de 10 mil famílias foram cadastradas para receberem auxílio-aluguel para deixar suas casas. Essas famílias se mudaram para conjuntos habitacionais da CDHU (Companhia de Desenvolvimento Habitacional e Urbano). Mas encontraram prédios com estrutura comprometida e infraestrutura precária.

Apesar da extensão poluída, o rio Tietê ainda é importante para a economia do Estado de São Paulo, devido ao seu alto potencial elétrico que permite a criação de represas que geram energia elétrica para abastecimento de várias regiões. Porém, desde 1968, sofre com a poluição principalmente na região central paulistana. A falta de consciência ambiental por parte da população e a falta de ação dos governantes que não faziam planos para a recuperação das águas do Tietê foram agravados pela Ditadura Militar, já que a despoluição do rio não era a prioridade na época. O grande vilão da poluição do rio, segundo a CETESB (Companhia Ambiental do Estado de São Paulo), é o esgoto.

Segundo os especialistas da Rede de Águas da SOS Mata Atlântica, o problema de poluição do rio está ligado ao da habitação. Logo, precisam ser resolvidos paralelamente. Não adianta apenas remover famílias de áreas de várzea do rio e deixá-las em situações precárias. É justamente aqui que a atuação conjunta é a única perspectiva de solução para o problema. Ações coletivas promovem a conscientização das pessoas e criam soluções para a preservação do meio ambiente e de recuperação dos rios e mares. Aliás, ações coletivas têm promovido transformações em regiões consideradas caóticas em relação às condições de sobrevivência e devastação.

Percebe-se que as iniciativas, individuais ou coletivas, proporcionam mudanças na forma de pensar e agir das pessoas. Ser um consumidor responsável é viabilizar ações que possam ajudar o meio em que vive. A construção de uma casa com energia solar, por exemplo, gera uma economia considerável ao consumidor e contribui com a preservação do meio ambiente. Criar um sistema de aproveitamento da água da chuva gera uma economia sustentável significativa ao usuário, já que pode usar a água reaproveitada para os serviços domésticos, como lavar o quintal, o carro e outras atividades em que se necessita da água para realizar as tarefas.

Se a educação ambiental básica começar nas localidades mais carentes do país, com o incentivo de pequenos mutirões de limpeza pelos próprios moradores, cobrança de uma fiscalização efetiva do poder público, denúncia das irregularidades locais para que haja multas aos responsáveis, premiação de iniciativas populares que promovam exemplos reais de sustentabilidade, a realidade será completamente diferente da que vista hoje. Caso as práticas começarem com as crianças, haverá a garantia de um futuro promissor em relação aos cuidados com o planeta. A conscientização parte do exemplo e da educação como forma de transformação.

11

A SAGA DO VESTIDO AZUL OU A PROFECIA

Neste capítulo, você participará comigo de uma saga em busca de um vestido azul-marinho para um casamento. No percurso dessa aventura comum, eu convido você a enxergar seus conflitos internos, a escutar e a perceber de onde eles vêm. Você irá se dar conta de como eles nos ajudam a crescer e a ampliar nossas fronteiras, desde que saibamos como fazê-lo. Por isso, apresento a você cinco etapas para trilhar o caminho para novas maneiras de vivenciar seus conflitos, ainda, de melhorar a sua performance na vida.

CARMEN HORNICK

Carmen Hornick

Contatos
carmen_hornick@hotmail.com
Instagram: @carmen_hornick
Facebook: carmen_hornick
65 99997-2505

Carmen Hornick é mestre em Estudos de Linguagem (UFMT); licenciada em Letras Português/Inglês e suas respectivas Literaturas (UNEMAT); bacharel em Direito (UNIC); advogada 16256 OAB/MT. Pós-graduada em Linguística Aplicada (UFMT); MBA em Direito do Trabalho (Faculdade Pitágoras); pós-graduada em Direito: Administração Pública e Controle Externo (FGV). *Personal and Executive Coach* (ICI – Integrated Coaching Institute); pós-graduada em Direito Sistêmico (Faculdade Innovare/Hellinger Schule); certificada pelo MPP *Training and Certification Program* (Human Being Institute); certificada pelo Curso de Introdução à Análise Transacional (União Nacional de Analistas Transacionais do Brasil). Foi professora do ensino fundamental, médio e superior. Neste último nível, atuou nos cursos de graduação em Letras (UFMT), Direito e Administração de Empresas (UNIC/FGV) e no curso de pós-graduação em Liderança e *Coaching* (UNIC). É membro da Comissão de Direito Sistêmico da OAB/MT e colaboradora no Projeto Aprender Sistêmico. É voluntária no Projeto Acolhida Sistêmica da Casa da Família – TJ-SP.

> *Peçam, e será dado; busquem, e encontrarão; batam, e a porta será aberta.*
> MATEUS 7:7

Você já deve ter ouvido falar desse versículo do Evangelho segundo Mateus aí acima, certo? Então, agora vou lhe contar uma história que, independentemente da sua crença ou religião, vai fazer algum sentido para você e certamente trará lembranças de algumas passagens da sua vida parecidas com essa.

Vamos lá! Fui convidada para ser madrinha de um casamento. Grande emoção, brindes, alegrias. Em seguida, recebi, como de praxe, a caixinha de presentes dos padrinhos (linda!) e é aí que tudo começou.

Nos dias de hoje, a regra geral é a de que os noivos escolham a cor das roupas dos padrinhos, afinal, a festa é deles, o sonho é deles e eles têm o direito de decidir todos os detalhes com base nos seus gostos. Eu já sabia disso (normal, né?) e, assim que abri a tal caixinha, descobri que o vestido das madrinhas, bem como as gravatas dos padrinhos, acredite, deveriam ser na cor azul-marinho.

Busquei internamente a minha sabedoria social para manter meu semblante de felicidade e de concordância, mas lá na conversa com minha tagarela interna, estava a santa arrogância disfarçada de boa moça, dizendo: "Nossa, que cor mais triste e fechada para um casamento de uma garota tão novinha".

Na tentativa de justificar esse sentimento contraditório, argumentei e expliquei para mim mesma que juventude lembra flores, tons pastéis, azuis-claros, rosa, amarelos ... enfim, leveza, muita leveza. E que aquela cor me provocou certa tristeza e sisudez.

O engraçado foi que, assim como aquela cor, algo se fechou dentro de mim e procrastinei o máximo que pude para sair em busca do vestido. Talvez houvesse aí, inconscientemente, uma última esperança de que essa decisão dos noivos, repentinamente, pudesse mudar.

Mas o dia do casamento se aproximava e eu precisava sair em busca do vestido azul-marinho, pois já não havia mais como adiar. Então, preparei-me com meu manto de mau humor, cobri-me com a certeza de que não iria encontrar um bom modelo, assegurei-me de que não encontraria no tom, nem no *design*, nem no valor que queria e que poderia pagar.

A busca

Bem, penso que não deve ser surpresa o que aconteceu daqui para frente, não é mesmo? A Lei de Murphy dominou. E começou assim: modelos vistos pelo Instagram, loja escolhida, endereço no Google *maps* e...o GPS levou-me para o endereço errado.

Equívoco desfeito, rota recalculada e começou a chover assim que achei o endereço. O mau humor foi aplacado por notar que, ao menos, havia vaga no estacionamento. Alívio!

A loja era bacana, com um ar moderno e agradável. Bastante inovadora na forma de atender. Assim, com cara de *start-up* mesmo! Fui recebida na porta por duas atendentes em seus terninhos floridos e arrojados. De início, senti certo ar de indecisão sobre quem deveria atender-me. Depois de uma disputa de olhares velados entre elas, Bianca, obedecendo à colega, anunciou seu nome, assumiu a posição e indicou-me uma poltrona para me sentar; então apresentou-me um álbum de fotos de vestidos azuis e pediu-me que marcasse aqueles de que gostasse, mas que observasse os tamanhos descritos logo abaixo das fotos.

Naquele momento, senti um misto de raiva e de alegria, pois a minha profecia havia começado a cumprir-se. Como a minha tagarela interior já havia avisado, apenas três modelos poderiam servir em mim. Interiormente, apenas repetia sem descanso: "Eu sabia, eu tinha certeza!". E olhe que, nessa hora, meu humor já estava melhor, pois gostei muito do clima da loja.

Não posso deixar de comentar que, é claro, os modelos disponíveis não eram os meus favoritos. Mas, sendo o que tínhamos, decidi experimentá-los.

Bianca se desdobrou e ainda encontrou outros dois vestidos azuis e, então... Eu gostaria de escrever aqui que, aos vesti-los, senti-me tão linda e deslumbrante que fiquei em dúvida sobre qual deveria comprar. Entretanto, não foi bem assim.

Os vestidos não me caíram bem, ficaram ou apertados ou grandes e eu me senti horrorosa, parece que todas as minhas gordurinhas a mais resolveram aparecer naquela prova.

Bianca sugeriu que fizéssemos algumas fotos para que eu pudesse observar e decidir mais tarde. Fui embora tão azeda quanto cheguei lá e, no meu pensamento, a certeza de que a cor era horrível, que eu jamais iria encontrar um vestido bacana que me caísse bem. Com o auxílio da tagarela interior, fiquei com raiva de tudo e de todos. Pensei, inclusive, em qual desculpa iria usar para nem ir ao casamento.

Conflito instalado, estresse vibrando e solução distante. O que fazer? A partir daqui, vou contar como consegui utilizar esse conflito para ampliar a minha consciência e ressignificar minhas emoções. Assim, descrevo o passo a passo capaz de provocar melhores resultados nos perrengues que nos acontecem.

Entenda o contexto

Ampliar a visão para ver os detalhes é a primeira ação necessária. Então, passadas algumas horas, resolvi olhar as fotos que tirei com o vestido. Quando vi a minha expressão, cheguei a ficar envergonhada de mim mesma. Comecei a lembrar de tudo que já estudei sobre autoconhecimento, e olha que foram investimentos altos de tempo e de dinheiro em leitura corporal, influência dos nossos pensamentos nos eventos da vida, enfim, conteúdos valiosíssimos dos quais reconheço a veracidade a eficácia. Então, algo aconteceu naquele momento.

Percebi que, no filme em *technicolor* que passava em minha cabeça, eu ruminava questões do passado ligadas ao fato de ser obrigada a usar uma cor sem poder decidir sobre ela, e as alinhava a uma perspectiva de futuro com resultados ruins para mim, para minha aparência e, consequentemente, para minha autoestima. E esse pensamento foi tão forte, seguro e robusto que tudo aconteceu conforme eu previ. A minha profecia foi cumprida e fiquei feliz pela minha certeza.

Mas, afinal, o que ganhei com isso? Bem, resumidamente, tempo perdido e problema sem solução, além da tagarela interna confirmar que estou fora dos padrões de beleza para validar ainda mais a minha "coitadisse".

Percebi que aquela era a hora de me salvar dos meus discursos filosóficos e de ser fiel ao conhecimento que tinha. Notei que o que eu sabia estava um tanto quanto distante da prática. Tive consciência de que é preciso perceber as emoções e aceitá-las para conseguir aprender com as dificuldades. Viver o momento significa ter a noção clara do que está acontecendo e reagir de forma adequada à circunstância.

Nesse olhar amplo, ao mesmo tempo, percebi que testei todo o meu potencial de fazer acontecer o que eu queria.

A experiência de me sentir no palco da vida em uma atuação péssima mostrou-me os passos para que a minha profecia se cumprisse. Foi aí que constatei a necessidade de ter profecias favoráveis a mim, que me ajudassem a ter alegria e não raiva, afinal, tratava-se de uma festa!

Notei que, muitas vezes na vida, entramos em uma maré de desacertos e nem sabemos por quê. Aí saímos distribuindo as culpas por aí, e começamos com os nossos pais, parceiros, nossos filhos, irmãos, chefes, os governantes, os amigos... enfim, é o mundo que está contra você. Não há solução e você é a vítima.

Bert Hellinger nos ensina que "o indivíduo sente permanentemente em si o conflito entre diferentes emoções, necessidades e pulsões". O que aconteceu aqui foi a minha certeza de que tudo seria mais lindo se fosse em tons suaves: como não participei da decisão, senti-me atropelada e a minha paz ficou perturbada.

Então, percebi que o conflito estava em mim, por razões internas e de boa consciência. Eu só queria que fosse mais leve e que eu pudesse decidir sobre aquilo. Assim, permiti-me sentir autocompaixão por misturar emoções e aceitei minha humanidade.

Afaste-se

Às vezes, tudo que precisamos diante dos estresses do dia a dia é parar um pouco e respirar. Depois, é preciso afastar-se do conflito, sentar-se na plateia, olhá-lo de longe e assistir ao drama das certezas.

Dar-se conta das opiniões da sua tagarela interior é um grande passo. Observá-la com atenção pode lhe trazer muitas respostas: note especialmente como essa personagem interna interage com você e quais são as permissões que você dá a ela.

Ela guarda consigo os seus axiomas, aqueles nos quais você se pauta para tomar decisões na vida, das mais simples, como escolher a bebida no cardápio do restaurante, às mais complexas, relacionadas à escolha da profissão, do emprego e da pessoa para casar-se ou conviver.

Enfim, ela é a guardiã das suas profecias sobre a vida. Conhecê-la, aceitá-la e ouvi-la atentamente pode gerar mudanças de rumos. Além disso, olhando de fora, você pode ver que algumas certezas que ela lhe confirma todos os dias podem ser falseadas e substituídas por outras, causadoras de melhores resultados.

Por isso, resolvi, depois que a ficha caiu, fazer uma pequena interação com ela. Procurei um lugar calmo, sentei-me, fechei os olhos e deixei que ela falasse sobre tudo aquilo: o mau humor, a cor azul, tudo dando errado etc. Limitei-me a olhá-la e a ouvi-la, não como parte de mim, mas como uma terceira pessoa a falar-me sobre as suas impressões.

Analisei, com a distância necessária, o que ela disse quando me olhei no espelho, quando acordei, ao longo do dia, quando me sentei para almoçar, quando pensei sobre os próximos eventos do casamento... E novas perspectivas começaram a brotar.

Use a sua caixa de ferramentas

Viktor Frankl, em sua obra *O homem em busca de um sentido*, aponta que os pensamentos baseados em um nível mais profundo de atenção nos permitem criar um espaço entre estímulo e resposta. Como resultado, há a possibilidade de prosperarmos mais nas nossas expressões.

Nós estamos no mundo e isso é um fato. Mas os eventos acontecem a partir da forma como escolhemos estar nele. Nascemos com todo o aparato necessário para superar os conflitos em que nos enredamos.

Comunicamos a todo momento as nossas escolhas, pois só se comunica sendo. Nas reações automáticas, tal como a minha em relação à cor do vestido, eu já tinha a convicção do resultado de que eu precisava para autovalidar-me e, por isso, acionei a minha tagarela interior a preparar tudo que poderia acontecer de errado, e consegui! Naquele dia, saí apenas para confirmar a minha opinião sobre o que sentia em relação a imposições.

A minha narrativa interna organizava e justificava cada uma das minhas caras, bocas, palavras e discursos. A necessidade de estar certa quanto às minhas previsões e julgamentos fez com que eu simplesmente não resolvesse a situação posta, e só isso!

Não houve qualquer ganho. Conectei-me com tudo que poderia dar errado. Eu mandei uma mensagem ao Universo e ele me respondeu. Isso me lembra uma passagem do livro de Osho, *Intuição: conhecer para além da lógica*, que conta que Niels Bohr costumava manter uma ferradura na porta de sua casa. As superstições indicam que esse objeto protege a casa contra os inimigos e atrai a boa sorte. Então, por tratar-se de um físico dedicado às pesquisas científicas, um amigo, ao ver a ferradura na porta da casa de Bohr, perguntou-lhe se ele concordava com as superstições. Ao que ele respondeu que não acreditava, mas que lhe contaram que a ferradura funcionava independentemente de se acreditar ou não em seu poder.

Por isso, repare em como você tem se comunicado com o mundo. Desde a sua forma de se vestir, seu comportamento colaborativo ou não, sua maneira de olhar, sua postura, seus gestos, sua expressão facial, o tom de sua voz e as escolhas das suas palavras denotam ao Universo aquilo sobre o que você tem certeza. E ele gentilmente devolve a você as respostas por que pediu.

Susan David, em seu livro *Agilidade emocional*, explica que "as pessoas que morrem em incêndios ou aterrissagens forçadas tentam escapar pela mesma porta que usaram para entrar. Elas recorrem a um padrão estabelecido em vez de pensar em outra saída". Por isso, use a sua caixa de ferramentas e saia por outra porta.

Crie uma nova fórmula mágica

Quando estamos em conflito, enquanto não definimos as fronteiras e as possibilidades, nos sentimos mal. A vitória do "eu tinha certeza" é amarga, e apenas garante a continuidade do problema.

Dar-se conta da sua tagarela interior e ouvi-la é um grande passo. Sentar-se na plateia e deixá-la encenar todo o drama das certezas pode lhe trazer muitas respostas, especialmente sobre a forma com que essa personagem interna interage com você.

Tomei nota da fala dela naquilo que me chamou a atenção e, a partir da interação com esses pensamentos que influenciaram o meu comportamento "reclamão" e a necessidade da confirmação de que eu estava correta, comecei a pensar em outro futuro possível.

Já não estava mais preocupada em arrumar uma forma de não ir ao casamento, mas em encontrar um vestido lindo, azul-marinho, com a modelagem prefeita para mim, com um valor justo.

Pensei em como os noivos ficariam felizes ao verem seu sonho se materializar. Ao formar essa imagem na minha cabeça, em conjunto com a minha tagarela interior, fiquei feliz também em poder ser uma pecinha azul-marinha naquele mosaico de emoções e de felicidade.

Saí novamente, no outro dia, em busca do vestido, acompanhada da minha tagarela interior pacificada. Para minha satisfação, encontrei modelos lindos nas três lojas que visitei. A partir daí, o problema passou a ser a dificuldade de escolher entre eles, pois havia ao menos seis modelos que ficaram perfeitos! A profecia se cumpriu novamente.

Aproveite todas as possibilidades

Eu poderia ter falado sobre um grande acontecimento da minha vida para lhe contar sobre o seu poder, mas quanto mais simples um acontecimento, mais próximo da nossa realidade. São esses pequenos eventos, que acontecem todos os dias, que compõem quem somos e que nos colocam na luz ou na sombra.

Encontrar outras portas é uma oportunidade que todos têm. Enquanto estivermos vivos, independentemente da idade, há chance de se fazer de novo, de uma nova maneira. O tempo ensinou-me que nem tudo que parece horrível a princípio realmente o é, e o oposto também. Dessa forma, parar e respirar faz um grande efeito diante dos desafios. Aprender a ter um olhar e agir diferente não é uma tarefa fácil, mas é possível.

Começar a escutar os diálogos internos, tendo em vista que eles são a semente das ações, traz um empoderamento no sentido de não ser mais um repetidor de crenças, culturas e comportamentos. Embora seja uma das questões mais complexas para se responder, somente quando temos certa clareza para a resposta essa pergunta que inicia todo o processo de desenvolvimento – quem é você? – é que deixamos de ser meros seres viventes para passar a ser conscientes e, por isso, plenos.

Espero que a essa altura da nossa conversa você já tenha percebido que ter consciência é mais do que saber sobre o tema. É mais também que sair repetindo teorias por aí e dizendo que já sabe. É dar-se conta de que você pode fazer boas escolhas na vida, e que ter uma jornada luminosa e plena é uma questão de escolha.

Entretanto, atente-se para o fato de que assumir os conflitos internos é uma grande responsabilidade e poucos têm a coragem de fazê-lo, pois a tarefa é espinhosa e exige a saída de lugares confortáveis. Sofrer é mais fácil que mudar.

Quando analisei o episódio do vestido azul à luz de alguns anos de estudo e de vivências, percebi que, sem voltar ao início, entender e transformar os pensamentos, depois as palavras e as ações, não seria possível trilhar um caminho diferente.

As minhas formas de pensar, de falar e de agir podem tornar-se obstáculos para alcançar o que eu desejo, ou podem ser o caminho para uma vida plena.

Escolha ter dias melhores.

Referências

DAVID, S. *Agilidade emocional*. São Paulo: Editora Pensamento-Cultrix, 2018.

FRANKL, V. *O homem em busca de sentido*. Portugal: Lua de Papel, 2012.

HELLINGER, B. *Conflito e paz: uma resposta*. São Paulo: Editora Cultrix, 2007.

OSHO. *Intuição: conhecer para além da lógica*. Portugal: Editora Pergaminho, 2003.

12

APAIXONADA POR VIAGENS E TRANSFORMADA POR MAIS DE 50 CULTURAS

Você já teve a curiosidade de pesquisar quantos países existem no mundo? Eu descobri que não existe um consenso entre cientistas políticos, viajantes profissionais ou qualquer um que estude o tema. Mas uma coisa é certa: esse "mundão de meu Deus" é gigante e infinito em história, cultura, gastronomia e experiência. Já estive em mais de 50 países até agora e o convido a viajar comigo pela minha história. Sempre fui fascinada por colecionar coisas. Comecei com fotos, xícaras, roupinhas de boneca e histórias; até que, aos 41 anos, comecei a colecionar lugares, viagens e experiências.

CLÁUDIA AQUINO DE OLIVEIRA

Cláudia Aquino de Oliveira

Contatos
claudiaaquino@aquinoadvocacia.adv.br
Facebook: Cláudia Aquino de Oliveira
Instagram: claudiaaquinoo

Graduada em Bacharelado em Direito, inscrita na OAB-MT nº 7230. Graduada pela Faculdade de Zootecnia de Uberaba-MG. Graduada em Bacharelado em Música e Licenciatura em Artes pela Faculdade Mozarteum de São Paulo. Advogada, proprietária da Aquino Advocacia Sociedade de Advogados, com escritório em Cuiabá-MT, atuando em diversas áreas do direito, em especial, trabalhista, previdenciária e empresarial, prestando consultoria e assessoria jurídica para associações e sindicatos patronais da cadeia produtiva do turismo. Vice-presidente da Ordem dos Advogados do Brasil, Seccional-MT, gestão 2013-2015. Presidente do SKAT (Sociedade Kuiabana dos Amigos do Turismo), pelo terceiro mandato, gestão 2021-2024.

Na verdade, tudo começou quando eu nasci. Sou mineira, nascida e criada na cidade de Uberaba. Meu pai, Olívio de Oliveira, é aeroviário e, por 36 anos, trabalhou na extinta Viação Aérea Rio-Grandense, mais conhecida como Varig.

Lembro-me que, quando criança, com meus quase sete anos, morávamos numa das casas para aeroviários no aeroporto de Uberlândia. Então, desde pequena, eu ouvia e via aviões decolando e pousando, e aquilo me fascinava e me fascina até hoje. Esse ir e vir das aeronaves faz meus olhos brilharem.

À época, a companhia beneficiava os funcionários com passagens aéreas para toda a família, duas vezes ao ano. As passagens gratuitas facilitavam, em muito, as viagens de férias para visitarmos meus familiares maternos, no Maranhão.

Mamãe, nascida em Carolina, cidade turística do estado do Maranhão, era filha de Antônio Martins, um amante da vida. Meu avô tem uma história linda, que vou contar em outra oportunidade.

Aqui, quero destacar que ele foi fazendeiro, hoteleiro, proprietário do Carolina Hotel e do Bar Columbia. Foi meu avô que fundou o primeiro cinema da cidade, o Cine Rex, o clube de festa de Carolina, Ideal Clube e também foi quem doou o terreno para a construção do aeroporto de Carolina. Você já entendeu porque fiz questão de falar sobre ele, né? Tenho muito orgulho do meu avô.

Eu fico feliz e envaidecida quando ouço mamãe dizer que o meu primeiro voo foi quando eu tinha apenas dois meses de nascida. Era janeiro de 1961, e fomos para Carolina (MA), para que meus avós e toda a família pudessem me conhecer.

Desconfio que já nasci com o desejo de viajar. Inclusive, existe uma palavra em alemão, *Wanderlust*, que pode ser traduzida como um desejo intrínseco e profundo de viajar, uma incessante vontade de vagar pelo mundo. Com certeza, me encaixo nessa expressão.

De forma mais intensa, esse desejo de viajar com o objetivo de ticar o mapa mundo todinho começou quando fiz minha primeira viagem internacional, em 2002, para Lisboa, em Portugal. É importante dizer que a viagem foi a trabalho e, naquela oportunidade, reafirmei minhas convicções de que o mundo é mais fascinante do que se pode imaginar.

Depois da primeira viagem, seguiram-se viagens e missões empresariais para o Japão e China, depois peregrinação à Terra Santa, Israel. E mais e mais viagens foram acontecendo, e fui me conectando a diversas tribos de viagens, que se programam e planejam viagens anuais e que já me levaram a conhecer quase todos os estados do Brasil e mais de 50 países.

Não posso deixar de dizer que, por trás dessa paixão por viajar, tem uma outra coisa. Voar, estar no céu, para mim, é algo fascinante e eu diria até que espiritual. Lá do alto, eu me conecto com Deus e com meus anjos da guarda. É inexplicável essa sensação.

Voltando no tempo, relembro que não são só as viagens de avião que me encantam. Aos dezoito anos, quando eu cursava Zootecnia e também fazia dois cursos superiores na cidade de São Paulo, eu viajava para a capital paulistana, de duas a três vezes por mês, aos finais de semana, para estudar na Faculdade Mozarteum. E assim foi durante três anos.

Imaginem que oportunidade grandiosa para uma jovem de dezoito anos, do interior de Minas Gerais, no início dos anos 1980, poder respirar os ares da maior cidade do país, São Paulo, todo mês!? Eu vivia as experiências de um grande centro, suspirava arte e respirava cultura.

Aos 22 anos, após concluir Zootecnia, licenciatura em Artes e o curso de bacharel em piano, me mudei para Cuiabá (MT), para dar início à minha carreira profissional.

Após dois anos e poucos, morando na capital mato-grossense, me casei, constitui minha família e tive dois filhos: Thales e Talita, meus grandes amores. Durante os quase dez anos de casada, sempre viajamos muito pelo Brasil, explorando-o de norte a sul. E nos anos de 1991 e 1992, quando casada, moramos por quase dois anos em Brasília. E estávamos sempre passeando entre Minas, Goiás e Mato Grosso.

Em 2001, após a conclusão do meu quarto curso superior, eu já era advogada e, para a minha sorte (porque sim, nesse caso eu acredito que o universo conspirou a meu favor), os meus primeiros clientes foram o Sindicato Intermunicipal dos Hotéis, Restaurantes, Bares e Similares do Estado de Mato

Grosso SHRBS-MT e o Sindicato das Empresas de Turismo do Estado de Mato Grosso – SINDETUR-MT.

Aqui, abro um parêntese e faço questão de deixar os nomes dos respectivos presidentes dessas entidades à época, porque foram (e são pessoas) muito importantes na minha caminhada que, ao longo dos anos, tornaram-se, além de grandes clientes, amigos: Luis Carlos Oliveira Nigro e Oiran Gutierrez. Obrigada por tanto!

Como podem perceber, comecei a advogar para empresas que fazem parte da cadeia produtiva do turismo: hotéis, restaurantes, bares, agências de viagens, e depois vieram empresas auxiliares do transporte aéreo, e eu pude associar o meu trabalho ao que eu sempre vivi e amei, que foi e é o turismo.

Hoje, já sou reconhecida como advogada do *trade* turístico do estado de Mato Grosso. Para completar a minha inserção no mundo turístico, "estou", pelo terceiro mandato, presidente da Sociedade Kuiabana dos Amigos do Turismo – SKAT. Um clube voltado para a amizade entre aqueles profissionais e empresas que trabalham para o desenvolvimento do turismo do nosso estado, o Mato Grosso.

O Universo me conectou com o turismo de forma intensa e eu não perdi uma oportunidade sequer de conhecer vários novos destinos no Brasil, revisitar os já conhecidos e aproveitar as oportunidades das viagens internacionais, que no início foram a trabalho e depois passaram a ser somente como turista.

Quando você descobre o quão rico é conhecer outros povos, outras culturas, estar diante das histórias que até então estavam somente nos livros, viajar passa ser algo necessário para ser feliz.

O turismo é a indústria sem chaminé, e já é a maior fonte de emprego e renda de diversos países como Cuba e Egito. Vivemos em um momento em que as pessoas estão apostando, cada vez mais, em viagens em vez de adquirir um imóvel, um carro ou uma roupa de marca.

Viajar é muito mais do que a simples experiência de ir e vir. É desenvolver a nossa confiança em nós mesmos. É praticar a empatia, já que precisamos nos relacionar com pessoas desconhecidas e resolver possíveis problemas que surgem de forma inusitada, no meio do caminho.

Já pensou o quanto se pode aprender em uma viagem? Não só um novo idioma, mas os costumes, os hábitos, a gastronomia. Isso sem falar na possibilidade de aprender a história local, viver de perto o que aprendemos nos livros de História e Geografia, na época da escola. São experiências que levamos para sempre na nossa memória.

Em 2012, fiz uma viagem de peregrinação à Terra Santa, e a nossa guia era brasileira e judia. Conseguem imaginar a riqueza de conhecimentos que ela pôde nos passar? E ainda estávamos acompanhados dos padres Elias Roberto e Marcelo Fujimura. Após essa experiência, eu passei a ler e compreender a Bíblia de outra forma. Participar de uma celebração eucarística depois dessa viagem é completamente diferente.

Vou lhe dar um exemplo. Quando, durante a missa, o padre começa a falar no Evangelho, algo como: "Naquele tempo, Jesus apareceu de novo aos discípulos, à beira do mar de Tiberíades", eu faço uma imersão naquela época, visualizo a cena, isso porque eu estive em Tiberíades.

A experiência de fazer a Via Sacra, passar pelas pedras por onde que Jesus passou, viver e entender as 14 estações da Via Dolorosa não tem preço. Eu amo viagens de peregrinações. Já estive também na cidadezinha de Medjugorje, na Bósnia e Herzegovina, onde duas pessoas tiveram visões de Nossa Senhora, mãe de Jesus, na forma de Rainha da Paz.

Fiz também uma peregrinação pela Itália, visitando Roma com um olhar cultural e também religioso, visitando igrejas e catedrais. Estive também em Loreto e Assis, cidades onde tive a oportunidade de conhecer a história de São Francisco de Assis.

Quando estive em Roma, aproveitei também para visitar o Vaticano, núcleo oficial da Igreja Católica. A cidade-estado autônoma é o menor país do globo e está localizada no interior de outra nação, a Itália, e ocupa somente 0,44km^2, o que corresponde a um quarteirão. Quanta informação e conhecimento apenas descrevendo brevemente um lugar! Essa é a riqueza que viajar nos proporciona. Aprecio muito viagens de excursões, com roteiros bem elaborados, com hora para tudo. Você atravessa o Atlântico e a viagem rende, ela é rica em conhecimento.

Viajar é também uma oportunidade de sair da rotina, aliviar o estresse, encontrar soluções para problemas que só enxergamos quando existe a possibilidade de estar do lado de fora, é ver sob outra perspectiva. Viajar é estimular a criatividade e a motivação.

Eu sou uma pessoa viajada, e isso me deixa de bem com a vida, me faz mais feliz e cheia de histórias para contar. E, falando nisso, me lembrei de uma história que aconteceu há mais de 15 anos e não posso deixar de contar para você.

Eu estava com alguns amigos no lago do Manso, região da chapada dos Guimarães (MT) e o pai de um amigo, "Seu" Moacir (já falecido), conhecido por ser contador de casos, disse uma frase que me marcou e que eu nunca esqueci: "Quem não vive, não tem histórias para contar". Ele foi a estrela daquela noite, brilhou, alegrou e tirou gargalhadas de todos à volta, que escutavam atentos às mais inusitadas e contagiantes histórias.

Quer viajar? Repense o seu consumo e suas prioridades e verá que poderá, sim, conhecer destinos exóticos, inéditos e viver experiências únicas. Eu achei incrível conhecer a Antártida, a Tailândia, o Marrocos de norte a sul e tantos outros destinos maravilhosos do nosso planeta Terra.

Posso dizer que, desde que nasci, quando voar era para poucos, pois os preços eram caríssimos, aquilo para mim era um evento. Viajar fazia parte da minha vida. Papai, mamãe, minha irmã e eu fazíamos muitos planos, e tínhamos até uma conta poupança para concretizarmos nossas viagens de férias, que nem sempre ocorriam todos os anos.

Com organização e planejamento, é possível viajar. Eu faço um planejamento anual. Como já disse, tenho diversos grupos de viagens e é com eles que decido os lugares a que iremos em cada época ou feriado do ano.

Por exemplo, em janeiro, prefiro programar viagens em família e com amigas e amigos bem próximos. Desde 2017, no mês de abril, fazemos o encontro da turma da FAZU, Faculdade de Zootecnia de Uberaba. Estamos comemorando 39 anos de formados.

No segundo semestre, no mês de agosto, essa mesma turma, porém em um número menor, viaja pelo Brasil. Já estivemos nos Lençóis Maranhenses, Jericoacoara e, neste ano de 2022, a promessa é Maragogi (Alagoas).

Em setembro, é a vez da tribo das "Advogadas pelo Mundo". Desde 2016, temos feito uma viagem por ano, pela América do Sul. Já estivemos no Chile, Peru, Uruguai, Colômbia e o próximo destino será o Equador.

Nos demais meses do ano, acontecem as viagens com as "Amigas *Forever*, do coração, de uma vida toda". Nesse grupo, não existe regra quanto ao destino. Já fomos para os Estados Unidos, Marrocos, Tailândia, e um dos destinos de 2022 será a Turquia.

Devo confessar que todos os finais de semana fico pensando em explorar lugares, cachoeiras e os lindos destinos turísticos do interior do estado de Mato Grosso. Sim!! Arrumar malas e embarcar para perto ou para longe nos proporciona a mais pura e genuína felicidade e os melhores sentimentos.

Ah! Eu não poderia encerrar sem dizer que nasci no dia 9 de novembro, dia do hoteleiro. Tenho ou não tenho duplo motivo para comemorar essa data?

E aí, qual será o seu próximo destino? O meu já está planejado.

13

O PODER DE RESSIGNIFICAR O INCONSCIENTE

Neste capítulo, os leitores encontrarão estratégias para: aprender a ressignificar o inconsciente; aprofundar o autoconhecimento; reconhecer dentro de nós mesmos as ferramentas necessárias para superar dores e traumas emocionais; promover um maior equilíbrio emocional; identificar os sintomas e ressignificar as causas; conhecer-se profundamente para aprender a lidar de forma mais assertiva com pensamentos e emoções que são geradas e armazenadas no inconsciente; e ressignificar experiências.

CRISTIANE SILVA

Cristiane Silva

Contatos
www.institutocristianesilva.com.br
www.flyhighpapelaria.com.br
cristiane@institutocristianesilva.com.br
Instagram: @cristianesilva.psicanalista
Facebook: @institutocristianesilva
11 97517 2861

Escritora e psicanalista clínica formada pelo Instituto Gaio (2020), com mestrado em Psicanálise (2021). Psicoterapeuta holística integrativa (2019) pelo Instituto Terceira Visão. *Professional Leader Coach* pela Sociedade Brasileira de Coaching (2013). *Master, executive e business coach* e analista comportamental pela Line Coaching (2017). Graduada em Administração pela USF (2004) e Ciências Contábeis pela Uni-Anhanguera (2013). MBA em Logística Empresarial (2006) e MBA em Gestão Financeira, Controladoria e Auditoria (2009) pela Fundação Getulio Vargas. Empreendedora no Instituto Cristiane Silva e criadora da marca Fly High Papelaria. Especialista e criadora do Método de Transformação Inconsciente.

A voz do inconsciente é sutil, mas não descansa até ser ouvida.
SIGMUND FREUD

A ressignificação é uma palavra forte e bastante poderosa que, se bem aplicada, é capaz de ajudar uma pessoa a identificar, reconhecer, aceitar e levar a vida de uma maneira totalmente diferente, ou seja, com mais propósito. Afinal, ressignificar é dar um novo significado, um outro sentido a algum acontecimento, principalmente se tratar-se de algo negativo.

O que quero dizer é que, quando uma pessoa escolhe ressignificar algo, ela está escolhendo transformar uma experiência negativa pela qual passou em sua vida, em algo positivo. Por mais que tenha sido uma situação traumática e dolorosa, ela sempre busca enxergar o lado bom de tudo isso, bem como os aprendizados obtidos a partir de tais vivências, para que, dessa maneira, possa seguir em frente, apesar dos problemas.

Isso se dá através da mudança de sua visão de mundo. É necessário ressignificar toda vez que nos encontramos frente à determinadas situações que nos causam dor e sofrimento, angústia ou ansiedade. Muitas vezes, não se compreende o porquê de nos sentirmos assim. Nesse instante, nasce a necessidade da busca de compreender as emoções, reconhecer as causas, aceitar os acontecimentos, para então, quem sabe, diminuir ou até eliminar os sintomas gerados pela nossa psiquê de forma inconsciente.

Quando passamos por situações desafiadoras, traumáticas ou frustrantes que, por vezes, parecem impossíveis de serem superadas, até pensamos em desistir, mas na maioria das vezes, por medo ou procrastinação, elas podem nos paralisar e nos fazer acreditar que não há outra saída, apenas nos sentimos prostrados, com uma sensação de desconforto. E esse sentimento tão cruel nos faz esquecer de que somos os únicos responsáveis de "estar" nessas circunstâncias, pois em algum momento escolhemos ou permitimos vivenciar a dor ou sofrimento, mesmo que de forma inconsciente.

Então, ainda que os seus problemas atuais aparentem não ter uma solução, basta aprender a ressignificar o inconsciente para que seja possível transformar-se, além de reconhecer que todas as situações vivenciadas serviram apenas de aprendizado; e o mais importante é que, quando se compreendem as causas, "cura-se", ou melhor, ressignifica-se os sintomas. Ressignificar experiências é se libertar dos medos ou traumas inconscientes que talvez estejam alojados na sua psiquê, são eles que causam dor e sofrimento. Você pode se permitir pensar diferente, ser uma pessoa diferente e esse ressignificar pode lhe dar coragem para começar uma grande metamorfose. Pouco a pouco, vamos nos reconstruindo e superando as adversidades. Todos nós já sentimos o desejo de substituir experiências desagradáveis por outras um pouco mais prazerosas. Infelizmente, falamos sobre algo que, às vezes, não podemos trazer à realidade através do comportamento, mas está em nossas mãos ressignificar essas experiências.

Ressignificar é perceber que nem tudo de ruim que vivemos é tão ruim assim, já que, mesmo se tratando de uma situação difícil, é possível sair muito mais forte dela, tendo a oportunidade de aprender e modificar aquilo que não estava trazendo bons resultados para a nossa trajetória e evolução. Dessa maneira, é primordial que, independentemente de ficarmos tristes com as adversidades que muitas vezes surgem e nos pegam de surpresa, nós encontremos forças em nosso interior, para visualizar as coisas boas que tais problemas estão nos trazendo, pois, dessa maneira, conseguimos seguir com a nossa vida, sem sofrer tanto com as experiências negativas.

Como ter acesso ao inconsciente?

A Psicanálise é uma psicoterapia criada pelo neurologista Sigmund Freud, que estuda a mente humana por meio dos relatos do paciente, tendo como principal objetivo a interpretação do inconsciente. Na Psicologia, o inconsciente é uma ferramenta para compreender o comportamento humano. Dessa forma, está intrinsecamente conectado à Psicanálise, de modo que ele se torna o resumo de todo o saber psicanalítico.

De acordo com Freud, o acesso ao inconsciente só é possível a partir do consciente. A consciência é quem conecta o externo e o interno, fazendo isso por meio dos pensamentos, que, na visão freudiana, são um deslocamento de energia originada do Id, dentro do aparelho psíquico. Seu acesso pode ser realizado por meio de várias ferramentas comportamentais, que são interpretadas pelo paciente e o psicanalista juntos. Entre elas, estão os atos falhos (momentos em que a fala não corresponde ao pensamento, ou quando há inversão de palavras, ou até mesmo gaguejo) e, principalmente, os sonhos. Sinais como esquecimento ou repetição de determinadas palavras, silêncio abrupto e expressões artísticas também podem ser interpretados como manifestações conscientes do inconsciente.

O inconsciente ainda é tido como objeto de estudo e isso é o que traz segurança para acessá-lo, a fim de melhorar a qualidade de vida e trazer saúde mental por meio da Psicanálise. Ao compreender o que é o inconsciente, é possível entender melhor como funcionam nossos comportamentos e perceber a complexidade de nossa mente. Além disso, é possível ver que o uso de técnicas como hipnose e o próprio estudo do inconsciente são fatores que contribuem para um melhor entendimento da mente, podendo trazer, também, uma melhor qualidade de vida.

O inconsciente como conceito possui um significado bastante complexo. No entanto, é possível compreender seu significado de forma simples ao citar a Teoria do *Iceberg*, do escritor Ernest Hemingway. Ao olhar para um *iceberg*, vemos apenas uma pequena ponta na superfície do mar, enquanto sua maior parte permanece escondida e submersa. Essa metáfora ilustra bem a ideia. A parte visível corresponde ao consciente e a parte submersa, ao inconsciente — representando 95% da mente humana. Esses conteúdos não são acessados pela razão: são experiências reprimidas, desejos, sensações, memórias esquecidas, percepções subliminares e muito mais. Ainda que ocultos, influenciam o comportamento da pessoa.

Como ressignificar experiências?

Quando falamos em ressignificar as experiências, nos referimos a dar-lhes outro significado. Isso serve para que vejamos o que aconteceu a partir de outra perspectiva. Uma realidade que seja menos angustiante e exaustiva. Por exemplo, se vivemos algo que nos causou muito sofrimento e dor, podemos transformá-lo pensando que ele nos serviu como um grande aprendizado.

Então, quando o vemos dessa maneira, o sofrimento diminui. Isso nos ajudará a ter coragem para seguir em frente. Cada uma das nossas experiências está associada a uma emoção, e o significado que damos à experiência estará associado a essa emoção. Então, dar-lhe um novo significado nos fará focar outro sentimento, por exemplo, podemos passar da tristeza à alegria. Observe agora algumas propostas diferentes:

- Conheça a si mesmo e valorize-se.
- Estabeleça limites e aprenda a gerenciar as suas emoções.
- Pense no que está sendo tóxico para você e em como pode mudar esse aspecto.
- Faça uma lista de prioridades para perceber qual emoção e experiência o paralisa.
- Dê um tempo a si mesmo e peça ajuda.

Embora a exposição seja simples, não é um caminho fácil. Afinal, nem sempre é fácil falar do que sentimos, pois não nos conhecemos. Além disso, grande parte da sua complexidade virá de um desafio: andar por caminhos nunca percorridos. Dessa forma, nos perderemos e nos encontraremos diversas vezes.

A ressignificação nos traz grandes vantagens, observe algumas:

- Libera as tensões.
- Aprofunda o autoconhecimento.
- Aumenta a nossa autoestima.
- Promove um maior equilíbrio emocional.
- Favorece uma maior assertividade na interação com os outros.
- Ajuda a cuidarmos de nós mesmos.
- Desenvolve a resiliência.

A ressignificação de experiências é essencial para a transformação interna. Você pode escolher ser aquele que passa por uma metamorfose ou que permanece na queixa, na reclamação, sem abrir as asas para voar. Sejamos corajosos para explorar a nós mesmos, enfrentar muitas vezes nossas sombras, para encontrar em nossas profundezas um sentido que nos faça ancorar a vida com mais motivação, propósito e assertividade.

Que a resiliência seja a habilidade que tomamos como uma atitude positiva para enfrentar as dificuldades vindouras. Ressignifique as suas experiências para se curar e seguir em frente. Com essa prática terapêutica, ressignificar é desconstruir ideias anteriores para construir de outras formas a própria vida, com mais estabilidade emocional e autorresponsabilidade comportamental.

Benefícios e o poder de ressignificar o inconsciente

Adotar a prática da ressignificação na vida é algo de extrema importância para todos nós, uma vez que a nossa jornada é e sempre será repleta de desafios a serem superados. Neste sentido, o que vai nos diferenciar dos demais e nos tornar verdadeiros vencedores no final é a forma como vamos nos posicionar diante dos problemas: se é nos lamentando e reclamando pelos cantos sempre que algo de ruim acontece, ou se é levantando a cabeça e tentando enxergar o que pode ser feito de diferente daqui para frente, para que das próximas vezes haja mais acertos do que erros.

> Afinal, o que te trouxe até aqui, não irá te levar daqui para frente, apenas lhe serviu de aprendizado, e tomar consciência de que você fez o melhor que pôde com os recursos que tinha.
> CRISTIANE SILVA

Veja abaixo os principais benefícios que a ressignificação pode trazer para a sua vida:

- Ter o poder de transformar experiências negativas em aprendizados.
- Encontrar nas adversidades forças e motivação para continuar.
- Enxergar e levar a vida de uma forma leve.
- Ver nos desafios uma oportunidade de crescimento.
- Aprender a ser grato pelas dificuldades e pelos ensinamentos que trazem.
- Não se vitimizar e assumir o papel de protagonista da própria história.
- Reclamar cada vez menos.
- Desenvolver a autoconfiança necessária para seguir em frente.

Estes e muitos outros benefícios fazem com que seja essencial que ressignifiquemos as experiências que nos trazem determinadas dificuldades, pois assim, quando as encaramos, nos fortalecemos ainda mais e nos sentimos orgulhosos de nós mesmos por não termos desistido diante dos obstáculos.

Dicas práticas para ressignificar a sua vida

Depois de ver os inúmeros benefícios, tenho certeza de que você ficou interessado em desenvolvê-lo em sua vida. Então, veja de que forma você pode fazer isso com as dicas a seguir:

Faça as pazes com o seu passado

Por mais que achemos que a melhor forma de seguir em frente na vida seja esquecendo por completo tudo de ruim que nos aconteceu, acredito verdadeiramente que o melhor a se fazer é olhar para o passado e encará-lo. O que quero dizer é que você deve olhar para suas experiências negativas passadas e buscar fazer as pazes com elas, procurando extrair de cada uma as coisas boas, os aprendizados e ensinamentos que lhe trouxe, como elas o deixaram mais forte e te transformaram na pessoa MA-RA-VI-LHO-SA que você é hoje. Fazendo isso, você começa a dar o primeiro passo em direção ao seu processo de ressignificação.

Honre, respeite e aceite a sua história

Este é um dos grandes ensinamentos que faço questão de compartilhar com todas as pessoas com as quais tenho oportunidade de manter contato, principalmente em meus atendimentos clínicos. Isso porque ele é essencial para que nos tornemos pessoas cada vez melhores. Honrar e respeitar a sua própria história quer dizer que você deve se orgulhar de tudo o que lhe aconteceu, de como você superou cada desafio e obstáculo, bem como da pessoa que você se tornou e se tem tornado com o passar do tempo. Ao fazer esse exercício, você passa a confiar mais em si mesmo, entendendo que possui, interna e externamente, todos os recursos necessários para vencer todas as batalhas que a vida lhe traz, afinal cada um tem dentro de si as respostas para ressignificar-se.

Evite reclamar

A reclamação é um hábito verdadeiramente nocivo para a nossa evolução, pois ela nos coloca em uma posição de eterna insatisfação, de vitimismo e desânimo, que só servem para nos deixar paralisados no tempo, sem conseguir conquistar absolutamente nada. Neste sentido, é fundamental que você entenda que reclamar não o vai levar a lugar algum, muito menos ao seu processo de ressignificação. Sendo assim, todas as vezes que pensar em reclamar de algo, pense em pelo menos três motivos para ser grato. A partir disso, você consegue modificar o seu *mindset* aos poucos e, quando perceber, estará ressignificando e se libertando de tudo o que o prende ao passado.

Olhe para frente

O que você quer conquistar? Quais são suas metas, sonhos e objetivos? Onde quer estar daqui a um, cinco ou dez anos? Refletir sobre essas questões e definir cada uma delas lhe dará a oportunidade de manter o seu foco voltado para o futuro, para o que você almeja alcançar, no sentido de se sentir plenamente feliz e realizado, em vez de ficar perdendo tempo com o que não o vai tirar do lugar.

Assim, dedique um tempo de seu dia para definir os objetivos que deseja alcançar e reconhecer o poder de ressignificar-se, pois, dessa maneira, eles vão ajudá-lo a focar no que realmente importa para a sua felicidade e evolução. Além dessas, existem diversas outras dicas que você pode colocar em prática para aplicar a ressignificação diariamente:

1. Faça uma análise do que está acontecendo na sua vida no momento, tanto no âmbito pessoal quanto profissional. Pense em todos os setores e detalhes. Pode ser que seja um processo doloroso, mas ele é necessário.
2. Reflita sobre os pontos que o atrapalham no dia a dia e sobre outros que poderiam ser mais bem desenvolvidos. Pense muito bem sobre o que é pesado e negativo para você lidar com frequência.
3. Comece a pensar em possíveis caminhos para ressignificar esses pontos da sua vida de maneira mais solitária, ou seja, sem falar com outras pessoas. Reflita se esses fatores que são negativos realmente precisam estar na sua vida. Será que você não viveria melhor sem eles? Será que você não consegue diminuir o efeito ruim que eles têm em você?

A Psicologia tem nos ensinado como fazer isso através de sua abordagem cognitiva, humanista e integral. Além disso, a Psicanálise também tem nos mostrado caminhos para a transformação inconsciente. Ressignificar experiências tem muitas contribuições da Psicologia nesse sentido, em especial à corrente psicanalítica. Além disso, essas é uma questão transformadora, como ressignificar e quais são os seus benefícios.

Autoconhecimento

Aprender a ressignificar é a chave do autoconhecimento, pois, ao ser exercitado diariamente, proporciona novas possibilidades. Assim, quando você aprende e entende-se como funciona fica mais fácil lidar com suas emoções, comportamentos e tudo aquilo que precisa ser ressignificado. Ressignificar os eventos da vida de uma maneira positiva; desenvolver relacionamentos construtivos; identificar seus verdadeiros propósitos e como colocá-los em um plano de ação factível; aumentar o nível de controle sobre os próprios sentimentos com a inteligência emocional. E, quando buscamos desenvolver o autoconhecimento, isso lhe dá uma ferramenta a mais para lidar com seu inconsciente, e dessa forma obtemos o poder de ressignificar tudo aquilo que seja necessário para nosso equilíbrio mental e emocional.

Invista em você mesmo

Primeiro, é essencial entender que investir tempo, reflexão e até dinheiro na continuação da sua educação, acompanhamento psicoterapêutico e na sua evolução pessoal e profissional não é um ato de egoísmo. É simplesmente uma maneira de zelar pelo seu bem-estar e suas capacidades técnicas, mentais e emocionais. Por isso, saia da sua zona de conforto e busque por alternativas que farão com que você use todo o seu potencial e desperte o que há de melhor em você. Ninguém merece lidar com situações, pessoas e fatos que somente trazem dor, sofrimento e negatividade para o dia a dia.

Aproveite para avaliar sua vida e verificar a necessidade de se colocar em prática o processo de ressignificação. Conte com um psicanalista, ele pode o ajudar a percorrer esse trajeto.

Referências

BESSET, V.L. *"Quem sou eu?" A questão do sujeito na clínica psicanalítica.* Trabalho apresentado na terceira jornada de pesquisadores em Ciências Humanas. CFCH-UFRJ, Rio de Janeiro, 1996.

FREUD, S. *Novas palestras introdutórias sobre psicanálise*, 1933.

FREUD, S. *A psicoterapia da histeria.* Edição Standard Brasileira, vol. II. Rio de Janeiro: Imago, 1995.

FREUD, S. *Sobre a psicoterapia.* 1905(04). Edição Standard Brasileira, vol. VII. Rio de Janeiro: Imago, 1995.

JONE, E. *Vida e Obra de Sigmund Freud.* Barcelona: Anagrama Editorial, 2003.

OLIVEIRA, Alexandre C. *Ressignificar: entenda o passado, mude o presente e projete o futuro.* São Paulo: Ed. do autor 2020.

14

MEMÓRIAS, HISTÓRIAS E ESTRATÉGIAS CAPAZES DE REVOLUCIONAR VIDAS

Neste capítulo, os leitores usufruirão de citações da obra *O diferenciado*, cuja história do protagonista se baseia nas memórias de sua infância e trajetória de vida até a fase adulta, embasando-se no tema desta coletânea - na visão do autor - sobre como relatos de histórias próprias podem revolucionar vidas estrategicamente.

DANIEL PAZ AREND

Daniel Paz Arend

Contatos
https://bit.ly/3MdzBea
danielpazarend27@gmail.com
Instagram: @danielpazarend
Facebook: Daniel Paz Arend
LinkedIn: Daniel Paz Arend
47 99286 9622

Bacharel em Administração de Empresas pela Universidade do Vale do Rio dos Sinos – UNISINOS e pós-graduado pela Universidade do Vale do Itajaí – UNIVALI, com MBA em Finanças Empresariais, é conhecido no ambiente corporativo como gestor e motivador com grande espírito de equipe. Dotado de uma aptidão para estudos voltados à autoajuda, em sua trajetória desenvolveu atividades complementares que o despertaram para a humanização, inteligência emocional e autoestima. Exerce gestão geral em empresa distribuidora de motopeças, assim como consultoria empresarial no segmento de bares e restaurantes. É *coach* de *trainees* e autor do livro *O diferenciado*.

Contou-me uma pessoa bem próxima que, quando começou a tomar decisões precisas, dando ordens para si mesmo, tudo começou a mudar.

Em casa, com meu filho, na disputa pelo controle remoto da TV, afirmei que o comando do aparelho deveria ser dos mais velhos.

— Então, eu comando!

A partir dessa decisão, meu filho entendeu que não poderia mais disputar comigo, inclusive afirmando que o papai é quem comanda!

Parece-me que nossas mentes ficam esperando por uma ordem ou comando, para então obedecer. Daí em diante, a energia que despendemos ao Universo atrai para o plano físico o equivalente ao decidido em pensamento.

Explica Joseph Murphy no livro *O poder do subconsciente*:

> De uma maneira mais simples, podemos situar a interação física e mental ao compreendermos que a mente consciente se apossa de uma ideia que induz uma vibração correspondente no sistema voluntário de nervos. Isso, por sua vez, provoca uma corrente similar a ser gerada no sistema involuntário de nervos, passando assim a ideia para o subconsciente, que é o meio criador. É dessa maneira que seus pensamentos se transformam em realidade.

O livro *O diferenciado* descreve uma história de superações e conquistas de um personagem "sem um nome próprio", que protagoniza um conto de vida, cujas memórias de sua traumática infância lhe trazem imagens que representam suas crenças mais profundas.

A obra, na capa, já traz uma pergunta intrigante: "Você topa desafios?".

O fato de o personagem principal não ter um nome também nos provoca, e nos permite, no começo dessa jornada, a nos colocarmos no lugar

dele, para então, com viés de realidade sugestiva, tentar sentir as emoções e sensações que, na trajetória dele, possam emergir.

Provocante, também, seria poder imaginar como a história de um personagem poderia revolucionar vidas.

Pois lhe digo: tome uma decisão! Desperte para a espiritualidade e mude de postura diante das adversidades, e sua vida se transformará. Eis aqui a estratégia!

Diria que adversidades são graças disfarçadas, pois são elas que proporcionam a mudança; então, entender isso é que fará toda a revolução, pois tira qualquer um do estado de "coitadismo" para torná-lo protagonista da própria história.

Fracassar fortalece quem aprende com os erros cometidos, porque com fé e determinação, se não desistir ou ceder ao medo, o predomínio será do positivismo. Gera-se um novo início, ou a continuidade na mesma direção, após se superar a barreira gigante que o medo provoca.

Os desafios postos no livro *O diferenciado* trazem a participação do leitor. Um convite a tomar decisões, mas também o faz pensar sobre propósito e altruísmo. Revolucionar vidas parte destas reflexões:

- Quem eu sou?
- Qual o meu propósito de vida?
- Como posso ajudar pessoas?
- O que fazer para mudar vidas?

Entre outras perguntas reflexivas, essas, quando respondidas, lhe darão um caminho, e se tiver coragem de dar mais um passo à frente, ultrapassando a linha imposta pelo medo, vidas serão transformadas. Isso mesmo, "vidas", no plural, pois não será somente a sua vida, uma vez que ninguém chega sozinho a lugar algum, e ajudar pessoas parte do pressuposto de também ser ajudado.

Assim sendo, se tratando da estratégia antes de poder ajudar alguém, se faz necessário ajudar a si próprio, pois é de dentro para fora que as transformações ocorrem, e não de fora para dentro.

Então, a mudança de postura parte de uma profunda meditação, com pensamentos e sentimentos altruístas, ou seja, não deixando o egoísmo prevalecer. É oferecer ajuda aos que necessitarem, sem nada pedir em troca. Nesse caso, ser o exemplo é o que o enaltece. Mas o inverso é diretamente proporcional, quando o difamam ao perceberem oportunismo.

Já no desenvolvimento da espiritualidade, o autoconhecimento se faz necessário para torná-lo um indivíduo melhor, e com isso proporcionar aos outros a transformação antes alcançada por si só, quando encontrar com o seu "Outro Eu", ou seja, o seu eu espiritual, a sua centelha divina.

No livro de Napoleon Hill, *Mais esperto que o Diabo*, destaca-se o "Outro Eu", como segue:

> Descobrirá que a causa para o sucesso não é algo separado e longe do homem, mas que é uma força tão intangível na natureza, que a maioria dos homens nunca a reconhece; uma força que pode muito bem ser chamada de "Outro Eu".

Intangível, sim, mas também sensitivo. Ao encontro disso, a obra *O diferenciado* destaca uma fórmula que tem como resultante o sucesso, ao somar fé com determinação. Que também seria a visão mais a ação.

Assim sendo, a visão (fé e espiritualidade) pode revolucionar se, com a ação (determinação e mudança de postura), se fizer presente a definição de um propósito de vida, podendo ser inspiradora para outras pessoas, a partir de relatos de memórias ou da própria história como exemplo de sucesso.

Se, por um lado, isso significa apenas uma de várias prováveis estratégias para revolucionar vidas; por outro, significa o desafio de colocar esse desígnio em prática. Pois já é difícil transformar a nós mesmos, imagine tentando ajudar os outros nesse processo.

Possivelmente, a grande maioria das pessoas ainda tenha suas crenças limitantes travando seus crescimentos espirituais e materiais. Além disso, os hábitos de pensamentos negativos podem se tornar paradigmas modelos mentais destrutivos, ou seja, impeditivos, nessa tentativa por transformar profundamente vidas.

A história de transformação surpreendente e tocante do protagonista do livro *O diferenciado* ocorreu quando descoberto o seu propósito de vida, e a partir daí tudo mais começou a aparecer no seu caminho.

Entendo isso como se o universo estivesse esperando por uma decisão dele – e, quando efetivamente a tomou, oportunidades e pessoas começaram a ser colocadas em sua trajetória, sem que ele precisasse gastar muita energia com isso. Foram ligações repentinas, convites inesperados, propostas tentadoras. Às vezes, ao mesmo tempo ou no mesmo dia. Tudo em função da mudança de postura e busca do fortalecimento de sua espiritualidade.

Na obra *O diferenciado* há um parágrafo que resume bem toda essa trajetória:

> Nessa vocacional busca, Ele, o protagonista da obra, de infância traumática, precoce amadurecimento, forjada maturidade, viveu seus momentos de redenção e adversidades. Espiritualizado, identificou suas crenças e paradigmas, conheceu tudo que o motiva, com comprometimento, entusiasmo e empoderamento. Escreveu, para sempre poder relembrar, seus valores e objetivos. Com confiança, insistência, visão e ação, buscou entender o que motiva as pessoas e o seu fator propulsivo, para se tornar um motivador através de pensamentos equilibrados.

Caro leitor, sinto-me profundamente agraciado em poder contribuir com singelas palavras, neste capítulo cujo tema é profundamente relevante nos dias atuais, nos quais qualquer palavra dita ou escrita pode fazer a diferença; nesses tempos atrozes, nos quais mundialmente mal conseguimos (ainda) controlar uma pandemia, para já nos depararmos com uma guerra singular.

Desejo-lhe uma trajetória de vida edificante!

Referências

AREND, D. P. *O diferenciado*. São Paulo: Literare Books Internacional, 2022.

HILL, N. *Mais esperto que o Diabo*. Porto Alegre: CDG, 2020.

MURPHY, J. *O poder do subconsciente*. (1963). São Paulo: Best Seller, 2015. E-book.

15

CRÔNICAS EM TEMPOS DE PANDEMIA

São as histórias de onde eu vim que deram sentido à minha vida. É de lá que surgiu o meu hoje, que meu passado se fez e meu presente se faz. De onde eu vim, o conto a narrativa e a crônica são elementos permanentemente pensantes e atuantes desde que me conheço por gente, e essa história começa na lembrança de uma infância feliz e cheia de histórias felizes. Não foi sempre assim.

DANIELA STEIN

Daniela Stein

Contatos
danielastein.com
contato@danielastein.com
Instagram: @danielasteinoficial
Facebook: danielastein
51 9817 19877

Mentora da Longevidade, com foco na saúde dos seniores e da pessoa idosa. Há mais de 25 anos, desenvolve programas de Gestão + Ação por meio de estratégias e soluções práticas, baseadas em evidências e *expertise* para gerar mais qualidade de vida para familiares, profissionais e empresas. Também desenvolve o programa Saúde Para Bem-Estar (Prevenção) e o programa Longevidade com Demências (Superação) para os diferentes nichos e necessidades a partir dos 40 anos em diante. Consultora e ministrante do *Workshop* "Qualidade de Vida – eixo Saúde" do Projeto Idoso em Foco da ONG Parceiros Voluntários em Porto Alegre-RS. Ativista da Longevidade e do Coletivo Velhices Cidadãs. Palestrante Profissional. Coautora do livro *Gestão das emoções no ambiente corporativo* pela Literare Books (2020) com o tema "Quem você quer ser quando envelhecer e velho ser". Lança agora sua trajetória e história nesses dois intensos, marcantes e cheios de perdas e ganhos anos de pandemia, a fim de mostrar ao leitor que, onde há amor, nossas histórias e memórias não se apagam, mas sim se transformam e eternizam. Mestranda em Gerontologia. Especialista em Geriatria Interdisciplinar e em Ciências do Esporte. Graduação em Educação Física.

2022

Chamo minha mãe e mostro para ela o que escrevo, pensando ser um rascunho inicial do que está por vir. Ela, emocionada, diz: "Filha que bonito, que bonito, estou toda emocionada....", e complementa: "Teus pais ficarão muito orgulhosos de ti, por saber te expressar como poucos o que sentes e escreves". Olho para ela, querendo-a de volta, não me contenho e digo: "Mas tu fazes parte disso, tu és minha mãe!". Ela, meio constrangida e ao mesmo tempo perdida, me olha para me confortar e diz: "Sim, eu sei, mas mesmo assim é muito especial, mostra para eles". Dá-me vários boa-noite: "Boa noite!", me beija e sai.

Fico atordoada, me sinto demandada, sonho acordada, descortino a vida que já foi mais alucinada, e aprendo a seguir e a me ouvir. **Não foi sempre assim.**

2020

No dia em que meu pai fraturou o fêmur, em plena primeira fase da pandemia, uma alegria libertadora me invadiu, afinal, não nos víamos há mais de seis meses. Em pleno *lockdown*, eu estava saindo da minha caverna-casa para um dos lugares mais temidos: o hospital. Encontrar meu pai e poder estar com ele me encheu de uma felicidade maior que o medo da covid-19. Ao ver meu pai vulnerável e dopado, meus olhos encontraram os dele e, cheios de emoção, nos abraçamos por eles, já que o abraço de fato, não era possível dar. Meu pai sempre me chamava "de guriazinha braba" e, ao me ver, num misto de emoções, sussurrou, saiu um "guriaaazinhaaa, tu tá aqui..." sem acreditar e esboçou um meio sorriso como que de alívio, amor e surpresa. Foram dias de conversas intensas, de leituras e medicações erradas, que deixaram meu pai fora de órbita, mas também foram dias de simplesmente estar, somente estarmos juntos, foi um presente. Isso fez toda a diferença para nós dois. O que veio depois e ainda depois não poderia ser mais trágico do que foi.

Foi um ano das minhas próprias experiências com poesias e pandemia. Ano de me adaptar, para não desmoronar. De ouvir o silêncio falado nas horas fora do eixo e do tempo. Vazio e tristeza. De emoções descontroladas e de tudo o que havíamos conhecido até aquele hoje e que já não nos pertencia nem mais cabia. Separações. De notícias em notícias, o mundo presente foi abduzido para o on-line e nele nos encontramos, e assim nos tornamos seres híbridos. Coube-nos e nos salvou. Deu-nos um salvo conduto, de opções e possibilidades, de encontros marcados sem hora nem dia; pudemos nos libertar da sensação de isolamento e perda. O ano de 2020 foi lento e dramático, sem referências, pois nada havia para se comparar. O mundo se movimentou parado, anestesiado e, diante do desconhecido, de um ano temido e cheio de profundos ruídos, nos arrastamos cada um como pudemos. Acreditamos que, com os protocolos e as vacinas, todos ficaríamos imunes ao vírus. Acreditamos que as pessoas iriam se cuidar e cuidar mais umas das outras. Dos que precisavam de cuidados especiais e contavam com esse apoio. Acreditei. Confiei desconfiando. O ano terminou e vimos 2021 chegar com a irresponsabilidade e incompetência, sem sabermos o que iria acontecer, mas já calejados da covid-19. A nova variante (Delta) se aproximava. A Europa, os EUA e a China capitaneavam a nova onda e, portanto, ela não demoraria para chegar ao Brasil, assim como foi em março de 2020. Entramos o Natal e o Ano-Novo assustados e cansados, os meses de verão e o Carnaval em outra batida. Algo jamais vivido. Só pensado e experimentado nos filmes de ficção científica. A mudança de cronograma, fez as *lives* e eventos on-line explodirem. A gente já tinha explodido, e o cansaço e a tristeza de não saber o que viria e como seria ia dando seus sinais. Quem percebe? Quem tem visão. Meu pai tinha. Sempre teve. Sempre esteve à frente do seu tempo e espaço.

2021

Em março desse ano, meu pai, por telefone, me disse: "Eu ainda vou pegar essa merda, filha". Eu devia ter escutado melhor. O que eu poderia fazer? Morando numa ILPI (Instituição de Longa Permanência para Idosos), vacinado com as três doses e tentando se proteger ao máximo, eu disse: "Não, pai, tu não vais pegar, afinal, mesmo tu tendo DP (doença de Parkinson), tu te cuidaste, estão tendo cuidados aí. Fica firme que logo a gente vai estar juntos". No final de março, meu pai baixou no hospital a contragosto e lá entrou para não voltar mais. A covid-19 o levou. Mas não o levou de dentro de mim. **Não foi sempre assim.**

2019

Voltei de férias em 2019 para 2020 e fui na dermatologista fazer exames de rotina, após meu marido ver um sinal diferente acima do seio e próximo à axila. Após ser realizada uma biopsia, foi constatado um melanoma. O segundo. Teria que fazer até maio daquele ano um procedimento para retirada. Sabemos o que aconteceu a partir de 2020, entre o dia 12 de março e a chegada, por etapas cada vez mais assustadoras, das notícias de que o mundo estava sendo atacado por um vírus, que parecia vir da China e que ninguém sabia direito o que era. Parei tudo no dia 13 de março, sexta-feira 13. O melanoma maligno não para, avança. Naquele mês, tive que decidir o que não queria ter que decidir naquele momento: operar! "PQP", pensei, "se vou para o hospital, além de ter que me operar, posso pegar esse vírus maldito que ninguém sabe direito como se proteger". Confesso que fiquei paralisada e queria ficar em casa. Meu irmão, meu marido, meu médico e meu pai me ajudaram a enfrentar a distância e, numa madrugada fria e chuvosa, fui encarar a vida no meio do furacão. **Não foi sempre assim.**

1967 a 2010

Nasci e cresci num ambiente de muita música, literatura, cinema, esporte e teatro. Meu avô tocava violino e bandolim. Minha avó tocava piano, além de cozinhar e gerenciar uma casa cheia de gente como ninguém. Todos os sábados, a família se reunia para os almoços sagrados durante mais de três, quatro décadas; foi tradição para mim até meus 42 anos de idade. Fui muito privilegiada em ter meus avôs tão presentes e amorosos. Meu avô preparava uma salada super simples, mas fazia o prato parecer ser para nós de super-heróis, dando o nome de Super Daniela ou Danuka e Super Kuqui, nos tornando especiais com um prato de tomate, cebola picada e arroz. Era uma festa esses momentos. E foram muitos, muitos. As festas familiares de *Pessach* (Páscoa judaica) e *Rosh Hashaná* (Ano-Novo judaico) mesmo não sendo religiosos – apesar de que meu avô estudou para ser rabino em Varsóvia na Polônia, depois desistiu –, eram festas cheias de cultura, de magia e de se agrupar, estar juntos, brincar, contar piadas e ter muita fartura de gente que fez história no Rio Grande do Sul. **Não foi sempre assim.**

2020

No silêncio constante do barulho, ausente de trânsito e dos barulhos habituais a que todos estávamos acostumados, conversei com o silêncio. Ele me contou que era hora de conversar mais comigo mesma, já que a batida da vida estava dando outro compasso. Conversar com o silêncio e com os porteiros do prédio pelo interfone, diariamente, buscar serviços de alimentação no meu bairro, gerou novos vínculos e relacionamentos recíprocos e de grande valor. A essas pessoas e a todos que me atenderam prontamente sou eternamente grata, não teria sobrevivido com a mesma qualidade, sem a presença de vocês, me emociono com isso, sempre valorizei gente. Tenho muita sorte e sou muito grata por isso.

Passei mais de um ano acordando às 6h30. Arrumava-me, fazia meu café e me sentava para trabalhar. Parava nos horários de refeições e continuava a trabalhar. Fazia alongamentos, caminhava pelo apartamento para me sentir ativa e viva. Sem trabalho definido, meus clientes presenciais foram como que um raio de luz, e aos poucos, foram se despedindo de mim, sem querer. Todo um trabalho foi embora. Já tinha Facebook e Instagram e, por instinto e muitas *lives* e cursos, mergulhei no Instagram, e outras mídias. Foram meses intensos e insanos buscando um novo jeito. E encontrei. Na escrita e nas conversas on-line, dualizei e me encontrei. Unida e fortalecida, segui.

Foram dois anos... dois anos. Saímos das ruas para dentro de nossas casas. Tivemos que inverter a ordem natural para combater o vírus invisível. Essa invisibilidade, tivemos a bestialidade humana para provar. A indecência mórbida e ardilosa em benefício de interesses que extrapolaram os direitos a vida. Nessa montanha-russa de comorbidades e de fatores de risco clínicos e sociais, de *lives*, *lives* e mais *lives*, de esgotamento e fobias, de desinformação, a morte em vida tomou conta e buscou culpados, colocando na mesa o grupo de adultos idosos em evidência e gerando mais preconceito e abusos do que respeito e solidariedade.

Criei o Grupo "O Poder da Longevidade" para me sentir viva, inclusiva e produtiva. Uma homenagem aos meus pais e a toda pessoa idosa. Criei o grupo que abre duas vezes por mês e uma programação fixa pioneira e diversificada três vezes por semana no WhatsApp sobre Humanidades, Longevidades e Diversidades. Foi em abril daquele ano.

Foi daí que surgiu a ideia de fazer o Grupo de Longevidades. Ele não veio pronto. Foram dois anos de trabalho diário, aprendendo a fazer *storytelling*, *cards*, cursos e vídeos.

2021

O ano passou tão rápido. O ano das despedidas. Da história de vida, das gerações que se foram, do pai amado, que está mais vivo do que nunca. Da herança amorosa, culta e presente em tantas linhas escritas e imaginárias. Da máquina Olivetti ao seu primeiro livro, em parceria com o Mico, Moacyr Scliar, em 1963, *Tempo de espera*. Esses guris eram danados de bons!!! A saudade aumenta e o compromisso também.

Como num rolo compressor, 2021 traria ainda mais surpresas. Aprendendo a viver só literalmente, naquele momento, me movimentava para um novo estilo e jeito de levar a vida. Sem me vitimizar, eu tentava (e conseguia) aos poucos entrar num novo ciclo. Compreender que meus pais haviam partido. Meu pai de fato tinha morrido, numa tragédia sem precedentes. Minha mãe, um luto em vida e a distância, já que também morava na mesma ILPI (Instituição de Longa Permanência para Idosos) que meu pai e, por mais que entendesse o que o distanciamento, as dificuldades apresentadas pela pandemia e as dificuldades de contato anunciavam o que estaria por vir. Sem querer entrar na questão, por ser recente e ser necessário maior distanciamento dos fatos, em agosto de 2021, num sábado pela manhã, fui buscar minha mãe. Por sua própria decisão, ela se mudou em 2018 e eu sabia que esse não era mais o lugar para ela estar. Saiu para passar duas semanas, depois um mês. Fará um ano que está morando comigo em agosto. Estava subaproveitada e à deriva no final daquele ciclo, no qual a institucionalização é um local muito oportuno para quem muitas vezes não tem família ou por distâncias geográficas ou, ainda, afetivas. Com filhos zelosos e atentos que, assim como seus pais, sabem e sempre souberam quem são, de onde vieram e o que vestem, eles não são números nem podem ser enquadrados a rotinas que não servem para todos da mesma forma, gerando pequenos abusos considerados, com o tempo, aceitáveis. Nunca aceite isso, nem para seus pais, você e mais ninguém. O melhor lugar do mundo é onde você se sente bem, confortável e seguro de que sua história e memória não serão apagadas.

2022

Esperançosos por um ano melhor, lambendo nossas feridas, disfarces de uma vida a ser renovada e vivida.

Queremos viver! Não somos números no meio de estatísticas. Depositamos, nas nossas histórias, o resgate por dias melhores em todas as possíveis áreas de nossas vidas. O tempo, o luto e o distanciamento necessário são ingredientes essenciais para sedimentar as dores e os amores nesses dois longos rápidos e intensos anos. O tempo matura, as despedidas nos empurram e a vida não para nem para mim nem para ninguém. Precisamos continuar a nos adaptar.

Dizia Charles Darwin: "Não é o mais inteligente nem o mais motivado que sobrevive, mas sim, aquele que melhor se adapta".

A história não termina, enquanto houver alguém que queira contar e outro alguém que queira ouvir. Assim foi. Assim é. Por maior que seja a saudade, e ela arde, nosso tempo é agora e devemos continuar, de preferência rumo ao bem. Desse agora, se faz a nossa história e memórias. Perguntei ao meu pai, em 2020, como ele achava que seria o futuro. Seus olhos brilharam e ele disse: "Cheio de novidades". E foi enumerando o que está por vir num futuro próximo, e por isso ele gostaria de viver. Amava a vida. A vida também o amava. À vida. **Não foi sempre assim**. Agora é.

Dedico ao meu pai, Carlos Stein e a todos que se foram durante a pandemia, que deixaram sementes. Onde há sementes, nem a história nem a memória morrem.

Reverberar. Transcender. Eternizar.

Sejamos sementes.

16

MEMÓRIAS, HISTÓRIAS, ESTRATÉGIAS CAPAZES DE REVOLUCIONAR VIDAS
CANABIDIOL – MEDICINA DO FUTURO

Neste capítulo, discorrerei sobre a evolução dos meus pacientes com os resultados mais significativos após a introdução do canabidiol. Comecei a prescrever a medicação a partir de uma experiência que tive em um congresso, o que me motivou a estudar mais essa molécula que, devido ao preconceito, tinha tanta dificuldade em entrar no mercado.

DÉBORA FUKUOCA

Débora Fukuoca

Contatos
dra.debora.consultorio@gmail.com
Instagram: @dradeborafukuoca
Facebook: Dra Débora Fukuoca
12 3025 4691
12 98101 1156

Médica graduada pela Universidade Católica de Brasília (2007), tendo finalizado sua especialização em Psiquiatria em 2011. Possui experiência em atendimento clínico geral, trabalhou em Programas de Saúde da Família em Piracanjuba/GO e Taubaté/SP; já coordenou atendimento clínico no município de Jacareí/SP. Na área de Psiquiatria, já atendeu no município de Tremembé/SP (2012 a 2015) e prefeitura do município de Caçapava/SP no CAPS II e CAPS Infantil de (2014 a 2019), além de ministrar palestras de treinamento médico/saúde mental. Atualmente, atende em seu consultório na cidade de Taubaté/SP e também presta serviços como *speaker* – treinamento médico para laboratórios, além de trabalhar com mentoria e palestras sobre canabidiol.

Voltando à experiência ocorrida durante o congresso, lembro que, naquele dia, estava com cólicas terríveis, e como costumo evitar usar medicações de forma geral, não havia usado nenhum analgésico ou anti-inflamatório. Parei em um *stand* onde estavam apresentando o canabidiol; eles tinham apenas o creme para ser usado por via tópica, e podíamos aplicar um pouco para sentir a textura. Apliquei no dorso da minha mão e fui ver outros stands. Após alguns minutos, notei que minha cólica havia desaparecido!

Vi então o potencial daquela medicação para o tratamento da dor. Mesmo usando por via tópica, já tinha comprovado o resultado, imagine então se fosse ingerido? Passei então a estudar cada vez mais essa molécula. Atualmente, a prescrevo para dores crônicas, como enxaqueca, endometriose, fibromialgia e até dores consequentes de doenças como câncer/artrite/reumatismo. Atendo pacientes com transtorno do sono (que aumentam a cada dia), pacientes provenientes de outro serviço que já tentaram inúmeras medicações, e obtive resultados excelentes com portadores de Transtorno de Ansiedade Generalizada e Transtorno do Espectro Autista.

Hoje em dia, ele pode ser usado em várias combinações e excipientes, sendo mais bem indicado e acompanhado por um prescritor experiente. Na forma oral, agora existe o canabidiol puro, o *Full Spectrum* com THC (com percentuais diferentes de THC) + outros canabinoides, e o Broad Spectrum (o último a ser lançado), que é canabidiol + canabinoides, sem THC, podendo ser ingerido em gotas (melhor para estabelecer a melhor dose), em cápsulas e em spray para quem não tolera o óleo. Existe o creme tópico, para aplicar localmente em locais de dor, como na enxaqueca, artrite de uma articulação e até no herpes-zóster. O creme vaginal também tem excelente resultados na dispareunia (dor na relação sexual). Algumas farmácias de manipulação também o têm usado em cremes calmantes, xampus e outros cosméticos.

Atualmente, alguns pacientes já me procuram com a intenção de saber sobre esse tratamento. Alguns pacientes têm a indicação de usar canabidiol e nunca sequer ouviram falar disso; neste caso, explico sobre os benefícios, o baixo risco de efeitos colaterais e desmistifico a origem da medicação. Assim como, nas orientações de forma geral para o campo da Medicina, nunca costumo usá-la como um tratamento inicial, mas como uma opção a mais após a falha em tratamentos anteriores, ou quando o paciente possui várias patologias que podem se beneficiar com este tratamento. E é aqui que começam meus relatos.

Paciente homem, 60 anos de idade

Patologias: Enxaqueca, chegando a ter de 3 a 4 crises durante a semana.
Síndrome do Cólon Irritável – em uso de longa data de Trimebutina.
Insônia: há três anos em uso de Clonazepan e antes disso usou Hemitartarato de Zolpidem por 10 (dez) anos.
Ansiedade/irritabilidade/falta de paciência: discutia muito, por qualquer motivo – brigava até com os pássaros que cria e gosta muito.
Dor crônica na coluna: lesão antiga, doía quando ficava parado, algum tempo sentado, e mesmo em pé. Acorda já com dor.
Prescrito: Canabidiol *Full Spectrum* com THC <0,3%.
Gradualmente, fomos tirando as medicações. Primeiro o benzodiazepínico, depois a medicação para o cólon irritável e, posteriormente, deixou de ser necessário o uso de anti-inflamatórios e analgésicos.
Quadro atual do paciente: cefaléia esporádica, que melhora com analgésico simples, o que não acontecia antes.
Não teve mais crises do Cólon Irritável. Alimenta-se bem.
Dorme bem, sono reparador.
Apresenta-se menos ansioso, mais calmo, família relata uma significativa melhora do comportamento na convivência.
Dores na coluna – grande melhora, sente-a eventualmente, mas nada que incomode tanto. Tem feito caminhada diária de 40 minutos.
Dose: 35mg de Canabidiol *Full Spectrum* ao dia, divididos em manhã/ tarde/ noite (com maior dose à noite).

Paciente mulher, 39 anos

Patologias: depressão crônica – havia passado por outros serviços e tomado vários tipos de medicação.

Endometriose – causava aumento do fluxo e dores abdominais, com necessidade de uso de anti-inflamatório durante o ciclo menstrual.

Insônia: em uso de Hemitartarato de Zolpidem.

Psoríase: em várias partes do corpo, placas ficavam direto em diversas partes do corpo. Já havia feito tratamento com cremes, fototerapia.

Prescrito: Canabidiol Full Spectrum com THC <0,3% e Cloridrato de Bupropiona 150mg.

Houve melhora do quadro de humor, e em pouco tempo suspendemos o hipnótico – Hemitartarato de Zolpidem, e demais medicações que usava esporadicamente.

Quadro atual do paciente: Depressão crônica – saiu do episódio depressivo, atualmente está bem, disposta, estável – mantido o Cloridrato de Bupropiona.

Endometriose – redução significativa do fluxo e da dor que sentia em período menstrual. Atualmente tolerável, quando muito, usa um analgésico.

Dorme bem, sono reparador.

Só apresentou piora novamente no período em que ficou sem o canabidiol entre a primeira e segunda compra, atualmente, com planejamento, essa falta não ocorreu mais.

Dose: 35mg de Canabidiol *Full Spectrum* ao dia, divididos em manhã/noite.

Paciente mulher, 20 anos

Patologias: chegou ao consultório fazendo uso de Oxalato de Escitalopram 10mg + Hemifumarato de Quetiapina 300mg dia/25mg noite, Hemitartarato de Zolpidem 15mg e, nas crises, Clonazepan Sublingual. Quase sem convivência social. Muito tempo trancada no quarto, evita interagir até com familiares.

Dependência química – havia passado por outros serviços e tomado várias medicações, inclusive tendo passado por duas internações.

Transtorno do Pânico – crises frequentes, várias vezes por semana, tanto em ambiente familiar quanto em ambiente social, porém pior neste último.

Insônia: em uso de Hemitartarato de Zolpidem de alta dosagem.

Prescrito: Canabidiol *Full Spectrum* com THC <0,3%

Gradualmente, foi sendo feita a retirada do Hemitartarato de Zolpidem, posteriormente a redução da Quetiapina e também o aumento da dose do antidepressivo.

Quadro atual do paciente: dependência química – lembrando que a paciente tinha o desejo de parar o uso da substância e iniciou o tratamento voluntariamente.

Transtorno do Pânico: há muito tempo sem crises, há um ano sem precisar usar o benzodiazepínico sublingual SOS. Estabilizou de tal forma que está mais independente; tem procurado emprego e vem fazendo entrevistas.

Dorme bem, sono reparador.

Dose: 55mg de Canabidiol *Full Spectrum* ao dia, divididos em manhã/noite.

Paciente menino, 12 anos

Patologias: Transtorno do Espectro Autista com deficiência intelectual e linguagem não funcional. Falava cerca de três palavras, apontava. Em uso de Risperidona, Aripiprazol, Depakene.

Agressividade – era o ponto que mais angustiava a família, só se aproxima para agredir tanto os pais quanto o irmãos. A mãe era agredida várias vezes ao dia, mesmo fazendo todo o possível para não desagradá-lo.

Seletividade Alimentar – comia batatas fritas (industrializadas) e tomava leite achocolatado todos os dias. Não aceitava outros salgados ou bebidas. Quando lhe ofereciam outra coisa, agredia a pessoa e ficava sem se alimentar o dia todo.

Insônia/enurese noturna: acordava várias vezes à noite e ainda urinava na cama durante a noite.

Isolamento social: não interagia nem com familiares, não brincava, muito eventualmente mexia nos brinquedos e já os largava. Sem interesse.

Prescrito: Canabidiol *Full Spectrum* com THC < 0,3%

Em crianças em fase de crescimento e desenvolvimento neuronal, a orientação geral é evitar o THC, mas devemos considerar que usamos dosagem menor da medicação, com menor custo e maior eficácia principalmente em termos da diminuição da agressividade. Tudo isso é explicado para a família do paciente. Fizemos primeiramente a retirada de um dos antipsicóticos, e posteriormente do estabilizador de humor. Atualmente, mantém o uso de dose baixa de Aripiprazol.

Quadro atual do paciente: significativamente melhor em todos os aspectos.

Agressividade – desde o início do tratamento até estabilização, a melhora mais rápida foi em relação a agressividade.

Seletividade alimentar – aos poucos, começou a aceitar provar outros tipos de alimentos e, atualmente, já come a mesma comida que a família.

Insônia/enurese noturna: atualmente, o sono é adequado, e eventualmente se levanta para ir ao banheiro e volta. Não tem mais episódios de enurese noturna.

Isolamento social: começou a brincar com seus carrinhos e ficar por algum tempo naquela atividade. Começou a tentar se socializar, tem passado mais tempo próximo a seus familiares, senta-se próximo a eles, lhes mostra os brinquedos. Antes, só se aproximava para agredi-los.

Dose: 40mg de Canabidiol *Full Spectrum* ao dia, divididos em manhã/noite.

Relembro que a decisão de iniciar um tratamento com canabidiol e a eficácia do tratamento irão depender além da resposta do paciente, da rede de apoio familiar e do conhecimento do prescritor para usar essa medicação. Assim como qualquer medicamento, pode ter efeito colateral (porém raro) ou não ter resposta (em muitos casos, por erro de dosagem).

Já assumi casos de hiperdosagem de Canabidiol Isolado, sem resposta, e ao fazer a troca apropriada, num determinado caso para Canabidiol Broad Spectrum, a criança evoluiu com uma dosagem bem mais baixa. Por isso, é ideal procurar um prescritor de confiança, que já tenha tido experiência na prescrição de todas variedades do canabidiol.

Atualmente, existe o canabidiol de um laboratório sendo vendido em farmácias, porém ainda com canabidiol isolado, o que é uma grande desvantagem para os pacientes que necessitam de doses variadas de THC e outros canabinóides para maior eficácia, por exemplo, na dor crônica. Tenho prescrito importados, que foram testados e são aprovados, com menor risco para os pacientes. Produções ilegais, pequenas, de organizações podem não apresentar o mesmo nível de eficácia, além de oferecer risco ao paciente. Uma colega aceitou e orientou o uso de um canabidiol sem procedência, e a paciente dormiu dois dias seguidos, houve até a suspeita de que estivesse em coma.

Lembre-se: se é para ser utilizado como uma medicação, temos que ter certeza de que a primeira e a última gota terão a mesma quantidade, tanto de CBD (canabidiol) quanto dos outros canabinóides, e para isso, o ideal é que se siga a prescrição médica. Em alguns casos, há a troca completa da medicação em uso pelo canabidiol, e em outros, pode ter que ser mantida uma medicação de apoio.

Com a resposta clínica que nós, prescritores, estamos vivenciando, podemos declarar que atualmente o canabidiol e associações são a medicação do futuro. É usado em várias patologias, nas mais variadas doses, de uma forma que podemos titular para cada paciente de forma diferenciada, não uma dose fixa como nas demais medicações.

Desejo um bom uso do canabidiol a todos os pacientes!

17

DOMINAR A IRA É NECESSÁRIO

Um tolo expande toda a sua ira, mas o sábio a encobre e reprime.
(PROVÉRBIOS 29:11)

DOMINGOS SÁVIO ZAINAGHI

Domingos Savio Zainaghi

Contatos
www.zainaghi.com.br
zainaghi@zainaghi.com
Instagram: @domingossaviozainaghi
11 3253 8445

Sou advogado, professor com mestrado e doutorado pela PUC-SP e pós-doutorado em Direito do Trabalho pela Universidad Castilla-La Mancha, Espanha. Sou jornalista, com especialização em Comunicação Jornalística pela Faculdade Casper Líbero. Sou pós-graduado em Sociologia, História e Filosofia pela PUC-RS. Sou autor e escritor. Sou membro da Academia Paulista de Direito e da Academia Nacional de Direito Desportivo. Professor *Honoris causa* em Humanidades da Universidade Paulo Freire, da Costa Rica. Sou presidente honorário da Asociación Iberoamericana de Derecho del Trabajo y de la Seguridad Social e do Instituto Iberoamericano de Derecho Deportivo. Membro do Instituto Latinoamericano de Derecho del Trabajo y de la Seguridad Social (ILTRAS). Membro do Instituto Brasileiro de Direito Desportivo, do Instituto de Direito Social Cesarino Jr., do Instituto dos Advogados de São Paulo. Membro da Sociedade Amigos do Exército em São Paulo (SASDE). Membro da Associação dos Cronistas Esportivos do Estado de São Paulo. Coordenador acadêmico da Sociedade Brasileira de Direito Desportivo-SBDD. Professor do curso de mestrado do UNIFIEO.

A ira é um dos sete pecados capitais, que são aqueles pecados que não estão listados na Bíblia, mas que servem para reforçar os dez mandamentos, estes sim constantes do Livro Sagrado.

Os sete pecados capitais não têm origem no cristianismo, mas foram adotados pela Igreja Católica como forma de divulgar e fortalecer seus dogmas e ensinamentos.

A lista dos sete pecados capitais mudou bastante durante sua evolução, desde as primeiras previsões, e hoje eles são: preguiça, inveja, avareza, luxúria, soberba, gula e ira, sendo essa última o objeto de análise deste artigo.

A ira, ódio ou raiva é o desejo de se fazer o mal para outra pessoa que nos agrediu ou ofendeu. Não tenho dúvidas em afirmar que é a ira o principal sentimento que leva desgraça à humanidade desde os seus primórdios.

A ira é responsável não só por conflitos entre pessoas de maneira singular, mas também as guerras e revoluções se dão por conta da ira.

O ladrão, quando assalta, geralmente está tomado pela inveja, e essa é acompanhada pela ira. Não basta tirar do outro algo que não lhe pertence, mas também ameaçar verbal e fisicamente a vítima. Certa feita, fui assaltado no trânsito e o ladrão, apontando-me uma arma, pediu meu relógio e celulares, chamando-me de filho da p... Veja, ele poderia apenas me roubar, mas sua ira para comigo o fez me xingar. E tive medo de que a ira o levasse a me matar.

Todos nós já tivemos esse sentimento algumas ou várias vezes durante nossas vidas. Quando nos ofendem, nos traem, nos enganam ou nos agridem fisicamente.

O recente episódio ocorrido na última cerimônia da entrega do Oscar, em que um ator agride, com um violento tapa no rosto, o apresentador da cerimônia após esse ter feito uma infeliz piada com a esposa do agressor, em razão de uma enfermidade desta que a fez ficar completamente sem cabelos, me fez refletir sobre a ira.

Evidentemente que Will Smith, o agressor, foi tomado pela ira, pois não gostou da inoportuna piada envolvendo sua esposa.

Li, nas redes sociais, declarações de apoio à atitude do agressor, e isto me deixou muito preocupado. Em que sociedade estamos vivendo, na qual se aplaude quem se deixa levar pela ira?

No passado, uma ofensa como a ocorrida tinha como consequência um duelo entre agressor e ofendido, mas neste atual estágio da civilização, não se pode concordar com agressões como resposta a uma ofensa.

Ademais, sinceramente, não entendo como algo tão ofensivo o que o ator Chris Rock disse. Foi de mal gosto, mas humoristas fazem graça de tudo e às vezes exageram, como foi nesse caso.

No Brasil a atitude do ator Will Smith está prevista no Código Penal: "Art. 345 – Fazer justiça pelas próprias mãos, para satisfazer pretensão, embora legítima, salvo quando a lei o permite: Pena – detenção, de quinze dias a um mês, ou multa, além da pena correspondente à violência."

Não quero abordar o caso do ponto de vista jurídico, mas sim do humano. A ira, como afirmado acima, é um pecado, e como tal não devemos praticá-lo, pois existe uma punição além da do Código Penal, ou seja, a punição divina.

Os pecados desagradam a Deus, e mesmo para quem não é religioso, a ira pode trazer muitas consequências ruins. Pode-se, em um momento de ira, matar um semelhante, espancar o cônjuge ou filhos, causando rupturas afetivas e até anos em uma prisão, sem contar a dor do arrependimento e do remorso.

Não podemos nos deixar dominar pela ira, já que, como visto, ela nos trará consequências desagradáveis que podem durar até o fim de nossas vidas.

Não temos como impedir que nos agridam ou ofendam, mas temos como controlar o que esses sentimentos fazem em nós.

Augusto Cury diz algo que gosto muito: "Não devemos dar o controle remoto de nossas emoções para os outros", e é isso que estou querendo expor aqui.

Há uma frase muito citada que afirma que "não podemos impedir que os pássaros voem sobre nós, mas podemos impedir que eles façam ninhos em nossa cabeça".

Ou seja, não temos como impedir as agressões, mas os efeitos delas em nós só dependem de nosso autocontrole.

Vemos pessoas inteligentes que se deixam levar pela ira, o que nos causa espanto, pois como alguém com elevada instrução, com especializações, mestrados e doutorados, inclusive no exterior, perdem o autocontrole e chegam a cometer crimes?

Todos já tomamos conhecimento de um companheiro ou companheira traído ou traída, com elevado QI, que, ao saber da traição, mata o traidor e seu amante, o que demonstra que inteligência elevada não é sinal de controle emocional.

Essas pessoas não possuem outra inteligência, que é a inteligência emocional.

A partir da metade dos anos 1990, surge esse novo conceito de inteligência, a inteligência emocional, tendo em Daniel Goleman a figura exponencial dessa teoria que revolucionou os estudos sobre inteligência.

Em seu livro *Inteligência Emocional,* Goleman afirma:

> O indivíduo mais brilhante entre nós pode fracassar no grande número de paixões desenfreadas e impulsos rebeldes. Pessoas com altos QIs podem ser mentoras surpreendentemente ruins de suas vidas particulares. Um dos segredos abertos da psicologia é a relativa inabilidade das notas de faculdade, pontuações de QI ou SAT – apesar de suas místicas populares –, de preverem seguramente quem terá êxito na vida pessoal... Na melhor das hipóteses, o QI contribui com 20% dos fatores determinantes do sucesso, o que deixa 80% para outras forças.

Nossas emoções são uma inteligência à parte, totalmente separadas do QI, com uma capacidade de aprendizado e desenvolvimento próprios.

Na verdade, a inteligência emocional não consiste em se esconder sentimentos ou de subvalorizá-los, mas sim, enfrentá-los com equilíbrio e inteligência, ou seja, para que nossas condutas não causem estragos nos nossos relacionamentos interpessoais.

E o controle da ira passa pela inteligência emocional. Se alguém é agredido verbalmente no trânsito, ainda que possua MBAs, doutorados, fale três idiomas e esteja em um veículo de quinhentos mil reais, se não for dotada de inteligência emocional, irá devolver o xingamento e chegar ao ponto de descer do carro e agredir um simples motociclista, tudo porque a inteligência (QI), apenas, não resolve essa situação.

Portanto, o controle da ira passa pela inteligência emocional. A inteligência emocional não é inata, mas felizmente qualquer pessoa pode adquiri-la ou aperfeiçoá-la.

A ira, além de ser um pecado, é apenas um sentimento – ainda que seja pecado – que por si só não é bom nem ruim, vai depender do que eu faço com esse sentimento.

Lembro que todos nós temos reações às atitudes dos outros para conosco. Se nos elogiam, agradecemos; se nos ajudam, também ficamos gratos; mas ocorrem situações nas quais as atitudes geram em nós revolta e tendemos a reagir pelo instinto, e se não o controlamos, podemos fazer muita bobagem, até mesmo matar uma pessoa. Se nos deparamos com uma pessoa ofendendo um filho, um pai, uma avó, enfim, pessoas que amamos, se agirmos instintivamente, o amor por essas pessoas nos levará a cometer atos agressivos. Ou seja, é a ira se fazendo valer sobre o controle das emoções.

Diz-se que "ou você controla sua ira ou ela controlará você". Uma simples frase, mas de uma profundidade muito grande.

Já vi a ira fazer estragos irrecuperáveis nas vidas das pessoas. Um filho que, em um momento de ira, em razão de seu pai lhe negar algo, agride-o ou até mesmo o mata!

O marido que agride a esposa, ou vice-versa, acaba com o relacionamento e, pior, acaba com uma família e faz um mal tremendo aos filhos.

Quando nos sentimos nervosos e o caminho da ira se faz presente e nos domina, temos de identificar as razões que nos levaram a chegar a este ponto.

A ira pode ser consequência do ambiente em que vivemos quando criança, e reagimos como faziam as pessoas próximas a nós reagiam; isto porque assimilamos sem perceber aquelas atitudes de xingamentos, ofensas, arremesso de objetos, socos em paredes ou mesas, e a pessoa acaba repetindo os comportamentos daqueles com os quais vivia.

Pense se você não conhece famílias em que os pais se deixavam dominar pela ira e se os filhos, hoje adultos, não fazem o mesmo?

Pense em parentes. Tios que eram pessoas iradas: seus primos hoje não são iguais?

Pelo desenvolvimento da inteligência emocional, todos podem controlar a ira.

A ira, antes de eclodir, nos dá sinais de que está chegando. A ira é uma resposta emocional a um acontecimento externo. Ter consciência dos sinais próprios que indicam que o sangue está começando a ferver pode permitir que sejam tomadas medidas para controlar a ira antes de que ela escape ao controle.

Geralmente, a ira vem acompanhada de dores no estômago, tremor nas mãos, palpitações, tensão nos ombros e alguns outros que cada pessoa deve identificar. E, identificados os sintomas, pode-se partir para o controle da ira.

Parece mentira, mas sabe aquela história de contar até dez? Pois é, ela funciona. Conte mentalmente e bem devagar até dez, e veja como diminuem os sintomas que identificam a chegada da ira. Sair do ambiente ou da proximidade da pessoa ou da situação desencadeadora da ira é outra forma de não permitir que ela nos domine.

Concluo com um conselho: busque a mansidão e tenha o domínio sobre suas emoções e não deixe a ira o dominar, até porque Jesus, no Sermão da Montanha, afirmou: "Bem-aventurados os mansos, porque herdarão a terra" (MATEUS 5:5, grifo meu).

18

A SAÚDE MENTAL DA IGREJA
VIVE 100% ESPIRITUAL QUEM JÁ MORREU

E o mesmo Deus de paz vos santifique em tudo; e todo o vosso espírito, e alma, e corpo, sejam plenamente conservados irrepreensíveis para a vinda de nosso Senhor Jesus Cristo.
(I TESS. 5:23)

Viver 100% no plano espiritual é a prática equivocada que muitos religiosos escolhem; fogem dos problemas e desafios da vida, e lançam suas responsabilidades a Deus. Este adoecimento mental constrói um cenário de vício religioso propício aos abusadores da fé. Não devemos cuidar só do espiritual, mas também do corpo e da alma. O papel da Igreja é conduzir o povo a Deus e auxiliar seus membros a amarem uns aos outros.

ELIAS LOPES VIEIRA

Elias Lopes Vieira

Contatos
Facebook: @eliaslopesvieira
Instagram: @eliaslopesvieiraoficial
Youtube: @eliaslopesvieira

Graduado em Letras, Pedagogia e Psicologia. Tem mais de 20 anos de trabalho em atendimento e defesa dos direitos de crianças, adolescentes e famílias nas áreas da educação, assistência social e saúde. É coordenador do CREAS (Centro de Referência Especializado de Assistência Social), em Ilha Solteira(SP), que oferece apoio e acompanhamento às vítimas e familiares. É palestrante e professor universitário de graduação em Psicologia. Escritor, é autor do livro *Quem é você no espelho?*, e coautor do livro *Gestão das emoções no ambiente corporativo*, com o capítulo "O adoecimento emocional dos professores no ambiente corporativo escolar", e do livro *Primeira Infância* vol. 2, "*abuso sexual infantil inconsciente: a intimidade velada no ambiente doméstico*", pela Editora Literare Books. Há mais de 20 anos exerce seu ministério com famílias, casais e crescimento emocional às Igrejas, oportunizando o que se apresenta neste capítulo: a saúde mental, o equilíbrio dos cuidados com o corpo, alma e espírito.

Como é bom e agradável a vinda de um bebê, quando o casal preocupa-se com a escolha do obstetra para acompanhar a gestação. Nas fases de desenvolvimento, são fundamentais a saúde do corpo, alimentação e demais cuidados físicos.

Há outras duas preocupações: a aprendizagem, visando, no futuro, a carreira profissional; e o aspecto espiritual, os ensinamentos religiosos.

É cultural o investimento no corpo, em aprendizagem, profissionalização e espiritualidade. Não há a mesma preocupação com a alma.

Quando abordo temas sobre corpo, alma e espírito, são visíveis essas incompreensões.

Ao se perguntar sobre as necessidades do corpo, falam sobre comer, beber, banhar-se, dormir, atividade física e outras. Desde pequenos, são ensinados os autocuidados e necessidades diárias.

Sobre a alma, remetem à fé, oração, igreja; às vezes, ao amor e carinho. Atribuem as necessidades do espírito à alma, como se fossem a mesma porção, prevalecendo o espírito e sendo a alma inexistente.

O ser humano é um ser indivisível, suas partes são porções integrantes umas das outras. Uma não existe sem a outra. Há diferença na tricotomia corpo, alma e espírito, com funções específicas.

Quando as explicamos separadamente, é para a compreensão de suas particularidades. Da mesma forma, se estudam os sistemas do corpo – o sistema digestivo, o circulatório, o respiratório e outros –, mas seu funcionamento é uníssono, um sistema depende do outro, nada é separado.

O corpo, a alma e o espírito são integrados e interligados. Quando há dor no corpo, a alma se entristece. Há adoecimento na alma que somatiza no corpo. O espírito suprido traz paz à alma e ao corpo.

O corpo veio do pó e ao pó retornará. Fazemos parte de uma cadeia alimentar, fomos feitos para correr atrás da presa e correr dos predadores, não podemos ficar sedentários.

O corpo foi feito para se relacionar com a natureza; quanto mais próximo a ela, mais saudáveis ficamos, tanto na alimentação quanto na convivência, longe da selva de pedra e da tecnologia.

O espírito foi feito para se relacionar com Deus. Deus é espírito e nos relacionamos com Ele através do nosso espírito.

A alma foi feita para se relacionar com as pessoas. Onde estão os aspectos cognitivo, racional e de aprendizagem, o aspecto afetivo, dos sentimentos e emoções, e o aspecto volitivo, da vontade e prazer. Onde está o livre-arbítrio delegado por Deus; o destino do corpo e do espírito estão nas escolhas da alma.

O corpo sem alma é morto. O corpo sem espírito vive de instintos como os animais; o homem é o único que tem espírito. É o espírito que nos faz à imagem e semelhança de Deus.

Quando se vem para Deus, o espírito é renovado; no entanto a alma é um processo de glória em glória.

É impossível conhecer a Deus, com Ele andar, sem se conhecer primeiro e permitir que a luz ilumine nossas trevas.

Deus quer que vivamos a intensidade de sua semelhança. Buscamos a saúde espiritual e física, e temos que buscar a saúde mental, que rege nossa vida.

Vive 100% espiritual quem já morreu, temos um corpo e uma alma para cuidar, e assim, alcançarmos a essência do "Eu Sou" de Deus.

Uma das necessidades fundamentais da saúde mental é falar. A angústia é o resultado das palavras que não foram ditas. Quantas vezes passamos por momentos difíceis, encontramos uma pessoa de confiança e falamos a ela, vomitamos o que nos aflige em palavras e lágrimas.

Agradecemos a bênção que ela foi, e a pessoa diz que não fez nada, só ouviu. A atenção e a escuta são fundamentais para a saúde mental.

Na Bíblia, é muito real a necessidade de falar. Em Salmos 32 está descrito que quando guardamos silêncio, escondemos pecados, envelhecem os ossos pelo bramido de todo dia, o corpo se definha de tanto gemer. O humor se torna em sequidão de estio e a força vai se esgotando como em tempo de seca.

"Portanto, confessem os seus pecados uns aos outros e orem uns pelos outros para serem curados. A oração de um justo é poderosa e eficaz." (Tiago 5:16)

Precisamos nos confessar não para sermos perdoados, quem perdoa é Deus, pelo sangue de Jesus derramado na cruz. A cura está em olhar nos olhos de uma pessoa sábia e revelar os segredos e as angústias do nosso coração.

O falar é uma necessidade da alma. A dor maior não é a de se confessar, mas a de carregar algo, pois esse fardo nos deixa estéreis.

Tudo que é reprimido aflora por meio de sintomas e desgastes de energia psíquica, até somatizar em um adoecimento da alma e/ou do corpo.

Faz sentido o ditado: "O choro lava a alma".

O que é reprimido e recalcado é fruto de histórias mal-elaboradas que nos causaram dor. Está esquecido, mas não inexistente.

Na Psicanálise, de Freud, a livre associação é uma das técnicas que consiste em o paciente expressar tudo aquilo que passa pela sua mente durante a terapia. Enfrentar toda resistência psíquica, obter a cura no processo terapêutico e transformar sua personalidade.

Porém, se recalcamos algo, inconscientemente projetamos e acusamos no outro o conteúdo psíquico reprimido.

"Por que você repara o cisco que está no olho do seu irmão, e não se dá conta da viga que está em seu próprio olho?" (Mateus 7:3)

Uma história que exemplifica é da mulher que foi pega em adultério. Os fariseus abordaram Jesus, levando a mulher adúltera para apedrejá-la.

Jesus permaneceu em silêncio e, diante da insistência, provocou uma reflexão intrapessoal. Estavam acusando e foram confrontados por suas próprias concupiscências, abandonaram o local sem apedrejar a mulher, quando o Mestre os desafiou: quem não tivesse pecado, que atirasse a primeira pedra.

> "E afirmou: Vós julgais segundo a aparência; eu não julgo ninguém."
> (JOÃO 8:15)

Eles tinham o julgamento e a condenação baseados numa cultura religiosa de pseudossantidade, no desejo de matar aquilo que incomodava em si mesmos, manifesto diante dos seus olhos naquela mulher.

Há um conceito denominado normopatia, que esconde uma patologia. Quando todos vigiam a todos para impedir o que têm vontade de fazer, mas ninguém tem coragem para isso, e quando em uma pessoa torna público um impulso reprimido, ela é tida em apedrejamento pelos normopatas.

Eles queriam apedrejar naquela mulher os seus próprios impulsos não aceitos. Quantos homens e mulheres ali eram adúlteros? Quantos tiveram caso com a mulher ou a estavam cobiçando? Quantas mulheres, com suas pedras em mãos, desejavam satisfazer suas fantasias e instintos sexuais reprimidos?

Eles estavam se utilizando do mecanismo de defesa de projeção.

Quem acusa, confessa.

A "sujeira" daquela mulher estava no interior de cada acusador.

Quando temos misericórdia, reconhecemos que podemos estar sujeitos aos mesmos instintos e atos.

Jesus não condenou, mas não compactuou, disse para que ela se fosse e não pecasse mais.

Ele dizia sobre as paredes branqueadas e o sepulcro caiado, que por fora é limpo e por dentro, sujo. Condenava as ações dos hipócritas dos templos que se consideravam bons e santos, julgavam e condenavam, não tinham misericórdia.

Deus não é sepulcro, Ele é ressurreição. Quer retirar toda fachada, as lápides, o mármore e flores, para virem à tona os odores da putrefação. E assim, purificar a essência do mal e colocar seu reino do bem.

Este processo é doloroso, vergonhoso e necessário, só ocorre quando permitimos e inclinamos nosso livre-arbítrio ao Criador.

> Não se deve esquecer da seguinte regra: o inconsciente de uma pessoa se projeta sobre a outra, isto é, aquilo que alguém não vê em si mesmo, passa a censurar no outro.
> (CARL JUNG)

Havia uma prática nas igrejas: excomungavam e excluíam do rol de seus membros quem caía em pecados. A pessoa os confessava publicamente e passava a viver um período de impureza e isolamento, como as mulheres em período menstrual na época de Moisés.

Hoje isto é impedido por lei, mas esses atos de exclusão abusivos ainda existem velados entre nós. E também há a banalização do evangelho, maquia-se o que está oculto.

É preciso uma reforma na Igreja.

Nós temos duas forças psíquicas, a pulsão de vida e a de morte; elas estão a todo momento buscando o controle da nossa alma. O que deve prevalecer é a pulsão de vida.

A pulsão de vida é o fruto de satisfações de desejos, a pulsão de morte é o fruto de frustrações e tensões.

Um exemplo é a fome, há uma tensão em busca de autopreservação. Ao comermos, o desejo é atendido e a tensão solucionada, resultando em pulsão de vida.

Enquanto há fome, há uma frustração, uma energia agressiva e ficamos mal-humorados: tem-se a pulsão de morte. O mesmo ocorre quando estamos com sede, sono, temos desejo sexual ou alguma necessidade não somente do corpo, como dinheiro, emprego, sonhos e outros.

Naqueles dias quando acordamos motivados e abrimos a janela para ver o sol, vemos satisfação nas coisas simples, queremos trabalhar e produzir. É a pulsão de vida prevalecendo.

Quando acordamos angustiados, desejando ficar na cama, passar o dia "hibernando" longe de tudo, é a pulsão de morte que prevalece.

Há dias em que estamos com necessidade de nos isolar; é saudável, passarmos momentos conosco e refletirmos sobre a vida, mas quando se torna uma constância incapacitante, é patológico.

"As emoções não expressas nunca morrem. Elas são enterradas vivas e saem das piores formas mais tarde." (SIGMUND FREUD)

Quando a pulsão de morte prevalece, é um sinal de que estamos adoecidos emocionalmente, manifestando-se em autodestruição.

No Manual de Prevenção ao Suicídio do Ministério da Saúde, estão descritos os três processos do suicídio:

1. Pensamentos de ideação suicida: caso morresse, acabaria com suas dores.
2. Planejamentos da própria morte: alternativas que não venham a causar tanta dor, até pesquisam na internet como se matar.
3. Tentativas: o suicida não quer morrer, mas matar a dor que não suporta dentro de si.

Pensamentos, planejamentos e tentativas são todos preocupantes, sinais de prevalência da pulsão de morte.

As tentativas são públicas, os pensamentos e planejamentos são anônimos, não aparecem. As pessoas costumam não expressar seus sentimentos com medo de serem censuradas, porém não devemos permitir que nossas dores e tristezas se enraízem em nossa alma.

É um adoecimento no corpo e na alma, o suicídio não é somente espiritual. Precisamos de cuidados por parte de profissionais de saúde mental, psicólogos, psiquiatras e outros.

Existe o suicídio imediato e consciente, quando a pessoa está no último estágio e tenta contra a própria vida.

Existe o suicídio mediato e inconsciente: quando a pessoa pensa e ou planeja, está em um processo de desistência da vida; não tenta contra seu corpo, mas constrói a própria morte em sua mente.

O suicídio mediato e inconsciente é gradativo, a pessoa vai se sabotando nos autocuidados e na autopreservação, e se entrega à morte.

Quando tem um diagnóstico grave e o médico passa uma série de restrições alimentares, quem tem a pulsão de vida prevalecendo seguirá à risca a dieta prescrita. O suicida inconsciente a ignorará e esbanjará no consumo dos alimentos gravosos à sua saúde.

A pessoa saudável enfrentará tudo com desejo de superação para vencer a doença. O adoecido se entregará e adiantará a própria morte agravando o prognóstico da doença.

"A dor é suportável quando conseguimos acreditar que ela terá um fim e não quando fingimos que ela não existe." (Allá Bozarth-Campbell)

Todos podem ser acometidos de alguma doença física e/ou emocional, mesmo estando em santidade e andando com Deus.

Até mesmo lideranças espirituais, devido à sobrecarga da responsabilidade pelas vidas, à ingratidão e ao excesso de cobrança de perfeição dos fiéis. O isolamento em se manter forte e a falta de pessoas em quem possam confiar, tudo pode causar um esgotamento psíquico crônico.

Crescem a cada dia estatísticas de religiosos em adoecimento psíquico e ideação suicida, inclusive tentativas fatais. Muitos líderes têm estresse, Síndrome de *Burnout*, TEPT (Transtorno do Estresse Pós-Traumático), depressão, transtorno de ansiedade e outros.

Esses sinais e sintomas é o reflexo da prática fundamentalista adoecedora que fere a profissão da fé libertadora de uma religião saudável e a liberdade de seguirmos os ensinamentos de Jesus.

A Igreja tem o intuito de contribuir com a ajuda para o desenvolvimento pleno na vida da tricotomia corpo, alma e espírito.

No ambiente patológico, é propício se manifestarem as compulsões canalizadas para os ritos religiosos, surgindo os abusadores espirituais, que exploram e usam pessoas vítimas desse vício religioso.

O verdadeiro papel da Igreja, que tem sua saúde mental, é trilhar os reais ensinamentos para conduzir o povo a um Deus de amor, auxiliando seus membros a se amarem uns aos outros.

O evangelho simples e verdadeiro está em "amar a Deus acima de todas as coisas e ao teu próximo como a ti mesmo". Para se viver o verdadeiro amor, é necessário confrontar-se no espelho e buscar se conhecer, obter uma alma livre e desprovida de grilhões psíquicos.

Conheça a si mesmo e seja feliz com Deus, com você e com seu próximo.

Referências

FEIST, J.; FEIST, G. J.; ROBERTS, T. *Teorias da personalidade*. Porto Alegre: Artmed, 2015

LAPLANCHE, J.; PONTALIS, J. *Vocabulário da psicanálise*. São Paulo: Martins Fontes, 2000.

LINN, M.; LINN, S. F.; LINN, D. *Abuso espiritual & vício religioso*. Campinas: Verus Editora, 2000.

MCDOWEL, J. *Construindo uma nova imagem pessoal*. São Paulo: Candeia, 1996.

MINISTÉRIO DA SAÚDE. *Prevenção do suicídio: manual dirigido a profissionais das equipes de saúde mental*. São Paulo: Universidade Estadual de Campinas, 2006.

SEAMANDS, D. A. *Cura para os traumas emocionais*. Belo Horizonte: Editora Betânia, 1984.

SBB – Sociedade Bíblica do Brasil. *Bíblia Sagrada*. Tradução: João Ferreira de Almeida. Barueri: Sociedade Bíblica do Brasil, 2008.

19

INTEGRANDO OS SENTIMENTOS E ACOLHENDO A SOMBRA NO *COACHING* EM GRUPO

O *coaching* em grupo, na abordagem sistêmica, favorece uma rota de realização e sucesso rumo ao empreendedorismo, num momento em que o futuro do trabalho é tido como tema relevante, principalmente pela aceleração da valorização da inteligência artificial e pelos limites de nossa humanidade. A abordagem junguiana facilita o nosso entendimento, com resultados que transcendem as barreiras impostas pelos sentimentos e pela sombra coletiva provenientes do nosso inconsciente.

ELISA PRÓSPERO

Elisa Próspero

Contatos
Instagram: @elisarosaprospero
https://www.linkedin.com/in/elisaprospero
https://www.facebook.com/elisa.prospero.35
11 99622 7157

Psicóloga, psicoterapeuta, professora, *coach* executiva e especialista em Psicologia Social pelo Instituto Sedes Sapientae. Pós-graduada em Administração pela FGV. Tem formações em Neurociência, Meditação, Abordagens Terapêuticas e Constelações. Membro GEC/Grupo Excelência em *Coaching* – CRA/SP. Docente há 36 anos na FAAP, ESPM, Estácio de Sá, UNIP e USCS. Criadora do *Team & Leader Coaching*/2015, formação em Liderança e *Coaching* Sistêmico com 180 horas, e de jogos, entre eles: O caminho da consciência como ferramenta diferencial. Tem carreira executiva e de consultoria há quatro décadas, abrangendo desenvolvimento de mais de 35 mil executivos. Atuou como gerente e diretora de RH em gestão de mudanças e fusões: processos de liderança/*coaching*/equipes/qualidade. Voluntária, no Centro Dharma da Paz, em meditação budista e rodas de diálogo. É escritora da Literare Books, destacando-se os livros: *Coaching para vida, Team & leader coaching* e *gestão emocional*. Clientes: Aldeias Infantis, Almanara, Avon, Bradesco, Bosch, CEF, CPFL, CTIS/DF, Coca-Cola, DNDi/RJ, Ford, GM, Gerdau, Itaú, Kantar, Klabin-Igaras, Mapfre, Marisol, Porto Seguro, Rede Globo e Tribuna/ES, Scopus, UBM Brazil, Tech One/RJ, ZF Brazil.

> Diga-lhe
> Que deve respeitar os sonhos de sua juventude
> Quando um homem será.
> Que não abra o seu coração, essa flor terna e divina,
> Ao inseto mortífero da razão, que se jacta de acerto,
> Que não se deixa desviar
> Quando a sabedoria mundana do entusiasmo,
> A filha dos céus, blasfemar.
> (GOETHE).

A Psicologia Analítica de Carl G. Jung considera a relevância da integração do pensamento e do sentimento, sendo esses últimos funções da estruturação de nossa psique. E, desse modo, sustenta a abordagem sistêmica do *Coaching* em Grupo, cuja premissa é a visão do ser humano integral, que reúne as dimensões do pensar, sentir e agir, integrando corpo, mente, sentimento e essência.

Assim, a compreensão dessas funções – pensamento e sentimento, juntamente com o acolhimento da sombra humana – sobre a qual também refletiremos nesse artigo, mostra-se eficaz nos processos de *coaching*, sobretudo no *Coaching* em Grupo, onde se buscam os melhores resultados em termos de performance para o alcance de propósitos individuais e coletivos, por meio da interação, diálogo e troca de feedbacks, que impactam o tempo todo nos sentimentos, fazendo-se necessária essa compreensão pelos participantes e o respectivo domínio conceitual e vivencial pelo *Coach*.

Optei por permear os temas com considerações feitas pelo próprio Jung em suas publicações, aproximando assim o leitor de tão claras explanações e possibilidades de compreensão de um grande mestre das ciências humanas.

Sobre sentimentos

"Na maior parte das vezes sentem apenas... uma emoção acompanhada de sintomas fisiológicos colaterais. Quer dizer: uma atividade cardíaca aumentada, uma respiração acelerada, fenômenos motores – é isso que sentem. Mas quando se trata de uma reação de sentimento, muitas vezes nem o percebem, pois a reação de sentimento não vem acompanhada de fenômenos psicofísicos." (CARL G. JUNG)

Jung fala sobre a grande infelicidade de sermos incapazes de perceber os nossos próprios sentimentos. E é frequente verificarmos nas organizações as pessoas passarem por cima de acontecimentos ou experiências sem perceberem o que de fato ocorreu com elas.

Minha experiência com grupos de trabalho ilustra passagens óbvias e que exemplificam com clareza essa realidade ainda nos dias atuais. E como é desafiador para as pessoas perceberem seus sentimentos e lidarem com maturidade emocional nas relações interpessoais diante dessas circunstâncias.

Por exemplo: como garantir a assertividade e expor pensamentos e sentimentos alinhados ao que se discute num grupo pouco coeso e sinérgico? Como preservar a serenidade diante de *feedbacks* dados em público, expondo a fraqueza do outro? Como reagir com equilíbrio diante de avaliações formais, onde não houve a construção de confiança e engajamento entre as partes? Como garantir verdade e afeto num ambiente onde a cultura valorizada é predominantemente a da razão?

Tomando por base essas questões, o *Coaching* em Grupo favorece que as pessoas se conheçam mais, interagindo e trocando percepções sobre as diversas situações do dia a dia, ampliando seu repertório e consciência emocional para lidar com situações conflituosas com maturidade. Só assim, como refere Jung em uma de suas passagens, o valor de cada um passa a ser olhado e respeitado: "Enquanto supomos que ninguém sabe a respeito de algo, somos pouco capazes de avaliar o que o assunto realmente representa para nós. Por isso sempre aconselho as pessoas a falarem sobre suas questões. Pois assim percebem que valor de fato as coisas têm para elas". (CARL G. JUNG).

Relato, a seguir, o caso de um grupo de diretores, onde em nosso primeiro encontro, cuja temática foi o contrato e o propósito de alcance do grupo, puderam expor como estavam se sentindo nesse trabalho e como acreditavam que finalmente – para aquele momento turbulento em que atravessavam – poderiam vir a contribuir com uma cultura de *coaching* que tanto acreditavam, mas que até aquele momento a organização relutava em oferecer. E, assim, compartilharam situações, vivências e sentimentos pessoais que vinham experimentando até então - o que somente o diálogo e a escuta ativa permitem ao grupo crescer em clareza e respeito de uns pelos outros, para, a partir desse novo lugar e momento, começar a explorar novos objetivos e metas, desafios e decisões.

A abordagem do *coaching* sistêmico em grupo favorece a integração do sentir, pensar e agir em consonância com o contexto onde está inserido. Esse processo integra valores pessoais e organizacionais, convidando o grupo a refletir e integrar pensamento, sentimento e essência, onde os próximos passos são sempre consequência da maior consciência do que é importante preservar, aprimorar ou mudar, levando-se em conta o que de fato importa para todos os envolvidos.

Além da importância de resgatarmos nossa humanidade no mundo do trabalho e que está diretamente relacionada a processos mais conscientes e integrados à sustentabilidade nos empreendimentos, bem como às responsabilidades sociais e de valorização do ser humano. Segundo Jung: "O processo de conscientização é um processo cultural e através do processo cultural somos fortemente separados de um mundo originalmente repleto de sentido e sentimento. Desenvolvi-me de modo unilateral nessa direção, isto é, na direção científica, o que naturalmente foi vantajoso para mim. Em termos humanos, entretanto, foi uma desvantagem. Custou-me a perda da minha humanidade."

E, justamente, nessa possibilidade do encontro com o outro se desdobra a integração e maior consciência de pensamento e sentimento. E quando falamos de um grupo de trabalho, de relações que trazem no seu cerne o histórico pela imposição da relação coisificada do eu-isto, como cita Eric Berne, psicanalista canadense, em detrimento de relações humanizadas do eu-tu, as pessoas percebem as lacunas deixadas pela falta de habilidades socioemocionais e da atitude correta em saber ouvir e se expressar com a autenticidade e a transparência – características que só as relações maduras podem oferecer. Nesse contexto, as demandas pelo *Coaching* em Grupo se tornam ainda mais necessárias e pertinentes.

Nessa perspectiva, o *Coaching* em Grupo contribui e aprofunda o autoconhecimento das pessoas na sua capacidade de interagir, trocar *feedbacks* sustentáveis e aprender a aprender com o outro, clarificando ideias, definindo objetivos e metas, conquistando novos propósitos, resgatando a criatividade e trazendo firmeza nas tomadas de decisão, na revisão de processos e na celebração de conquistas.

Sobre a sombra

"Como lidar com o lado sombra? [...] Gostamos de aparentar ou imaginar que somos capazes de lidar com a sombra ou que o problema consiste em como nós lidamos com a sombra. Porém, não imaginamos como a sombra lida conosco [...]. Estamos com as mãos atadas. Pois a sombra é um arquétipo e ela age tomando-nos, apoderando-se de nós." (CARL G. JUNG)

Para Jung, arquétipos são conjuntos de "imagens primordiais" originadas de uma repetição progressiva de uma mesma experiência durante muitas gerações, armazenadas no inconsciente coletivo – que é a camada mais profunda da psique e constituída pelos materiais herdados e imagens virtuais que seriam comuns a todos os seres humanos.

A sombra pessoal é um arquétipo e pode ser definida como a parte inconsciente, que contém todos os tipos de potencialidades não desenvolvidas e não expressas; ela complementa o ego e representa as características que a personalidade consciente recusa-se a admitir e, portanto, negligencia, esquece e enterra... até redescobri-las em confrontos desagradáveis com os outros, segundo Zweig e Abrams (2011). Vale lembrar também que existe a sombra coletiva, seja de uma família ou nação – essa mais difícil de ser percebida e assimilada. Podemos olhar para ela com auxílio da mitologia e dos contos de fadas, por meio de suas estórias e tentar compreender como interferem em nossas relações.

Recentemente, um cliente reconhecidamente competente na esfera em que atua e muito bem relacionado, perdeu seu emprego que lhe garantia realização, reconhecimento, alta remuneração e benefícios condizentes. Após uns oito meses sem conseguir uma nova colocação e já desgastado pela frustração da situação que racionalmente compreendia como sendo resultado de um contexto sócio-econômico turbulento e de mudança acentuada, foi orientado por amigos e familiares a buscar um processo de *coaching* que o ajudasse nesse momento de transição.

Começamos a trabalhar percebendo a dificuldade em estabelecer um propósito de alcance, pois ele ainda estava muito ressentido com a saída da organização. Assim como foi importante mergulhar e compreender a sombra que o impedia de acolher esse momento de difícil transição. Sentia-se tomado por grande angústia e ressentimento de como tinha chegado a essa situação, ao mesmo tempo constrangedora e limitante diante da família e amigos. Por meio de questões que o levaram a refletir o momento, os sentimentos e a sua própria história, foi possível aos poucos rever esse trajeto, resgatar a autoconfiança e fazer as pazes com essa sombra que o limitava inconscientemente. Uma vez fortalecido pela compreensão, resgatou forças suficientes para dar passos importantes em direção a um novo caminho. E, a partir daí, redesenhar as possibilidades de uma nova jornada a seguir.

No *Coaching* em Grupo, as sombras coletivas também surgem muitas vezes nos momentos de maior pressão e incertezas dadas pelo cenário de complexidade e ambiguidade em que o grupo se vê imerso. Alta competitividade, falta de apoio e ajuda mútua, gestão por conflitos e medo da exposição são características de sombra coletiva e que podem ser trabalhadas nos processos de *coaching* em grupo.

Outra realidade, onde a sombra coletiva emerge, é a cultura organizacional em que pouco se valoriza a liderança *coaching*, quando o desenvolvimento e a carreira das pessoas se vêem limitados por falta de planejamento, de processos e de gestão de pessoas. Nessa realidade, é muito comum fazer parte da sombra coletiva, as queixas e a vitimização das pessoas e grupos de trabalho por não se sentirem valorizados e reconhecidos. Nesse sentido, por meio do *coaching* em grupo, é importante que as pessoas e os grupos se percebam em termos de pensamentos e sentimentos, e possam traçar os aprendizados que daí advém, como as histórias de cada um se integram, se consolidam e podem ser transformadas para além das cristalizações que a vida procede quando não se tem alternativas de desenvolvimento. Nesse momento, o *coaching* permite a criação de novas rotas para o grupo, passos a serem dados para a expressão e viabilização de maior espontaneidade de cada um num contexto seguro e de confiança, além do fortalecimento de sua capacidade emocional.

Conclusão

A premissa de que quando o *Coaching* em Grupo é bem conduzido em abordagens sistêmicas – que levam em consideração as dimensões do ser humano como corpo-mente-sentimento-essência, e integram pensamento e sentimento, ele facilita o entendimento de como superar a adversidade para além das limitações da conduta humana, por meio da expansão da consciência.

É possível vislumbrar rotas eficazes quando a consciência se expande, o que muito favorece os planos de ação que transcendem as barreiras impostas pelas funções da psique e seu inconsciente, principalmente das projeções e da sombra. Essa superação permite que os grupos ampliem a empatia, a flexibilidade e a resiliência diante da adversidade e estejam prontos para os próximos passos, necessários para o alcance de seus resultados.

Assim, contribui-se para os processos de *Coaching* em Grupo, privilegiando tanto os conhecimentos e habilidades de domínio conceitual e vivencial do coach, como ampliando o autoconhecimento do grupo, expandindo sua compreensão e protagonismo em fazer as travessias necessárias e conduzir seu próprio percurso diante de oportunidades, problemas ou desafios do cotidiano pessoal e grupal.

Essa experiência possibilita ao grupo, ainda, a ultrapassagem dos limites do ego e o alcance de sua própria essência – sua alma – o que reverbera por todo o campo organizacional, alçando a capacidade humana para patamares mais elevados e, quem sabe, até então nunca sonhados ou ousados.

Traça-se uma rota de sucesso rumo ao empreendedorismo, num momento em que o futuro do trabalho é tido como tema relevante e muito questionado, principalmente pela aceleração da valorização e utilização da inteligência artificial e pelos limites de nossa humanidade.

Referência

JUNG, C. G. *Sobre sentimentos e a sombra*. Rio de Janeiro: Vozes, 2014.

20

FRASES QUE SERÃO CAPAZES DE MUDAR SEU DIA

Neste capítulo, trago ao meu leitor frases motivacionais que podem fazer uma diferença enorme na vida de cada um, com o intuito de somar ao seu dia a dia. Fazer você ver a vida de outra forma também mostrará que haverá sempre uma luz onde você não imagina; porém você não pode parar de caminhar, mesmo na escuridão, continue, mesmo sem forças. Faça com que sua mente se transforme, caminhe sem olhar para trás até chegar aonde deseja. Lembre-se: não seremos capazes de levar tudo e todos, em certo momento, sempre teremos que deixar algo que não agrega nada à nossa vida.

EUCLIDES FILHO

Euclides Filho

Contatos
Twitter: @frutosonho
Kwai: @frutodeumsonho
YouTube: frutodeumsonho
Tik Tok: @frutodeumsonho
Facebook: frutodeumsonho
frutodeumsonho@gmail.com
Instagram: @frutodeumsonho
66 99631 9898

Nascido em Pedra Preta, Mato Grosso, no ano de 1986. Por volta dos seis anos começou com seu amor por criar textos; durantes as tarefas que executava durante o dia, ia recitando versos que criava ali no momento, e cada situação gerava um poema. Como na época ainda não era alfabetizado, os poemas eram apenas falados e durante muito tempo as criações vieram à sua cabeça. Aos 16 anos, escreveu sua primeira história de amor, na qual um peão se apaixona pela mocinha. Começou a criar textos na rede social Orkut, na qual, ao invés de apoio, recebia críticas e chacotas. Mesmo com dificuldades, conseguiu concluir o ensino médio e, aos 22 anos, começou uma nova paixão, que foi a fotografia, trabalho esse que reacendeu a vontade de voltar a escrever. Em 2012, nasceu o grande amor da sua vida, sua filha Kamilly Yasmin, razão pela qual não desistiu dos seus sonhos, e por quem não se deixa abater por nada. Durante a pandemia, reuniu vários textos na intenção de criar um *e-book;* depois de quase tudo pronto, os parceiros desistiram de montá-lo e, mais uma vez, não deixou de sonhar em lançar seus textos. Hoje, realiza um grande sonho, participando deste projeto tão especial e importante.

Às vezes, o que precisamos é algo que nos fortaleça, que nos de um norte, e que nos de motivos para acreditar na vida. A seguir, você terá vários motivos para continuar a sua jornada, sempre com palavras que melhorarão o seu dia.

I. Para você escrever uma nova história, é preciso **virar a página** e deixar ir embora quem quer ir, porque, com certeza, virá outro alguém que realmente vai querer ficar ao seu lado do jeito que você é!

II. Não importa o que aconteça, não desista das suas ideias; mesmo sendo difíceis e diferente de todos, **siga em frente**, como se estivesse em uma estrada, na qual sempre haverá curvas secas e longas. As curvas secas são aquelas pessoas que sempre estão com a autoestima baixa, sem coragem de ser melhores, de vencer na vida; já as curvas longas são as pessoas que acreditam em si mesmas, dedicando-se para ter o melhor, torcendo para o amanhã ser mais belo, como os cantos dos pássaros no outono!

III. Como você diz que a sua rotina é ruim e fica aí na mesma, sem atitudes? mude suas atitudes e um dia sua rotina vai mudar e se **transformar** em lazer!

IV. Você foi tão forte, não é agora, amigo, que você vai se entregar. Confie em você, tudo vai passar; mesmo que em certo momento você não consiga abrir os seus olhos, vá assim mesmo! O importante não é como você vai andar, mas sim se **está em movimento**, isto é o que importa!

V. Faça o que deixa sua alma **leve**!!!

VI. Espere com o coração leve e paciência, porém **jamais** espere sentado!

VII. Existem coisas na vida que a gente nunca vai mudar, mas podemos fazê-las serem mais leves e podemos ver o lado que foi bom, os momentos em que sorrimos, e levar isto como um **aprendizado** e não como uma cicatriz que irá sangrar a cada instante de nossas vidas!

VIII. Sempre vai ter alguém o **observando** em qualquer lugar que estiver, então sempre esteja alegre e leve como uma águia!

IX. Não é **necessário** sair correndo como um louco, mas caminhar todos os dias sem olhar para trás!

X. Até para **ser trouxa** tem que ter limites!

XI. O problema não está na escuridão, mas sim se você será capaz de **caminhar** mesmo sem ver alguma luz!

XII. O tempo nunca irá resolver um problema, mas sim as suas **atitudes** a cada momento de sua vida.

XIII. Tudo em sua vida você permitiu, então seja forte e **rompa** com tudo que lhe faz mal!

XIV. Tem feridas que se eternizam, a única forma de viver sem as dores delas é não lhes dando **importância**!

XV. Como você poderá deixar a tristeza tomar conta de sua alma por algo que não depende de você?

XVI. O show não vai começar quando o grande artista subir no **palco**, ele já começou há muito tempo atrás, no dia em que olhou o local para montá-lo. E assim é na vida: a vida não pode ter sentido só quando conseguir o que quiser, mas sim a cada amanhecer!!!

XVII. A melhor estação da vida você só irá poder encontrar no **coração**, talvez ele esteja partido, mas ali sempre vai estar o melhor.

XVIII. Seja sempre maior que os seus medos e tente até dar certo! E lembre-se, **valorize** quem está com você em todos os momentos!

XIX. Você poderá refazer tudo em que se empenhar; não me pergunte quanto será o tempo, eu lhe digo só uma coisa: faça até dar certo, só assim irá saber o **tempo** necessário.

XX. O dia mais importante em sua vida é o hoje, o ontem já se foi e o amanhã pertence a Deus, então faça **valer a pena** agora!!!

XXI. Os maiores **milagres** sempre irão acontecer dentro de você!!

XXII. Tudo um dia se vai, tudo irá se perder de uma forma ou de outra, só você que não poderá **se perder** em seus caminhos!

XXIII. Na mesma intensidade que a dor lhe aperta a sua fé e o seu foco tem que aumentar, não importa se hoje você teve uma recaída, o que realmente importa é se você irá se rastejar até ter forças o suficiente para se levantar e caminhar **novamente**. O mundo não irá querer saber das suas quedas, mas sim de como você se levanta e como irá caminhar, e o quanto irá gerar de valor nas vidas em que passar por ti...

XXIV. O possível sempre irá ser pouco para realizar o **seu sonho**!

XXV. O seu dia não irá começar quando o sol nascer, mas sim quando você **resolver** fazer algo!

XXVI. Até quando você vai ficar falando "ah, se eu pudesse", "ah, se eu tivesse", "ah se hoje eu ganhasse"? Eu lhe digo, os "ah" nunca irão mudar sua vida, nem os "se eu tivesse", mas a **ação** pode fazer toda a diferença

XXVII. Claro que nunca irá ser simples, entretanto sempre será possível, e lembre-se: se você está de olho só no **resultado**, jamais irá chegar a algum lugar, ame o caminho e deseje a chegada!

XXVIII. Nunca deixe de sonhar, mas não acredite que apenas sonhar é o melhor a se fazer; tem algo que irá completar **seus sonhos**: a fé e fazer até dar certo!

XXIX. Se quer viver algo grande, magnífico, tem que **acreditar** no que não pode ver!

XXX. Aja menos com o coração e mais com a **razão**!

XXXI. Quando você se sentir pressionado pelos seus próprios sentimentos, você tem que ser forte o suficiente para não se deixar levar e se **controlar** de uma forma que não expresse as suas emoções com os olhos.

XXXII. Você irá vencer, talvez não neste momento, porém é necessário acreditar em si mesmo **cegamente**!

XXXIII. Não importa o que você escolheu em sua vida, mas sim como está fazendo e se já fez o tempo **necessário**!

XXXIV. Faça algo ou vá a lugares que deixem a sua mente sempre focada em seus **objetivos**!

XXXV. É muito bom ver um grande espetáculo, uma grande apresentação de um artista ou de algo assim; mas quando você faz o seu próprio **espetáculo**, mesmo que não tenha ninguém vendo, você irá descobrir que a vida vai além de muitas coisas e que a vida tem outros sabores.

XXXVI. O destino é como um diamante: podemos não o mudar, mas modelá-lo e fazer com que seja **perfeito**. Quanto mais detalhes tiver, mais o processo vai ser demorado e irá perder alguns pedacinhos, e assim é na vida: para chegar aonde quer que seja, tem que deixar muitas coisas para trás. Portanto, quando chegar, irá ver que valeu tudo o que você fez!

XXXVII. A **maior poesia** não é aquela em que o mundo vai o aplaudir, mas sim aquela que pode mudar a vida de uma pessoa!

XXXVIII. Até quando você irá fazer tudo só por fazer? Olhe para dentro de si e veja o **valor** que você pode gerar para si mesmo e para as pessoas que vivem ao seu redor!

XXXIX. O futuro pertence a Deus, mas você tem o **livre-arbítrio** para colori-lo da forma com que desejar!

XL. Não deixe de **viver o hoje** por conta de algo que aconteceu ontem!

XLI. Se a sua vida está amarga, caminhe até encontrar uma nova água, sempre haverá um momento doloroso e o que vai definir sua vida é se você vai ficar parado esperando passar ou se vai caminhar à procura de algo melhor, à procura de uma **nova fonte** de água para o nutrir.

XLII. As suas condições atuais não serão para sempre, então faça e acredite em si mesmo e nunca se esqueça de **Deus**!

XLIII. Você só continuará sendo mais um no meio da **multidão** até o dia em que você realmente quiser mudar isso.

XLIV. O jardim mais **belo** que você pode encontrar é o que você mesmo construiu!

XLV. As grandes **oportunidades** sempre chegam por meio de algo que não foi planejado, sempre haverá algo melhor, e para você viver isso é preciso abrir os olhos e deixar para trás o que já se foi!

XLVI. Não importa quanto você tem em seu bolso ou o quanto você é conhecido nesse mundo. O que tem **valor** é o que está dentro de você e o quanto você está disponível para ser alguém melhor em cada momento da vida, ser melhor para si mesmo e para quem está ao seu lado em todos os momentos!

XLVII. Se você ainda não se sentir flutuando no nível mais alto dessa vida, você é um pobre mental! Eu sempre digo que um grande sonhador jamais vai ter algo, mas quem sonha e pratica a fé, esse sim é um sonhador com **capacidade** de realização, porque a fé não é nada mais, nada menos, que atitude!

XLVIII. Todos nós, seres humanos, somos capazes de fazer a flor que está adormecida desabrochar em cada coração. Para isso acontecer, será necessário você ser forte o suficiente para romper o que o fere ou já feriu; a outra forma é por meio das pessoas que estarão ao seu lado, se elas tiverem **energias boas** e confiarem que, nesse universo, tudo pode ser mudado, pois até o seu DNA é possível mudar. Portando primeiro acredite e depois faça o necessário para dar certo!

XLIX. Em certos momentos, o que vai salvá-lo não vai ser a sua força, mas sim o seu **conhecimento**, e para você colocá-lo em prática, tem que estar leve e confiante mesmo que não o esteja enxergando.

L. Há uma saída mesmo que os inimigos estejam em maior número: no fim, o que irá definir sua **vitória** é sua calma!

LI. Se você não acreditar, **quem** vai?

LII. Cuidado por quem você derrama suas **lágrimas!**

LIII. Temos que **sorrir** de tudo e viver a vida como se houvesse apenas coisas boas!

LIV. Por mais que a sua história não seja a melhor história, fique tranquilo porque você vai se orgulhar de si mesmo em certos momentos de sua vida e também vai servir de **motivação** para alguém!

LV. A vida não tem *replay*, então viva-a com muita **intensidade** e com muito amor, ame com todas as suas forças, mesmo que isso o machuque em algum momento. Assim, você vai ter certeza de que sempre deu o seu melhor!

LVI. A sua história não começa no dia em que você nasceu, mas sim no dia em que você **escolhe** o que vai se tornar em sua vida!!!

LVII. Nunca se faz só por fazer, se faz por paixão, é por amor que algo se manifesta no universo e os **frutos** aparecem. Talvez você não esteja mais nessa terra, mas vão vir pessoas que terão orgulho de você em vários lugares do mundo!

LVIII. O que vai definir a sua vida vai ser aquilo que você **cultivar**, então deixe de dar ênfase às coisas negativas e viva o lado bom da vida!

LIX. A vida é **uma cortina**, porém cada um a enxerga de uma cor e muitos não conseguem vê-la do outro lado, não têm capacidade de ir além, vivem a mesmice por falta de conseguir ver as grandes e magníficas coisas que a vida tem, porque sua sabedoria não os permitir ver além da cortina nem ver as cores que ela tem.

LX. Se alguém disser que o seu sonho é uma bobagem, não acredite! Não importa qual seja o tamanho, ele é seu e tem que se realizar; talvez seja algo simples ou complexo, porém para você tem um valor, então não deixe de **realizar**!

LXI. Eu sei que a dor o maltrata eu sei também que desprezo o fere profundamente. Tudo isso você não pode mudar, porém você pode dar um outro significado e tudo se tornará bem leve, como uma brisa em meio à madrugada, em seu rosto; então continue andando até o **seu destino**!

LXII. Você quer tanto viver coisas grandiosas, mas eu lhe pergunto... Você está **mergulhando** nas profundezas ou só está vivendo no raso?

LXIII. Hoje não tem como suportar! Eu o entendo. Você pode muito, mas precisa **continuar** o seu caminho mesmo com as lágrimas!

LXIV. Quando as lágrimas vierem e você achar que tudo foi perdido, lembre que tudo pode até ser perdido, menos você mesmo, seus sentimentos, suas dores... Não há como saber de algo sem experimentar, e hoje você está experimentando uma dor, uma hora ela se vai e você estará forte e pronto para viver o que há de melhor neste mundo!

LXV. Hoje você olhou para o espelho e falou "não dá", mas eu lhe digo: você nunca poderá dizer isto enquanto as suas pestanas estiverem batendo. Irá ter grandes oportunidades e grandes coisas poderá realizar, mas claro que tudo depende apenas de uma pessoa, e esta pessoa é a que você vê só em um lugar: no **espelho**!

LXVI. Se o sol não nascer, faça com que os seus **olhos** sejam o sol do seu dia!

LXVII. As pessoas são livres para dizer qualquer coisa e você é livre para **acreditar** nelas ou não!

LXVIII. As suas dificuldades são apenas uma montanha em sua frente: você não precisa ser o melhor, mas sim precisa não parar nem ficar olhando para as montanhas alheias, olhe só para sua e valorize cada passo, que irá chegar; não posso lhe dizer em quantos dias ou anos, mas irá chegar. Tudo irá depender do quanto você estiver disponível a caminhar a **cada dia**!

LXIX. Você está disposto a **viver o novo** em sua vida?

LXX. O dia se foi, mas a esperança de que **dias melhores** virão só aumenta!

LXXI. Não precisa ganhar o mundo para **ser feliz**, só seja grato por tudo que possui e pela pessoa que você é!

LXXII. Não viva sonhando com o que não depende só de você, deixe esse sonho ir embora porque a qualquer momento irá ser preenchido; porém você terá que estar preparado, pois do nada irá chegar até você, e se estiver preso ao seu sonho, que é só seu, não terá **espaço** para o novo!

LXXIII. Ou você **move** o mundo ou ele moverá você!

LXXIV. Muitos querem tudo, eu só quero ter a certeza de que eu fiz o **meu melhor** hoje!

LXXV. Não precisamos ter tudo, mas sim sermos **gratos** por tudo que temos e sempre darmos o nosso melhor em tudo que formos fazer.

21

FLORESCENDO REALIZAÇÕES COM O PODER DOS SONHOS

Este capítulo busca contribuir para que as pessoas reflitam sobre a vida com um olhar mais positivo, no qual o poder dos seus sonhos seja a mola propulsora para construir uma jornada de muitas conquistas e aprendizados.

FRANCISCO DE ASSIS DAS NEVES MENDES

Francisco de Assis das Neves Mendes

Contatos
fassisnm@yahoo.com.br
Facebook: Francisco de Assis Mendes
Instagram: @francisco_assis_mendes

Doutorando em Ciências Empresariais e Sociais (UCES/Argentina), mestre em Estratégia de Investimentos e Internacionalização (ISG/Portugal) e Intercâmbio na Inglaterra. MBA em Gestão Empresarial (USP/São Paulo) e Transformação Digital & Futuro dos Negócios (PUC-RS). Administrador com especializações em Gestão de RH (Cândido Mendes/Rio de Janeiro), Direito do Trabalho e Previdenciário (PUC-MG), e Relações Trabalhistas e Sindicais (WCCA-Campinas). Tem sólida experiência em gestão de RH, relações trabalhistas, gestão de projetos e gestão de TI. Trabalha há 25 anos na Honda, onde atualmente é gestor de relações trabalhistas, com passagens pela gestão de RH. Vice-presidente da ABRH AM, professor de pós-graduação e escritor. Idealizador dos livros *Gestão do RH 4.0*, *Relações trabalhistas* e *Gente e gestão*. Foi palestrante no CONARH/IBC 2019, 1º Fórum Nacional de Relações Trabalhistas e Sindicais da Corpore Business e 16º Encontro de Relações Trabalhistas e Sindicais.

> *Você deve ir atrás das oportunidades que aparecem na sua vida com o que você tiver de melhor para realizá-las.*
> SOICHIRO HONDA

Introdução

"Florescendo realizações com o poder dos sonhos" é uma releitura do meu primeiro capítulo publicado, "Os cinco pilares do sucesso", do livro *Autoconhecimento e empoderamento* (2019), pela IBC Editora sob a coordenação do grande José Roberto Marques, que agora publico com uma nova abordagem e com novos *insights*, para contribuir com as pessoas na jornada de transformação dos seus sonhos em realidade. Essa jornada será construída através da aplicação de cinco pilares: O poder dos sonhos; da atitude mental positiva; do foco; da ação; e dos hábitos de excelência.

1º pilar – o poder dos sonhos

Sempre acreditei no **poder dos sonhos** como pilar inicial para se ter sucesso na vida, pois os sonhos são os impulsionadores que irão nos fazer acreditar em algo melhor no futuro. Sonhar significa enxergar uma situação futura melhor e, quando sonhamos, começamos a desejar e materializar esse sonho em nossas mentes.

Pensar e acreditar nos sonhos sempre foram formas de fortalecer nossa caminhada para o crescimento, e lembre-se: se você pode sonhar, você pode realizar. Os sonhos possibilitam que nossa mente possa viajar do tempo presente para o tempo futuro, quando podemos ver, sentir e vivenciar algo que desejamos, gerando uma energia positiva para nossa mente e corpo, nos motivando a buscar algo melhor para nossas vidas.

Uma dica importante para fortalecermos nossos sonhos é compartilhá-los com as pessoas de quem gostamos. Compartilhe seus sonhos com sua família e amigos, pois, como disse Raul Seixas em uma de suas belas músicas, "sonho que se sonha só é só um sonho que se sonha só, mas sonho que se sonha junto é realidade".

Fortaleça o **poder dos sonhos** em sua vida e na vida daqueles que convivem com você, se desafie, ouse sonhar grande, pois o impossível é só questão de opinião. Jamais esqueça: você é do tamanho dos seus sonhos, sonhar grande ou pequeno só depende você; se você sonhar grande, você será grande, mas se você sonhar pequeno, você será pequeno; então, se desafie, sonhe grande, pois o esforço para se sonhar grande ou pequeno é o mesmo.

Na jornada em busca do sucesso, o **poder dos sonhos** é o primeiro passo para se construir uma jornada vitoriosa e criar o alicerce que possibilitará as pessoas a saírem da zona de conforto e migrarem para a zona do crescimento, pois permite-nos visualizar um mundo futuro com conquistas e melhor qualidade vida. Então, o que você está esperando para ter uma vida mais plena? Você deseja ser protagonista ou coadjuvante da sua história? De verdade: seja ousado, sonhe grande e comece a construir uma história, na qual você será o protagonista. Agora que você começou a sonhar, vamos desenvolver o **2º pilar**.

2º pilar – o poder do pensamento positivo

O poder do pensamento positivo direciona nossa mente para uma dimensão de bem-estar com foco na visão positiva da vida, na qual enxergamos todas as intercorrências como oportunidades e passamos a enxergar as pessoas através da lente das virtudes e não dos defeitos.

Pensar positivo é entender que, mesmo quando as coisas não saem do jeito que a gente quer, há sempre uma lição a ser aprendida. A maioria das pessoas, infelizmente, tem uma lente direcionada para o foco negativo, sem perceberem que a jornada da vida é um caminho de grande aprendizado, e que precisamos olhar as adversidades como grandes aprendizados, pois, na vida, às vezes a gente ganha e às vezes a gente aprende.

Quando as pessoas desenvolvem o pensamento positivo, tornam-se mais fortes diante dos desafios que surgem durante sua jornada, entendendo o que aconteceu ou está acontecendo, que são oportunidades de aprendizados e amadurecimento, e que nada é por acaso, pois mesmo os desafios e as dificuldades sempre trazem algo escondido que precisamos enxergar de forma positiva e que servirá de aprendizado para evoluirmos para o próximo passo em nossa jornada de aprendizado e amadurecimento. Essa postura positiva diante da vida fortalece nossas mentes para conquistar nossos sonhos e realizar nossos objetivos. Siga em frente, sempre pensando positivamente em sua jornada rumo ao sucesso, pois você está empoderado pelo poder dos sonhos e pelo poder do pensamento positivo. Agora vamos erguer o próximo pilar, que é o **3º pilar.**

3º pilar – o poder do foco

O mundo está cheio de pessoas que desejam realizar um monte de coisas ao mesmo tempo, mas que, no final, acabam por não realizar nada ou, quando o realizam, fazem de forma medíocre, pois não agem com foco.

Diante de um mundo disruptivo e exponencial, com mudanças cada vez mais rápidas, nas quais são geradas diversas possibilidade e alternativas para os negócios e carreiras, ter foco é crucial para trilhar um caminho de sucesso. Para isso, é necessário priorizar as coisas mais importantes a serem trabalhadas. Planejar aonde se quer chegar e traçar estratégias, ou seja, definir o que se quer alcançar e o passo a passo para se chegar lá.

Para ter sucesso na vida, é necessário ter foco em tudo que se for fazer, ou seja, priorizar aquilo que é mais importante. Trabalhar o poder do foco é um dos pilares para se construir uma jornada de sucesso na vida pessoal e profissional.

Quando pessoas não priorizarem seus sonhos, objetivos e metas, correm sérios riscos de ficarem vagando durante toda sua vida, vivendo uma vida baseada na síndrome de Gabriela – "eu nasci assim, eu vou ser sempre assim, Gabriela". Outros irão viver na síndrome do barco à deriva – "deixa a vida me levar, vida leva eu"; ou ainda na síndrome de Alice – "se você não sabe aonde quer ir, qualquer lugar serve".

Cabe somente a você decidir se quer ser comandante do seu barco e ser protagonista da sua história ou ser coadjuvante e deixar que outras pessoas decidam o rumo de sua vida.

Saia da zona de conforto, seja disruptivo, pense diferente, faça diferente, seja protagonista da sua própria história e tome o leme da sua via. **Seja capitão da sua alma e senhor do seu destino.** Trabalhe fortemente o poder dos sonhos, O poder do pensamento positivo e o poder do foco. Coloque em prática tudo isso, e parta para ação, tenha atitude, só você pode sair da situação atual e migrar para a situação desejada. Agora é trabalhar o **4ºpilar .**

4º Pilar – O poder da ação

O poder da ação é o poder que vai possibilitar às pessoas realizarem seus sonhos, ou seja, saírem do estado atual para o estado desejado. Essa etapa é justamente onde a maioria das pessoas desiste, pois requer uma mudança de atitude e comportamentos, e quando a pessoa está na zona de conforto ou zona do comodismo, parece que ela está acorrentada, presa a um elefante de 20 toneladas, e para sair desta prisão, é necessária muita ação e força de vontade.

Quando se quer realizar sonhos e conquistar objetivos, é necessário que as pessoas comecem a desenvolver uma atitude de campeão, ou seja, atitude de vencedor, colocando em prática uma atitude mental positiva e ações focadas na vitória, agindo com determinação, empenho e perseverança, rumo à realização dos seus sonhos e conquista dos seus objetivos.

Para se ter atitude positiva, o primeiro passo é ter disciplina na execução do planejamento, colocando em prática tudo aquilo que foi planejado, agindo com muita determinação e foco, não se deixando desmotivar quando se deparar com obstáculos, sempre pensando e agindo de forma positiva e acreditando que irá conseguir realizar aquilo foi idealizado e planejado.

Agir com empoderamento e engajamento rumo às conquistas pessoais e profissionais é colocar o **poder da ação** a nosso favor, então, trabalhe duro, não desista jamais, tenha foco, disciplina e muita força de vontade, pois o sucesso vem para aquelas pessoas que trabalham duro e têm determinação para conquistar a vitória. Lembre-se, se os trilhos do seu trem se desviarem do caminho da vitória, não desanime, reflita, procure alternativas, corrija o rumo se necessário, e volte a trilhar o caminho rumo à vitória, isso faz parte da jornada de um vencedor. Lembre-se, nós nascemos para brilhar e sermos campeões em nossas vidas. Pense e aja sempre como um campeão, acreditando sempre nos seus sonhos, com atitude mental positiva, foco e determinação. Agora, vamos seguir para o último pilar, **5º Pilar.**

5º Pilar – O poder dos hábitos de excelência

Para se manter nos trilhos do sucesso e num nível de excelência, se faz necessário construir e praticar hábitos de excelência por toda vida e carreira.

Hábitos são ações repetidas diariamente que viram rotinas. Caso você pratique hábitos medíocres, sua imagem será de mediocridade, mas se você praticar hábitos de excelência, sua imagem será de excelência.

Criar hábitos de excelência irá nos ajudar a seguir na trilha do sucesso e fortalecer nossa imagem pessoal e profissional de excelência, servindo de exemplo para equipes e seguidores, contribuindo para multiplicar boas práticas e construir uma sociedade cada vez melhor.

Hábitos de excelência são pilares dos profissionais de sucesso, os quais primam por dar bom exemplo para a sociedade, na qual praticam e disseminam condutas éticas, orientando outras pessoas a fazerem o que é correto. Praticam a generosidade: como dizia São Francisco de Assis, "é dando que se recebe". Ajudam pessoas mais necessitadas, participam de trabalho voluntário, sempre querendo ajudar o próximo. Desenvolvem hábitos de aprendizados contínuos, são eternos aprendizes do conhecimento e sempre compartilham o que aprendem. Praticam exercícios e hábitos alimentares saudáveis. Defendem e praticam o desenvolvimento sustentável, sempre preocupados com o futuro do meio ambiente e da sociedade. Celebram suas conquistas com seus familiares, amigos e colegas de trabalho, mantendo o espírito jovial e nunca deixam de ser criança. Por último, fortalecem diariamente seu lado espiritual, agradecendo as conquistas e os aprendizados da vida, e celebrando cada novo dia de vida.

Conclusão

A jornada de nossa vida pessoal e profissional será sempre de muitos desafios e aprendizados, cabendo a cada um de nós trabalhar esses momentos com um olhar positivo ou negativo; o modo como você trabalha sua lente de visão para o mundo definirá seu nível de contentamento e felicidade na vida. Recomendo demais que você trabalhe sua lente sempre com olhar positivo, celebrando os momentos de conquistas, refletindo e aprendendo nos momentos de adversidades, pois, na vida, às vezes a gente ganha e às vezes a gente aprende. Seja feliz. Seja leve. Seja disruptivo. Quebre paradigmas. Não leve a vida tão a sério. Curta muito sua família. Curta seus amigos. Ajude as pessoas mais carentes. Celebre muito cada conquista. E *Viva La Vida*.

22

DE PROTAGONISTA DE TV À AUTORA DA MINHA HISTORIA REAL

Em sua narrativa, Gabriela conta como um ambiente familiar tóxico, vivido a partir da doença da sua mãe, a encorajou a sair do interior de São Paulo em busca do seu sonho de trabalhar na televisão. Uma trajetória de força e superação, passando pelos estúdios da Record TV – onde foi consagrada protagonista – até o momento da grande virada da sua vida: o dia em que se tornou mãe.

GABRIELA DURLO

Gabriela Durlo

Contatos
gabrieladurlo1@gmail.com
Instagram: @gabrieladurlo
YouTube: To Be Mamãe Gabi

Atriz, Gabriela ficou conhecida do grande público ao atuar em diversas obras televisivas entre novelas, séries e minisséries. Mãe de dois e graduanda em Pedagogia pela Universidade Anhanguera, formou-se Educadora Parental pela Positive Discipline Association – USA (Associação da Disciplina Positiva), trabalha com acolhimento materno e é *coach* especializada no atendimento à mães pelo Instituto Te Apoio. Ministra palestras e *workshops* com foco na Parentalidade Positiva, baseados nos fundamentos da Disciplina Positiva e da Comunicação Não Violenta. Presta consultoria a pais, educadores e cuidadores, com atendimentos presenciais e on-line.

E ra o ano de 1999. Estava com 15 anos e recordo esse momento como se o estivesse vivendo agora. Estou sendo conduzida por longos corredores estreitos de um piso esverdeado e gelado. Minha tia está comigo. Uma enfermeira nos acompanha abrindo os cadeados que trancam as portas de ferro que impedem a nossa livre passagem. Estou indo ao encontro da minha mãe. Essa mesma tia me diz que eu sou a esperança da família para tirá-la desse buraco. "Quem sabe quando ela vir você, alguma coisa não bate na cabeça dela?" Lembrei-me do dia que me levaram para visitar meu pai com uma intenção semelhante, dois anos antes, quando entendi o que significavam as palavras "viciado" e "drogado". Não funcionou. Não naquele momento. Apenas o efeito da droga continuou batendo na cabeça dele por alguns anos mais. Mas, com minha mãe, quem sabe? Eu tinha uma esperança enorme que poderia conseguir.

Depois de ouvir o barulho do terceiro cadeado se fechando, na terceira grade de ferro, viro à direita e entro no quarto dela, todo cinza. Encontro-a sentada numa cama também de ferro que tem a pintura bege descascada. As pernas da minha mãe estão penduradas para o lado de fora da cama, seus braços estão soltos na lateral do corpo e as palmas das mãos apoiadas no colchão. Tudo em perfeita sintonia com um lugar de não vida. Ela baba. E olha para o nada. Nesse momento eu entendo o significado da palavra "dopada".

Desvio o olhar tentando ganhar tempo para assimilar esse cenário e o corpo que se apresenta na minha frente como sendo o da minha mãe. Percebo ela virando o pescoço na minha direção. Fico tensa, é difícil demais pensar em olhá-la nos olhos.

Inevitavelmente, nossos olhares se encontram, e ela me olha também como se eu fosse um nada. As expectativas terminam aqui. Minha tia e a enfermeira tentam amenizar o peso do silêncio, sugerindo que eu vá ao encontro dela, sente ao seu lado na cama e converse com ela. Vou, conduzida como um robô. Não consigo pronunciar uma só palavra. Elas continuam "Olha, N., sua filha está aqui. Mostra para ela o desenho que você fez". Ela se vira lentamente para a folha de papel que está apoiada na janela ao lado da cama e eu fujo em direção a ele como uma desculpa viável para me afastar do corpo e do cheiro dela. Olho o desenho, ele é colorido e o único responsável por qualquer resquício de cor desde o corredor com o piso esverdeado. Ele me traz momentaneamente uma lembrança boa, talvez eu tivesse desenhado algo bem parecido quando eu tinha três anos de idade e era uma criança feliz. A única diferença entre nossos desenhos era a presença de mais uma irmã. Sim, era a mamãe e três filhas retratadas naquela folha de papel. Frações de segundo depois, sinto o choque! Minha mãe desenhando isso era motivo de orgulho para quem? Talvez para a terapeuta ocupacional. Para mim, não, definitivamente!

Descarto o desenho e busco respiro através das grades frias da janela e até hoje penso como teria sido minha vida sem o impacto da vista que se apresenta aos meus olhos nesse momento: um pátio enorme de cimento. Nele, muitas pessoas que mais parecem bichos amontoados. Tem gente nua, gente suja, gente gritando, gente sofrendo. E aqui eu entendo o significado de "casa de louco" que minha avó me dizia.

Quebro o silêncio e, sem ar, choro. Muito. Um dos choros mais doídos que já vivi nos meus 35 anos de sobrevivência e que ainda reverbera nos dias de hoje.

Vou embora sem conseguir qualquer contato com a lembrança que tenho do que um dia foi a minha mãe, amparada pela minha tia e pela enfermeira, que mais uma vez abre os cadeados para nossa passagem.

"Por que fizeram isso comigo? Não basta todo sofrimento que a convivência com uma mãe doente me trouxe dia após dia, ano após ano?" Hoje eu consigo entender os motivos que guiaram as decisões das pessoas de me levarem até ela, e perdoo cada um por isso. Mas lá, era difícil assimilar. Era eu quem precisava de colo. Era eu quem precisava de alguém para dizer "estou aqui, vai ficar tudo bem agora". E não o contrário. Desço as escadas que separam os espaços físicos que determinam para mim o que é digno e indigno do ser humano, sem imaginar que, infelizmente, passaria por cada degrau daquele mais uma porção de vezes ao longo da vida.

E foi exatamente nesse momento, ao deixar esse Hospital Psiquiátrico na cidade de São José do Rio Preto, no interior de São Paulo, que tomei a decisão mais importante da minha vida: decidi que esse não seria o meu fim. Eu não sou ela. Eu não sou eles. Tenho sonhos e irei em busca de cada um deles.

Nessa época, comecei a fazer aula de teatro e foi uma grande vitoria meu ingresso na escola. Minha mãe falava que isso era coisa de puta. Minha mãe falava tanta coisa, daria para escrever uma trilogia com suas falas e os efeitos que sofri a partir delas. Mas, naquela altura do campeonato, preferia ser vista como puta a ser vista como louca. Banquei essa ideia, me matriculei no curso e o pagava com o dinheiro que conseguia trabalhando como modelo, recepcionista e divulgadora de eventos no tempo em que eu não estava estudando. E foi ali, no palco e nas coxias de uma escola de teatro no interior de São Paulo, que tive o primeiro grande encontro comigo mesma, tive também a certeza que queria ser atriz! Hoje entendo melhor o porquê. A arte tem um grande poder, ela nos favorece na nossa construção de seres livres, na compreensão da vida, na compreensão do outro. Ela nos explica de forma poética aquilo que nosso intelecto não nos permite assimilar ou compreender. E nada poderia vir tão ao encontro das minhas necessidades como a arte de atuar. O teatro foi meu refúgio e, por muitas vezes, apenas ele foi capaz de me fazer enxergar que eu poderia ser quem eu quisesse ser, apesar de tudo.

Três anos se passaram desde a minha primeira aula, cada personagem e cada experimento que vivi naquela cidade moldaram meu caráter, colaboraram para uma visão de mundo bastante humanista e me prepararam para enfrentar um passo significativo na busca pelo meu sonho de trabalhar na televisão. Nessa época, minha mãe ainda vivia uma vida conturbada, cheia de altos e baixos, idas e vindas de internações psiquiátricas. Mas meu pai conseguiu se "limpar", estava num processo louvável de reconstrução, e foi com ele que fui morar quando me apareceu o convite para trabalhar em São Paulo. Eu agradeço todos os dias por ter tido a oportunidade de passar alguns anos debaixo do mesmo teto que o dele, pois foi ali (quem diria!), que pela primeira vez na vida, tive um lar para chamar de meu. As coisas não eram fáceis, mas, ao contrario do que a convivência com minha mãe me proporcionava, eram nuas e cruamente reais. Isso fez uma baita diferença na minha vida! Ali, me sentia segura, acolhida, pertencente e digna de amor sendo puramente quem eu sou!

Foi meu pai quem me incentivou, orientou e alertou sobre as consequências das minhas escolhas. E, aos poucos, entre uma cerveja e outra, entre um trago e outro do seu inseparável cigarro, ao pé do fogão onde ele cozinhava diariamente para mim, minha "boadrasta" e meus outros dois irmãos após um dia de trabalho, ele me encorajou a me libertar aos poucos da difícil tarefa de dissociar a minha vida à da minha mãe e seguir adiante. "Filha, é isso que você quer? Vai! Se der errado, você volta. Estarei aqui." Eu fui. Sinto apenas não ter tido a chance de reencontrá-lo quando um dia eu decidi voltar. Se eu tivesse a oportunidade de pedir algo para o Universo, eu pediria meu pai de volta para mim!

Mas eu não fui sozinha. Foi com ele também que peguei a estrada rumo ao Rio de Janeiro, para enfim, realizar o grande sonho da minha vida: atuar em novelas. Havia sido contratada pela Rede Record de Televisão, onde permaneci por nove longos (e lindos!) anos. Minha mudança foi repentina. Entre o telefonema recebido em resposta a um teste e a necessidade de me apresentar nos estúdios para começar meu processo de caracterização de personagem, havia pouco mais de 24 horas. Desde esse primeiro contato com meu ramo de atuação entendi que fazer televisão significava não ter rotina ou programação alguma. Eu tinha medo do Rio, ouvia cada coisa nos noticiários! Sabendo disso, prontamente meu pai se colocou no carro comigo e com a minha única mala que cabia toda a minha vida. Então, fomos. Chegamos num hotel na Barra da Tijuca onde eu havia feito reserva para três dias, o tempo que achei suficiente para encontrar um lugar para morar e resolver a minha vida por lá. Eu estava atrasada para meu compromisso, só tive tempo de deixar minha mala no quarto e fomos cada um para um lado: eu, para os estúdios onde ficava a Record na época, em Vargem Grande. Meu pai, rumo ao aeroporto. "Agora é com você. Voe, filha!"

E eu voei! A primeira novela a qual participei, *Vidas Opostas* (Record, 2006, personagem Daniela) ainda estava na metade de sua produção quando me chamaram para fechar um contrato de três anos na mesma emissora. Quem é do ramo sabe o luxo que é ter contrato longo com uma emissora de TV, e eu havia conseguido esse feito na minha primeira oportunidade, no meu primeiro papel! Estava orgulhosa de mim mesma, e lembrava de todas as vezes que as pessoas lá no interior – e também minha mãe – falavam: "Coloca o pezinho no chão. Isso é muito distante da sua realidade, você não vai conseguir". Nunca considerei essa possibilidade como uma opção para mim. Ainda bem que meu pai treinou minhas asas.

A partir daí, foram mais oito obras entre séries, minisséries e novelas ao longo de nove anos. Cada vez mais conseguia papéis de destaque, cada vez mais meu nome era lembrado pelos produtores e diretores e eu tinha presença confirmada nas produções. Veio a primeira e inesquecível protagonista (Ester, em *A História de Ester*, Record 2010) e, depois dela, papéis de peso e destaque dentro das estórias que ajudei a contar. Junto com a Ester, veio também a oferta de mais um contrato, dessa vez por cinco anos! Estava inebriada com tanta realização! Era a vida que eu havia sonhado. Rio de Janeiro, televisão, artistas consagrados e que eu admirava desde criança, sendo meus colegas de trabalho. Dividindo cenas, camarins, *flashes*, entrevistas, almoços, confidências, madrugadas, perrengues. Sim, existe muito perrengue nos bastidores, as pessoas nem imaginam! Mas eu seguia feliz podendo contar um pouco da minha historia e dividindo minha visão de mundo através de cada personagem que tive o privilégio de criar. Tudo seria perfeito se não fosse um porém: minha vida era dividida! Alguns meses antes de ir para o Rio, eu conheci e comecei a namorar meu marido e, para nossa surpresa, o relacionamento superou a distância, fortaleceu nossos laços e assim, nos casamos em 2009. Eu tinha 25 anos, nunca havia imaginado um relacionamento sério até então, mas ele mudou todos os meus conceitos. Eu soube, desde o início, que era ele o único homem capaz de me fazer superar meus medos e embarcar na construção de um sonho compartilhado. Mas a vida dele era toda em São Paulo, não existia possibilidade de mudança para ele e nem para mim, até aquele momento. Fizemos então da ponte aérea a nossa maior aliada, e foi maravilhoso constatar que nossa vontade de estar juntos superou tantos obstáculos. Mas veio daí também o sentimento que culminou na minha saída da emissora. Cada vez que eu entrava no avião, indo ou voltando, eu me sentia incompleta. Entrar no avião significava necessariamente deixar coisas conquistadas para trás, independentemente da cidade em que eu estava, Rio ou São Paulo. De um lado estava o "meu canto", um apartamento que conquistei junto com meu marido com o esforço do nosso trabalho, meus novos (e passageiros em sua maioria) amigos, minha realização profissional, minha independência. De outro, a casa que eu reconhecia como lar, meu marido, minha família, minha realização pessoal, novos sonhos. E aquela sensação, de repente, começou a me sufocar! Comecei a me sentir triste, dividida, angustiada cada vez que eu precisava ir para o aeroporto. Depois de nove anos distantes, o relacionamento dava sinais de esgotamento. Já não tinha bom humor para superar as dificuldades dos bastidores, nem a desorganização da estrutura televisiva que já me fez, por vezes, retornar para o estúdio estando na fila do *check in* devido às mudanças repentinas do roteiro de gravação, que levava todos meus planos de encontrar minha família por água abaixo.

Também não consegui ignorar a dificuldade que eu comecei a ter em levantar da cama todas as manhãs para ir trabalhar, parecia que nada mais fazia sentido. As coisas não eram tão claras para mim àquela época, mas eu sabia que algo não estava bem. E eu só conseguia pensar: "Não posso terminar como ela". Ela sempre foi um norte na minha vida, o qual eu nunca deveria seguir.

A essa altura, eu estava gravando minha última obra, o estrondoso sucesso *Os Dez Mandamentos* (Record, 2015) com a minha personagem Eliseba. Meu contrato estava chegando ao fim, se encerraria junto com o término da novela, mas, para minha surpresa, ela foi estendida pela segunda vez e, para atender ao novo prazo previsto para o fim das gravações, me ofereceram um novo contrato, dessa vez por mais três anos. Tive que tomar a difícil decisão de não aceitar a renovação. Não consegui ignorar uma voz interna que gritava por mudanças. Teria sido, sem dúvida, mais fácil permanecer onde estava, mas na minha historia não existe espaço para ilusões. Eu precisava de um tempo para entender o que me faltava. "Não vai renovar? Você é louca!". Escutei isso de alguns. Bem, talvez o significado de louca seja um tanto diferente para mim.

E foi assim, após nove anos de muito trabalho, sem saber ao certo os reais motivos que me levaram a abrir mão desse contrato, que fechei meu apartamento no Rio e voltei para São Paulo.

Pela primeira vez em anos, tive tempo e liberdade de ir e vir para onde eu quisesse, a hora que eu bem entendesse. Isso me possibilitou um mergulho profundo em mim mesma, trazendo a verdadeira resposta para a minha infelicidade.

Pude reconhecer qual era a motivação do esforço de uma vida inteira dedicada ao trabalho, revisitando o lugar onde tudo começou. Entendi que minha vontade de ser independente era para sair do cenário cruel que vivia na esfera de vida da minha mãe, construir uma família e ter assim, a chance de reescrever minha historia. Só que minhas escolhas começaram a me distanciar desse objetivo por conta da demanda da televisão e por tudo o que eu precisava abrir mão para permanecer nela. Quanto mais eu crescia profissionalmente, mais longe eu ficava da realização desse desejo original. Mais sozinha eu me encontrava e mais esmagador era o sentimento de solidão que passou a fazer parte dos meus dias, apesar de estar rodeada de pessoas o tempo todo. Entrar em contato com tudo isso foi um processo extremamente doloroso. E igualmente libertador!

Até que, finalmente, no dia 9 de dezembro de 2017, tudo fez sentido para mim. Nesse dia, dei à luz o meu filho. No momento que eu o senti sair de dentro de mim num parto transformador, me conectei com a mais profunda força da Natureza e passei a reconhecer a potência que sou! Continuo reconhecendo, dia após dia, cada vez que ele dá um sorriso, abre os braços e corre em minha direção: "Mãm".

"Oi, filho. Mamãe está aqui." E esse é o lugar para onde direciono toda a minha energia hoje, para que ele saiba que sim, eu estou aqui. Inteira, consciente, presente, disponível. Para ele e também para mim, representada na criança a qual um dia desejei ser, a quem abraço diariamente na tentativa de acolher e amenizar as dores de tantas feridas.

A maternidade me trouxe essa oportunidade e hoje minha vida é cheia de ressignificados. Posso, enfim, sentir o amor em sua totalidade. E nada é mais poderoso e gratificante do que isso.

Minha transformação foi além dos meus laços familiares. Hoje, curso faculdade de Pedagogia e trabalho com acolhimento materno, oferecendo ouvido e espaço para as dores de tantas mulheres, auxiliando-as a encontrarem o caminho da sua própria felicidade, livrarem-se de culpas e, acima de tudo, não ultrapassarem seus limites, pois só assim é possível mantermos a sanidade e sermos em definitivo suficientes para nossos filhos. Sou também Educadora Parental em Disciplina Positiva. Tenho como objetivo auxiliar pais e educadores, da primeira infância à adolescência, na condução da grande responsabilidade que têm em participar da formação de seres humanos, proporcionar um novo olhar sobre a infância e os comportamentos desafiadores de crianças e jovens, bem como incentivar pais e filhos a fortalecerem seus vínculos, resgatarem valores esquecidos e evitarem assim encaminhamentos patológicos desnecessários e sofrimentos como os que um dia fui submetida. Essa foi a forma que encontrei para conciliar trabalho e maternidade além de deixar minha contribuição ao mundo. Acredito que nossa capacidade de reparação e reconstrução está diretamente ligada ao reconhecimento da nossa sombra, da nossa verdade e também no perdão. Creio que isso tudo só é possível de ser alcançado a partir de um olhar mais amoroso sobre o outro e sobre nós mesmos.

Nossas relações terão mais qualidade quando nos apresentarmos dispostos a entendermos as necessidades, as particularidades e as forças internas que movem cada indivíduo. No fundo, estamos todos em busca do mesmo: amor e pertencimento. Que tenhamos coragem para fazer o que já sabemos, em nosso íntimo, que precisa ser feito.

Não posso terminar esse capítulo sem antes agradecer a algumas pessoas. Aos meus irmãos, por termos compartilhado tantas experiências e, juntos, sobrevivido a elas, cada um a seu modo. Às minhas tias, tios e avós que sempre me ampararam na forma mais pura de compaixão. Ao meu padrasto, por ter permanecido nos momentos mais extremos. À minha "boadrasta", por ter me acolhido todas as vezes que precisei. Ao meu psicólogo, por ter me salvado de um terrível afogamento. Ao meu marido, por todo apoio recebido e por ter escolhido caminhar por essa vida ao meu lado. Ao meu filho, que mesmo sem saber, me trouxe, além de amor, a esperança que eu tenho em mim mesma. Ao meu pai (*in memorian*), por ter sido inacreditavelmente capaz de ser exatamente o que eu precisei, na hora que eu mais precisei: meu pai! E à minha mãe, a quem eu dedico essas páginas, por ter me dado a vida e mais. Sem você, eu não seria hoje metade da força que sou. Sei que não lerá jamais essas palavras, mas te deixo publicamente meu reconhecimento e meu amor. Obrigada por ter me proporcionado um olhar bem particular sobre o mundo, onde não cabem miudezas e superficialidades. Por tudo isso agora eu sou, além de protagonista, autora da minha historia real!

23

COMO A FIGURA DO MICROEMPREENDEDOR INDIVIDUAL MUDOU O BRASIL

Não há dúvidas que a figura do MEI (microempreendedor individual) mudou a cara da informalidade no Brasil, depois de ser sancionada a Lei Complementar nº 128 em 2008, que oportunizou a possibilidade de todo cidadão brasileiro sair da informalidade. O MEI é uma das maiores modificações no cenário empreendedor brasileiro dos últimos 50 anos. Hoje, com mais de 11 milhões de MEIs, o Brasil passa a ser o país que mais se preocupa com o micro empreendedorismo, sempre buscando atender a necessidade de que a formalidade seja uma arma para o desenvolvimento.

ITACIR AMAURI FLORES

Itacir Amauri Flores

Contatos
itacirflores@gmail.com
Facebook Pessoal: Itacir Flores
Facebook: Itacir Flores (Oficial)
Youtube: Itacir Flores Oficial
Instagram: @ItacirFloresOficial
Twitter: @ItacirFlores

Formado em Direito – Ulbra, Canoas (RS), é empresário, jornalista, escritor, bacharel em Ciências Militares – Área de Defesa Social; oficial superior da Brigada Militar, com tese sobre gerenciamento em local de desastre (APM-RS); pós-graduado em Direito Comercial, com MBA Executivo em Segurança Privada (Safety & Security), MBA em Gestão Empresarial e Negócios, e MBA em Gestão de Cooperativas. Foi presidente da Junta Comercial, Industrial e Serviços do Rio Grande do Sul, secretário municipal de Desenvolvimento Social e Esporte de Porto Alegre(RS), diretor na Defesa Civil do Estado do Rio Grande do Sul e diretor de Atividades Complementares da Câmara Municipal de Porto Alegre(RS). Tem curso de extensão em Política, Estratégia e Gestão pela Escola Superior de Guerra e pela Faculdade Luterana São Marcos. Recebeu o título de cidadão de Porto Alegre(RS), medalhas de serviços prestados à Defesa Civil gaúcha e medalhas de relevantes serviços à segurança pública do Rio Grande do Sul. Recentemente, publicou o livro *Do MEI ao milhão: técnicas e pílulas motivacionais que mostram como as coisas realmente são para quem decide empreender* (Literare Books).

O Microempreendedor Individual (MEI) consiste em um empresário que tem um pequeno negócio e o conduz sozinho. Essa "tipologia" empresarial foi criada pelo Governo Federal, com o propósito de enquadrar profissionais que exerciam suas atividades na informalidade.

A figura do MEI surgiu com a Lei Complementar n.º 128 em 2008, para formalizar trabalhadores brasileiros que, até então, desempenhavam diversas atividades sem nenhum amparo legal ou segurança jurídica.

O MEI é uma das maiores modificações no cenário empreendedor brasileiro dos últimos 50 anos. A sua interferência positiva na vida do microempresário e dos profissionais autônomos e liberais foi tão relevante que essa simples medida criou modificações no tecido empresarial capazes de concorrer com a própria criação e atuação do Sebrae, em 1972.

Mais do que uma medida de "facilitação" tributária, o MEI permitiu a formalização de milhões de trabalhadores e comerciantes autônomos no País, e abriu espaço para a rediscussão de uma série de posições em relação aos regimes de contratação, à empregabilidade, à constituição e manutenção de empresas e também aos mecanismos de crédito e microcrédito.

Entre os vários benefícios da formalização estão: aposentadoria; auxílio-doença; auxílio-maternidade; facilidade na abertura de contas e obtenção de crédito; emissão de notas fiscais; e redução do número de impostos.

Recentemente – mais precisamente, a partir das mudanças ocorridas no cenário econômico brasileiro a partir de 2014, aliadas à pandemia e aos impactos causados pelas medidas de restrição adotadas no combate à covid-19 –, o MEI foi responsável pela redução dos índices de desemprego e pela oferta de empregos formais.

Segundo dados do Ministério da Economia[1] divulgados em 14 de abril de 2021, em 2020 foram registrados 2,6 milhões de MEI, o que representou

---

[1] AGÊNCIA BRASIL. Mais de 620 mil micro e pequenas empresas foram abertas em 2020: para analisa do Sebrae, MEI foi "válvula de escape" na pandemia. Rio de Janeiro, 14 abr. 2021. Disponível em: <https://agenciabrasil.ebc.com.br/economia/noticia/2021-04/mais-de-620-mil-micro-e-pequenas-empresas-foram-abertas-em-2020>. Acesso em: 20 jul. 2021.

8,4% em relação ao ano anterior. Assim, com 11,2 milhões de negócios ativos no País, o MEI representa 56,7% das empresas em atividade no Brasil e 79,3% das empresas abertas no ano passado.

O MEI pode escolher entre as quase 500 atividades permitidas no cadastro, que incluem Prestação de Serviços, Comércio e Indústria. O MEI pode eleger uma atividade principal e mais 15 ocupações secundárias, mas é exigido que se mantenha dentro do limite de faturamento anual, o qual é de R$ 81.000,00, com possibilidade de aumentar para R$ 130.000,00 em 2022.

A contribuição mensal do MEI corresponde a 5% do salário mínimo, sendo, por isso, reajustada a cada ano. Em 2022, considerando-se o salário-mínimo no valor de R$ 1.212,00, a média do Documento de Arrecadação Simplificada do MEI (DAS-MEI) será de R$ 60,60, devido a partir de fevereiro do corrente ano, variando de acordo com a atividade, tendo em vista os impostos (INSS, ICMS e ISS) a ela relacionados, ou seja: Comércio e Indústria contribui com R$ 61,60 mensalmente; Serviços contribui com R$ 65,60 mensalmente; e Comércio e Serviços contribui com R$ 66,60.

Outra novidade é a criação da figura do MEI Caminhoneiro, a partir da Lei Complementar n.º 188/2021, que beneficia o transportador autônomo de cargas que deseje sair da informalidade. O que possibilitou a inclusão dessa categoria foi o aumento do limite do faturamento anual, e assim, o MEI Caminhoneiro poderá faturar até R$ 251.600,00. Tendo em vista a ampliação do limite de faturamento anual para a nova categoria, o MEI Caminhoneiro deverá arcar com uma contribuição previdenciária maior, estabelecida em 12% sobre o salário-mínimo ou, em 2022, R$ 145,44.

É importante observar que os microempreendedores individuais não "são" empregados, portanto não "estão" empregados. Contudo, em todo o mundo, muitos deles auferem rendimentos mensais que superam consideravelmente os ganhos de trabalhadores formalmente contratados, em sua média.

O registro como MEI é relativamente simples e gratuito. Exige-se que a área de atuação do profissional esteja incluída na lista oficial da categoria, que o empreendedor não participe como sócio ou titular em outra empresa e que tenha, no máximo, um empregado contratado que receba o salário-mínimo ou o piso da categoria. Além disso, há um limite anual de rendimentos para que o registro como MEI seja mantido.

Ao fazer um CNPJ MEI, o empresário cumpre suas obrigações legais, pagando imposto muito baixo; em contrapartida, poderá usufruir dos benefícios da previdência social após obedecer aos prazos de carência.

O MEI fica enquadrado no "Simples Nacional" e fica isento dos tributos federais como Imposto de Renda, Programa de Integração Social (PIS), Contribuição para o Financiamento da Seguridade Social (COFINS), Imposto sobre Produtos Industrializados (IPI) e Contribuição Social sobre o Lucro Líquido (CSLL).

A formalização traz diversos benefícios, como emissão de Nota Fiscal Eletrônica de produtos ou serviços, de acordo com a atividade, na venda para outra empresa. Para o consumidor Pessoa Física, o MEI não é obrigado a emitir nota, a não ser que esse destinatário emita uma nota de entrada. MEI também está dispensado de emitir Nota para vendas estaduais, a não ser que queria ou que seja solicitado pelo consumidor final.

A formalização do microempreendedor também permite abrir conta bancária como pessoa jurídica e obter empréstimos, com linhas de crédito exclusivas para empresas. A conta empresarial dá a opção de trabalhar com maquininhas de crédito ou débito e, desta forma, oferecer mais opções de pagamento para os clientes e evitar calotes. A conta de pessoa jurídica é importante também para separar o dinheiro movimentado pelo negócio do dinheiro pessoal, o que traz uma melhor gestão financeira da empresa.

O CNPJ MEI possibilita a contratação de um funcionário registrado de forma totalmente legalizada, e para os casos de afastamento legal do único empregado do MEI, será permitida a contratação de outro empregado por prazo determinado, até que cessem as condições do afastamento, na forma estabelecida pelo Ministério do Trabalho e Emprego. Ademais, como a contabilidade do CNPJ MEI é simples e descomplicada, pode ser feita pelo próprio empreendedor, o que representa uma economia importante com a dispensa de um contador.

O futuro do MEI parece garantido se observado não apenas o cenário político-econômico brasileiro, mas também o grau de aderência da tipologia empresarial do MEI entre a classe de profissionais liberais e mesmo de trabalhadores do ensino médio e fundamental.

Alguns esperam a extensão dos limites de faturamento e de atividades permitidas em relação ao MEI; porém, ao se olhar ainda mais à frente, pode-se vislumbrar um futuro no qual o MEI rivalize de forma quase equivalente com as modalidades de contratação tradicionais.

Se você quiser saber mais sobre o assunto, minha obra *Do MEI ao milhão: técnicas e pílulas motivacionais que mostram como as coisas realmente são para quem decide empreender* é uma leitura instrutiva para públicos de oito a 80 anos.

A obra, atemporal e pensada para um público de qualquer idade, objetiva esclarecer às pessoas que ainda operam na informalidade que a economia formal está disponível a elas com um mínimo de burocracia. Também discorre sobre como criar uma MEI com ares de grande empresa, a partir dos três "M" de uma MEI de sucesso, que são: Mercado, Metodologia e Marketing.

O Mercado refere-se ao conhecimento do MEI sobre os mercados nos quais atua ou pretende atuar, incluindo a aquisição de insumos pelos melhores preços, as políticas de preço praticadas pela concorrência e as preferências do consumidor.

A Metodologia engloba o modo como o Microempreendedor Individual trabalha, isto é, os processos. O sucesso depende da padronização e escolha dos procedimentos e processos mais eficazes, que viabilizem a redução de custos, a melhoria dos preços de venda e margens, a diversificação da produção e a excelência no atendimento.

O Marketing se traduz na criação de estratégias, que vão além da publicidade, ou seja, é necessário o conhecimento: do perfil do público que atende; dos portfólios e listagens de fornecedores; dos preços e práticas da concorrência; dos produtos substitutos; das condições gerais de mercado para os segmentos em que atua; dos acessos, visitas, consultas e outras relações com potenciais clientes; da qualidade dos produtos e serviços que vende; e do nível de satisfação dos clientes. O uso da tecnologia é relevante na definição do Marketing com baixo custo, uma vez que o Microempreendedor Individual pode fazer uso das redes sociais para divulgar seus produtos ou serviços, ou para realizar pesquisa de mercado sobre produtos ou serviços que pretenda comercializar.

Dez perguntas (com respostas) sobre o MEI

1. É possível transferir a inscrição do MEI de um estado para outro?

Sim. O MEI com sede em um estado poderá se transferir para outro, através de um processo de alteração de dados pelo Portal do Empreendedor. É necessário consultar se, no novo estado e município para o qual pretende transferir sua inscrição, a CNAE das atividades que desempenha possui qualquer tipo de exigência adicional, como diferentes normas para ocupação do solo ou desempenhar atividades de comércio, por exemplo.

2. O empreendedor individual é obrigado a associar-se a sindicatos ou entidades de classe?

Não. Não existe qualquer obrigatoriedade de filiação a entidades classistas por parte do MEI, seja qual for a sua atividade. Qualquer sindicato, associação ou instituição que argumente que o empreendedor precisa filiar-se está incorrendo em uma falta grave. O que pode ocorrer, a depender da profissão e formação do empreendedor como profissional, é a necessidade de que este tenha de aderir a alguma ordem ou conselho para exercer a sua atividade, tal como ocorre com advogados, contadores, engenheiros e médicos. Entretanto, muitas dessas atividades sequer podem atuar como MEI, conforme o disposto em lei.

3. Como o MEI faz para solicitar o auxílio-doença?

O auxílio-doença (para o próprio MEI) poderá ser solicitado – por telefone, internet ou agência física – a partir do primeiro dia em que o MEI ficar incapacitado de exercer suas atividades. O pagamento será devido a contar da data do início da incapacidade, quando requerido em até 30 dias do afastamento.

4. Alguém que seja beneficiário de uma pensão por morte de familiar pode atuar como MEI?

Sim, e, novamente, não verá afetado o seu benefício de qualquer modo. O direito decorrente da morte do familiar não constitui qualquer impeditivo para a atividade do beneficiário, e do mesmo modo que o beneficiário pode trabalhar ou tomar parte em qualquer tipo de sociedade, pode também atuar como MEI.

5. Aposentados podem abrir um MEI?

Sim, e continuam a receber normalmente o seu benefício, a despeito dos proventos que possam gerar com a sua atividade como empresários individuais. Os benefícios de aposentadoria não são reduzidos por conta do trabalho exercido pelo indivíduo.

6. Se o MEI recebe guias do DAS ou similares pelo correio ou por e-mail, deve pagar os documentos?

Não. Os boletos não chegam pelos Correios. O único pagamento que o MEI deve fazer é o do DAS, emitido exclusivamente pelo Portal do Empreendedor desde 2016. O mesmo se aplica a qualquer documento que seja enviado ao empreendedor por e-mail ou outros meios digitais. A Receita Federal não manda mensagens via e-mail sem o consentimento de contribuintes e não autoriza terceiros a fazê-lo em seu nome. A única forma de comunicação eletrônica com o contribuinte é por meio do Centro Virtual de Atendimento ao Contribuinte (e-CAC), localizado no portal da instituição.

7. É possível solicitar a restituição dos valores pagos indevidamente através da DAS?

Sim. A restituição da contribuição previdenciária (INSS), recolhida em DAS, é solicitada por meio do aplicativo Pedido Eletrônico de Restituição, disponível no portal do Simples Nacional, no menu Simei-Serviços ou no portal e-CAC da RFB. A restituição do ICMS e do ISS deverá ser solicitada seguindo as orientações de cada ente federado.

8. O MEI pode ser acionado na Justiça Trabalhista?

Sim. Caso o MEI esteja utilizando a sua prerrogativa de contratação de um funcionário, esse trabalhador poderá apresentar a qualquer momento uma reclamação à Justiça Trabalhista, como ocorre com qualquer outra empresa. O horizonte dos seus direitos trabalhistas não se modifica e o MEI responde como pessoa jurídica, mas pode ter também os seus bens pessoais acionados, em casos extremos.

9. O MEI pode parcelar as suas dívidas fiscais?

Sim. O documento que recolhe os tributos principais aplicáveis ao MEI, o DAS, pode ser negociado em caso de atrasos. Os MEI que têm boletos mensais em aberto podem parcelar os seus débitos.

10. É possível realizar a importação de bens como MEI?

Sim. O CNPJ do MEI possui validade como o de qualquer outra empresa. Assim sendo, o MEI pode realizar importações e ser tributado de acordo, porém possui as mesmas obrigações e tem de seguir os mesmos procedimentos para importação aos quais as demais empresas estão sujeitas.

24

ACREDITE ANTES DE TUDO EM VOCÊ!
DEPOIS, COM AUTOCONFIANÇA, AJA NA DIREÇÃO CERTA E MOBILIZE TODOS OS RECURSOS PARA CONCRETIZAR O QUE DESEJA

Faça como eu... Seja o seu maior incentivador e busque agir na direção do seu propósito! Isso vai fazer a diferença. Ter um propósito de vida é a maior estratégia que teremos enquanto vivermos. As ferramentas de *coaching* trouxeram ganhos incríveis para minha vida. E esse é o meu trabalho, minha vocação. Fui colocada na Terra com esse propósito! É por isso que meu coração bate e que ainda estou aqui. Deus não teria me mantido aqui por tanto tempo se não precisasse de mim. Estou aqui por todos que estão em busca de encontrar a sua missão. O propósito da minha vida é entender que o mais importante é o que a gente deixa na vida do outro.

IVANILDE LIMA

Ivanilde Lima

Contatos
ivanildelima947@gmail.com
Instagram: @ivanildelimacoach
61 99289 4836

Esposa do Jabson, mãe do Jonathan, do Jordyson e do Ítalo. Sogra da Vitória e da Yasmin Vitória. Avó do Levi. Filha de Filomena (mulher forte) e Natanael (homem sábio), irmã de quatro irmãos que amo. *Master coach* integral sistêmica, palestrante, analista de perfil comportamental CIS *Assessment* e ministrante oficial dos livros: *O poder da ação, O poder da autorresponsabilidade, Decifre e influencie pessoas, Educar, amar e dar limites*, dos autores Paulo Vieira, Deibson Silva e Sara Braga. Graduada em Pedagogia pela Universidade Estadual de Goiás, especialista em Psicopedagogia, Orientação Educacional, Ensino Especial com ênfase em Educação Inclusiva e Educação Infantil.

Em certas fases da vida, precisamos tomar algumas decisões que podem envolver muitos riscos, mas eles são importantes para o nosso crescimento pessoal e profissional. Com o autoconhecimento, comecei a identificar o que me bloqueava e também as minhas limitações. Porque, na maioria das vezes, fazia as coisas no "modo automático", sem pensar muito ou sem prestar atenção ao que estava em minha frente. Foi quando surgiram os resultados negativos: o estresse, a falta de motivação, a sensação de estar "empacada". Percebi o que me bloqueava e me limitava, pois com o autoconhecimento tudo ficava mais claro, assim consegui trabalhar melhor comigo e com as pessoas mais próximas.

Conhecer meus limites foi algo importantíssimo para eu ser mais produtiva, evitando a sobrecarga de trabalho.

Ao me conhecer melhor, sei quais são meus objetivos, sempre encontrando novos caminhos e aprendendo a ser mais flexível. Hoje consigo me controlar, e o autoconhecer me ajuda a lidar melhor com minhas emoções.

Quando a gente entende o que realmente consegue realizar, possibilidades novas aparecem e você faz as adaptações necessárias. Umas das coisas essenciais para nos guiar com mais cautela é a paciência e a flexibilidade para resolver problemas e tarefas que vão surgindo no dia a dia. Sabendo quais desafios eu enfrentava de maneira mais prática e quais me travavam, comecei a me sentir mais segura para tomar decisões e ter mais motivação para colocar meus objetivos em prática.

Então, conhecendo meus limites e tendo confiança em mim mesma, aprendi a dizer "não" às tarefas que posso ou não realizar. Falar "não" foi uma parte muito importante para o meu desenvolvimento pessoal e profissional.

Com a inteligência emocional, aprendi a administrar melhor as emoções, e consegui identificar e lidar com o que sinto. Estou bem mais organizada com meus objetivos e tarefas.

Aprendi a conhecer melhor minhas emoções e já consigo identificar os momentos que começo a procrastinar. Sei que é fácil se distrair e passar pelo processo de procrastinação, principalmente quando é uma atividade mais difícil ou chata. Com esse conhecimento, posso evitar distrações.

Como já consigo identificar meus medos e limitações, lido melhor com minhas emoções e gerencio melhor meu tempo. Isso culmina, em grandes resultados. Passei a ser mais produtiva.

Com o objetivo e metas escritas, passei a ser capaz de conquistar tudo aquilo que almejo conseguir. Aprendi que todo mundo erra. Não tenha medo de seus erros, pois a gente aprende com eles, e através dos erros consegui identificar as melhores soluções para os meus desafios.

Administrar melhor o tempo talvez seja uma das maiores dificuldades que encontrei, pois lidar com a casa, família, trabalho, saúde e ainda ter momentos de lazer não é tarefa fácil, mas alavancar minha carreira e melhorar as condições financeiras também são prioridades. A saída é ter organização em tudo o que me prontifico a fazer.

Gerenciar o tempo é uma virtude que poucos possuem, mas que traz benefícios a curto, médio e longo prazo; sendo assim, é importante dividir os horários e planejar para dar conta dos afazeres.

Por mais que eu tenha uma rotina puxada, não abdiquei de cuidar de mim, não apenas quanto a questões estéticas, mas também quanto ao cuidado com a saúde de uma maneira geral. Quando temos muitos problemas, cria-se um certo estresse e, consequentemente, se prejudica o funcionamento do organismo.

Para que eu tenha condições de lidar com as mais variadas situações do cotidiano com leveza e tranquilidade, modifiquei meus hábitos alimentares, bebo bastante água, faço caminhadas e durmo pelo menos seis horas por dia. Percebi que esse esforço contínuo em relação à minha saúde permite que eu tenha mais motivação e concentração, podendo aproveitar mais as coisas que a vida me oferece.

Em alguns momentos da minha carreira, tive que repensar sobre alguns princípios e valores, e realmente decidir se é o que eu quero para a minha vida. Precisei ressignificar a minha vida e mudar alguns hábitos. Ou seja, sair da zona de conforto que me arrasta para algo que não gera mais alegria e prazer. Por isso, faço algo que realmente amo fazer e encaro novos desafios para transformar a maneira com que lido com minha rotina, desenvolvendo habilidades e conhecimentos que possam alavancar meu plano de carreira.

Entendi que, quando faço algo de que gosto, as chances de trabalhar motivada é muito maior e as conquistas são uma consequência da forma com que agimos.

Um dos aspectos mais importantes para eu conseguir uma promoção ou buscar novos ares na carreira, foi desenvolver uma boa comunicação com as pessoas. É ter empatia pelo próximo, ser receptiva no ouvir o que o outro tem a dizer, pois isso é enriquecedor, visto que aprimorar a inteligência emocional facilita a resolução de conflitos.

Investir no meu aprendizado abriu portas na minha vida que em tempo algum imaginei. Para crescer num ambiente profissional e conquistar o sucesso, realmente precisei focar meu esforço em aprimorar conhecimento, e me sinto tranquila de que terei retorno com o investimento.

Fazer cursos, assistir a palestras, participar de eventos da minha área, ler mais e atualizar redes sociais, faz parte da minha rotina.

Muito além do autoconhecimento está em manter o equilíbrio das ações: isso faz com que nos aproximemos dos nossos sonhos. Um dos segredos para esse equilíbrio é conduzir o lado pessoal e profissional equilibradamente, para não ter desgaste com escolhas indesejadas.

Quando as nossas relações não são boas em casa ou no trabalho, resultam na maneira como encaramos os desafios, e isso pode ter um desempenho negativo em ambos os lados. Nessa trajetória, é preciso ter paciência, entendendo que tudo tem o seu tempo, sendo preciso se reorganizar a cada tropeço.

A nossa mente pode ser a nossa maior aliada ou a nossa maior inimiga; quando não temos consciência dos nossos limites e não reconhecemos o momento de dar uma pausa em nossas atividades, a nossa mente se sobrecarrega. É necessário saber o momento de parar e renovar as energias, isso é importantíssimo para o equilíbrio emocional. Lembre-se de que podemos ter *insights* valiosos depois de um bom descanso. Com a mente cada vez mais calma, conseguimos analisar os problemas por outros ângulos, possibilitando encontrar soluções que antes eram inimagináveis.

Todos temos lutas diárias com a vida e nem sempre isso é fácil. Tem dias que temos vontade de largar tudo e sair correndo. Quantas vezes nos sentimos sobrecarregados, cansados e esgotados? Somos seres humanos, e por mais que queiramos dar conta e parecer sempre fortes, temos nossas limitações, erramos e não damos conta de tudo. E para piorar, quem mais nos cobra somos nós mesmo, não é verdade? E quantas vezes pensamos em desistir? Mas por que desistir? Será que desistir ajudará a solucionar? Será que é isso que precisamos?

O que a gente precisa aprender é desacelerar, respirar, descansar, dar um tempo, tomar fôlego, repensar algumas ações e retomar de onde parou, pelo mesmo caminho ou por outro caminho diferente.

Aprenda a descansar, contemple a natureza, ore, realize atividade física, brinque com os filhos, tenha tempo de qualidade com seu parceiro, cuide de você, mesmo que seja difícil, não pare. A vida não tem *replay*... Aproveite cada momento. A vida é sobre colecionar bons momentos e estar perto de quem nos faz bem.

25

SOB UM NOVO OLHAR...

Sob um novo olhar... uma nova interpretação, uma nova perspectiva de vida! A vida é sempre um aprendizado; umas vezes você ensina, outras vezes você aprende...

JACINTA ROSA OKDE

Jacinta Rosa Okde

Contatos
Jacinta_okde@hotmail.com
Instagram: @okdejacinta
65 98111 8899

Minha formação básica e o ensino médio se deram na cidade de Rio Verde (GO), onde nasci e vivi até 1974. Cheguei a Mato Grosso em 1974, mais precisamente Cuiabá, onde resido até hoje! Sou graduada em Letras pela Universidade Federal de Mato Grosso (UFMT) e em Direito pela Universidade de Cuiabá (UNIC). Possuo várias pós-graduações *Lato Sensu* nas áreas de Saúde, Letras, Finanças, Política e Direito, bem como participações em seminários, encontros e convenções. Trabalhei no Banco do Brasil por 27 anos. Aposentada, atualmente me dedico à administração de um pequeno patrimônio pessoal na área imobiliária

Para quem não me conhece, sou a Jacinta Rosa Okde, filha mais nova de uma família de 13 irmãos que, ao todo, incluindo outros filhos do meu pai, somam 17 irmãos. Meus irmãos mais velhos tiveram suas facilidades, pois meu pai tinha algumas posses. Com o tempo e a má administração, esse patrimônio se desfez, restando aos filhos mais novos dificuldades para suas formações e conquistas. Para mim, ainda criança, foi muito difícil. Minha mãe, já idosa e com saúde frágil, analfabeta, pouco podia fazer por mim e meus irmãos mais jovens, carentes de apoio e orientação.

Fui babá, empregada doméstica e boia-fria. Não morei em casa própria, sempre morei na casa de um irmão mais velho ou parente. Sempre estudei em colégio público. No ensino médio, eu estudava à noite e trabalhava durante o dia nas fazendas próximas, nas colheitas de algodão e outros cuidados nas lavouras de milho, arroz e feijão. Andávamos em caminhão pau de arara.

Ainda muito jovem, fiz um cursinho intensivo de atendente de enfermagem e descobri minha aptidão para essa área profissional. Em 1972, ganhei uma bolsa de estudos de missionários norte-americanos, para fazer um curso técnico de enfermagem na Escola de Enfermagem Cruzeiro do Sul, em Rio Verde(GO). O curso era muito puxado e cansativo. Eu estudava em regime de internato, era bolsista.

Nesse período, não mais trabalhava na lavoura como boia-fria, e nos períodos de férias eu ia para a roça na casa de uma das minhas irmãs. Fazíamos farinha de mandioca e polvilho para comercializar na "currutela" próxima.

Enquanto fazia o curso técnico de enfermagem, no período das férias eu trabalhava no hospital como atendente, com carteira assinada e os direitos trabalhistas recolhidos. Ganhava um salário-mínimo, precioso e importante para mim.

Nos dois primeiros anos, tínhamos todo o conteúdo teórico e estágios na área clínica. No último ano, estagiávamos em regime de plantão nas equipes médicas: em urgências, cirurgias, sala de partos, pronto-atendimento, enfim, todo atendimento necessário.

Em meados de 1974, vim para Cuiabá pela primeira vez. Ainda havia resquícios da enchente de março de 1974. A Avenida XV de Novembro, Avenida da Prainha (Coronel Escolástico), regiões do Shopping Popular e a Acrimat estavam alagadas. Havia muitas famílias desalojadas... lembrar disso me traz certo sofrimento. Meu futuro marido, na época meu noivo, tinha um pequeno comércio e morava na região.

O ano de 1974 foi decisivo na minha vida. Passei no vestibular da Universidade Federal de Mato Grosso, passei no concurso do Banco do Brasil e em vários outros! Mudei-me definitivamente para Cuiabá em meados de 1975, comecei a faculdade e tomei posse no Banco do Brasil, onde trabalhei por 27 anos. Lá tive a oportunidade de estudar e crescer profissionalmente.

Em 6 de setembro de 1976, casei-me com Nahzir Okde, cidadão íntegro, trabalhador. Éramos jovens, cheios de saúde, ideais e planos! Tínhamos uma vida pela frente. Estávamos no começo de nossas vidas, tanto profissional como conjugal e de formação acadêmica. Na sua curta existência, foi comerciante, professor da UFMT, diretor administrativo do Pronto-Socorro Municipal de Cuiabá, diretor administrativo do Hospital Universitário Júlio Muller, e fez mestrado na UFSC nos anos 1979, 1980 e 1981. Foi maçom por paixão e convicção. Pai dos meus três filhos Hassan Mahamad Nagib El Okde Neto, Nahzir Okde Junior e Thiago Augusto Rosa Okde. Todos cidadãos cuiabanos com muito orgulho.

Mudamo-nos para Florianópolis. Meu filho mais velho era apenas um bebê. Tivemos bons momentos, experiências enriquecedoras, mas também vivemos maus momentos! Éramos jovens, trabalhando, estudando e com uma criança pequena, sem família por perto.

No segundo semestre de 1981, retornamos a Cuiabá. Estava grávida novamente, e em dezembro nasceu meu segundo filho. Era difícil conciliar trabalho, casa e maternidade. Mas Deus foi, é e será sempre bondoso comigo. Em janeiro de 1982, Deus colocou na minha vida alguém muito importante para mim e para meus filhos! Quero agradecer em público à Nilda Paula de Campos, minha colaboradora que, por 32 anos, cuidou dos meus filhos e da minha casa enquanto eu trabalhava. Minha eterna gratidão e dos meus filhos Hassan, Nahzir, Thiago e Carolina.

Em 1982, tive a tristeza de perder minha mãe! Na minha doce ilusão infantil, associava minha mãe a um passarinho, frágil, amorosa com asas de anjo! Gratidão, mãe! Saudades...

Apesar de não ter convivido com meu pai, senti sua morte. Ele morreu em 1981, um ano antes da minha mãe.

Continuamos nossas vidas, meu marido e eu, agora com mais responsabilidades. E, para completar, em setembro de 1985, engravidei do meu terceiro filho! No meu sexto mês de gravidez, a vida me enche de dor, me dá uma rasteira, pisa na minha garganta e me tira o chão. Numa tarde de domingo, 6 de abril de 1986, com apenas 32 anos, num fatídico acidente de carro, meu marido veio a óbito. Meu mundo se escureceu! Quanta responsabilidade, tinha o mundo sobre minhas frágeis costas.

Dia 14 de maio de 1986, um mês antes da data prevista para o parto, nasceu Thiago Augusto, perfeito, só traria consigo a dor de crescer sem o pai. Eu teria a responsabilidade imensa por toda minha vida! Ser provedora, educadora e exemplo para meus filhos! Foram dias difíceis, mas sobrevivemos. Seguimos nossas vidas, sem muito direcionamento. Os primeiros anos após a morte do meu marido foram desnorteados. Sabia que tinha que viver, trabalhar, ser forte, criar e educar meus filhos. Mudei de endereço por quatro vezes ao longo desses anos...

Nesses tempos, houve a união com um colega de trabalho. Foi a pessoa certa naquele momento da minha vida. Inclusive, quero agradecer a Roberto Rodrigues dos Santos pela passagem por minha vida e de meus filhos e por dividir comigo a existência de Carolina Rosa dos Santos, nossa querida e amada filha, que nasceu em outubro de 1994. Muito grata!

E a vida segue... Trabalho, casa, filhos (adolescentes e bebê). Até que, em julho de 2000, minha a vida dá uma guinada de 180 graus. Roberto e eu nos separamos definitivamente. Resolvi fazer faculdade de Direito na UNIC – Universidade de Cuiabá. Gosto de desafios, muitas vezes levava minha filha comigo para a sala de aula, pois não tinha com quem deixar.

Ao longo da minha vida laboral, apesar das dificuldades, tive a visão negocial de comprar coisas, casas velhas, terrenos, linhas telefônicas e, evidentemente, poupar sempre.

Assim, em abril de 2001, me aposentei do meu trabalho no Banco do Brasil. Nesse tempo, morávamos na Avenida General Mello, onde fomos muito felizes. Onde meus filhos passaram boa parte de suas infâncias e adolescências.

Em 2005, formei-me em Direito, com aprovação imediata no exame da OAB. Meu filho mais velho formou-se em Arquitetura, o segundo em Agronomia, o terceiro entrou para a faculdade de Administração. Vida que segue...

Nesses tempos, comecei a realizar meu grande sonho, que era viajar, conhecer o mundo! Brasil, América Latina, América Central, América do Norte, Europa, Ásia, Oceania, Antártica... Muitos países e lugares incríveis.

Em 2013, minha filha passou no vestibular para Medicina, em Teresópolis (RJ). Meu terceiro filho se casou. Fiquei sozinha e mudei de endereço. Grandes mudanças. Nasceram meus netos Lucas e Luiza, minhas riquezas!

Em 2019, minha filha, já formada, começou a residência médica em São Paulo. Foi um período de grandes conquistas para todos nós!

Janeiro de 2020: voltávamos de umas férias em família, quando se ouvia falar que um vírus na China, na cidade de Wuhan, estava matando pessoas. Era muito longe, não era nossa realidade. Eis que surge uma nova cepa, ou mutação, do coronavírus, já velho conhecido da humanidade. Em fevereiro de 2020, se identifica o SARC-CoV-2, causador da doença covid-19, que dizimou milhões de vidas ao redor do planeta. Vivemos uma pandemia ao redor do mundo. O mundo parou, atônito, sem informações, sem remédios! A ciência foi testada, louvada por uns e desacreditada por outros.

Foram dois anos de trevas. Pessoas morrendo aos milhares, uso de máscaras, isolamento social, rígidas medidas sanitárias, fechamento das atividades comerciais, *lockdown* no mundo todo, economia mundial se dizimando... Sem maiores informações, o uso de remédios era experimental e sem eficácia comprovada. Felizmente, surgiram as vacinas, desejadas por uns e odiadas por outros. Hoje, abril de 2022, contabilizam-se milhões de mortes por covid-19 ao redor do mundo, milhões de pessoas infectadas que, felizmente, sobreviveram e sequelas que certamente demandarão muito estudo por parte da ciência.

Além da pandemia, esses dois anos foram extremamente dolorosos para mim e minha família. Em março de 2020, uma de minhas noras foi diagnosticada com um câncer, vindo depois um tratamento muito doloroso para ela e todos nós. Em junho, no auge da pandemia, tive um infarto, que me resultou numa angioplastia e três *stents* no coração. Em dezembro, meu filho mais velho sofre um AVC isquêmico, paralisando o lado direito do corpo. O ano de 2021 foi de cura, de superação, tratamentos, fisioterapias, dedicação... Sobrevivemos, graças a Deus!

26

A DOR DO FIM NÃO DURA PARA SEMPRE

Este capítulo visa ajudar pessoas que enfrentaram ou enfrentam o divórcio, a retomarem suas vidas de forma plena, visualizar e compreender os fatos com a clareza necessária para alcançar a liberdade emocional, que é tirada do indivíduo após o rompimento do vínculo. Ao final deste capítulo, será possível afirmar que a dor do fim não dura para sempre.

JÉSSICA COSENDEY

Jéssica Cosendey

Contatos
jessicarcosendey@gmail.com
Facebook: Jéssica Cosendey
Instagram: @advjessicacosendey
@metodomeugoverno

30 anos, mineira de Lima Duarte, empresária, escritora, advogada, graduada em Direito pela Doctum-JF, com especializações em: Direito de Família e Direito do Consumidor. Membro das Comissões de Direito de Família e de Direito do Consumidor da Ordem dos Advogados do Brasil de Minas Gerais. Palestrante na área jurídica para diversos segmentos da sociedade e, em especial, para alunos que iniciam seus primeiros passos na caminhada da advocacia. Idealizadora do "Programa Amor Sem Fronteiras", que, durante a pandemia de covid-19, buscava brasileiros que moram fora do país. Esta ação ultrapassou as fronteiras de mais de 40 países e, demonstrou que os seres humanos se resgatam por meio dos bons sentimentos. Criadora do Método Meu Governo®, que tem como objetivo oportunizar às pessoas que se sentem desacreditadas a buscar, em si mesmas, a prosperidade por meio da reprogramação de seu cérebro, não permitindo que o mental minta para elas. Assim, o indivíduo cria, por seu livre arbítrio em governar sua própria vida, possibilidades de sucesso profissional e pessoal, tornando-se um empreendedor de si mesmo.

Nós passamos a vida inteira construindo e idealizando um relacionamento por acreditarmos que ele se perpetuará ao longo do tempo, até que esse castelo de areia se desmorona e nos damos conta de que existem coisas na vida sobre as quais não temos qualquer tipo de controle.

Durante os inúmeros atendimentos em demandas de família, foi possível perceber que o rompimento do laço matrimonial é difícil para todos os envolvidos. Cada caso possui sua peculiaridade, mas algumas questões são muito recorrentes, entre elas o caso típico em que um dos genitores entende estar separando-se também dos filhos e acaba por deixar de prestar-lhes assistência financeira e emocional. De igual modo, verificamos aqueles casos comuns em que um ou ambos os genitores se utilizam dos filhos para uma vingança pessoal, motivada pelo rancor do trauma da rejeição.

Já realizei muitos divórcios em que o casal estava totalmente amigável; ocorre que esses casos, infelizmente, são a exceção e não a regra.

Os acordos, em sua maioria, são viáveis até que um terceiro seja incluído nesse cenário. Este é o momento em que "a ficha cai" para um dos cônjuges ou companheiros, e então, qualquer tentativa de se conciliar e decidir sobre guarda, visitas, pensão ou partilha de bens torna-se uma missão quase impossível.

A advocacia dentro do âmbito familiar requer, além de conhecimento técnico, empatia. Isso porque não há legislação que consiga dissolver emoções aprisionadas por anos, tampouco um curso de graduação que prepare para ver adultos chorando rios de lágrimas, sentados em cadeiras geladas de escritórios.

Cabe então ao profissional discernir, identificar e atuar diretamente nas causas que impedem a efetivação de um acordo que beneficie principalmente os menores envolvidos.

Presenciamos um aumento agressivo nos casos de divórcio durante e após a pandemia, inclusive minha família entrou para essa lista e foi por isso que decidi escrever sobre o divórcio e o que eu penso em relação à ruptura do seio familiar; afinal, nenhuma dor pode ser medida até que você se coloque no lugar do outro.

Começo afirmando que a rotina deixa muitos casais cegos ao ponto de acharem que estão vivendo bem quando não têm mais qualquer tipo de ligação que não seja a comodidade de ficar em sua zona de conforto. Alguns ainda dizem que amam por dizer, outros não sabem se amam e, no final, quem realmente ama fica perdido em meio a toda a confusão...

Um casamento é uma construção diária, amor não é romance, amor é escolha, renúncia e ação. O amor, para ser falado, primeiro tem que ser vivido. O amor tem que ser real e recíproco.

Não existe um único motivo que leva ao fim, pois se assim fosse, não existiriam divórcios e todos eles seriam evitados facilmente. Para se manter um relacionamento, é necessário estar disposto a ser quem você é, pois quem compartilha a vida com você deve conhecer a sua essência e, por mais que isso pareça óbvio, as pessoas passam anos dividindo o mesmo teto sem se conhecerem de verdade. Criam personagens e acomodam-se e perdem-se na interpretação, sem ter consciência de que isso é o início do fim, e a dor do fim é real.

Quanto vale uma família do comercial de margarina? Muito! Famílias valem muito e são o projeto de Deus. O problema é quando você se perde tentando mantê-la a qualquer custo, apegado à imagem que você passa para sociedade e temendo que seu suposto "fracasso" seja exposto.

Mas quando um relacionamento acaba, a culpa é do casal e nunca de um só cônjuge, seja qual for o motivo apontado como justificativa para o término. O fim de um casamento não deve ser encarado com vergonha, mas sim como encerramento de um ciclo e começo de um novo.

Minha experiência trouxe grande aprendizado e posso garantir que não importa quantos livros você leia ou o quanto deseja profundamente não sentir nada: você sentirá.

As fases que vivemos após um término de relacionamento são dolorosas e completamente necessárias. É durante a fase mais difícil que nos aproximamos mais de Deus e que nos conhecemos realmente.

No início, você é atraído para o mar de culpa que não existe e acaba afogando-se em lembranças idealizadas de seu parceiro. Nosso cérebro nos trai e atrai apenas pensamentos e imagens de uma pessoa perfeita, que nunca existiu realmente. E isso não quer dizer que um ex-cônjuge seja uma pessoa ruim, mas digo que seus sentimentos o impedem de ver a realidade fracassada do seu casamento nesse estágio do rompimento.

Relacionamento sem problema não existe, contudo acredito piamente que os relacionamentos saudáveis e com reciprocidade só acabam com a morte. Se o fim chegou é porque não estava bom, e aceitar isso é difícil. Alguns casamentos acabam e o casal tem total consciência do fim, outros acabam e apenas um dos membros entendeu que era o fim.

Se me perguntassem antes o que eu achava mais difícil no casamento, a resposta seria: ficar, pois estava cega e mergulhada na minha visão egoísta. Hoje tenho plena convicção de que o mais difícil é partir, se decidir e abandonar. Quem deixa um casamento e uma família tem escolha, que é seguir um futuro sem qualquer tipo de garantia e que poderá ser melhor ou muito pior.

Quem sai ou pede para que o outro saia assume os riscos, quem fica não tem escolha e quando eu não tenho escolha, não tenho arrependimento. Só posso aprender a me reconstruir, nada mais.

Essa é uma verdade, mas que ela não lhe sirva para permanecer em um relacionamento infeliz, pelo contrário, que ela seja parâmetro para que tenha certeza ao tomar uma decisão tão difícil que é separar-se. Ou até mesmo se posicionar e evitar o fim.

Sempre fui grata pelo que tinha e não tinha, grata por quem já era e quem eu mesma desejava me tornar, mas nunca consegui desistir de nada em minha vida e, se dependesse de mim, hoje não teria a certeza de que passei anos me escondendo atrás de uma personagem para agradar alguém com quem eu não conseguia sequer manter um diálogo. Não estaria feliz depois de entender o propósito de Deus no fim que vivi. Eu errei? Sim. Ele errou? Também. Acertamos? Várias vezes, mas os erros sobressaíram e a vida é muito curta para lamentar o que se passou.

A melhor forma de vencer a dor de um divórcio é senti-la profundamente, chorar sempre que quiser e aprender com essa experiência. Não queira fazer planos logo no início, não funcionará... apenas mantenha-se de pé! O tempo cura, cicatriza e voltamos a sonhar gradativamente, inclusive resgatamos muitos sonhos que ficaram adormecidos por uma vida cômoda e infeliz.

Mistura de sentimentos é o diagnóstico de quem vive um divórcio. Ver com outra pessoa aquele com quem compartilhamos muitos momentos machuca e, não raras vezes, é a nossa possessividade sobre o outro que fala mais alto. Excesso de ego e falta de maturidade para lidar com aquela situação que, para muitos, é totalmente nova.

Creio verdadeiramente que Deus pode restaurar relacionamentos, quando eles têm propósito em nossas vidas.

Mas algumas pessoas entram em nossas vidas para cumprir parte do caminho porque sua parada final é diferente e pertence a outro tempo e lugar. Não insista em manter perto quem precisa ir, pois Deus é perfeito e tem preparado surpresas maravilhosas para quem crê.

Não impeça que as promessas de Deus se cumpram em sua vida ficando paralisado e preso a resquícios de um relacionamento desgastado e falido. Certifique-se de ter feito o bem e, então, confie em Deus e sua infinita bondade.

Há tempo para todas as coisas na Terra. Nem sempre podemos ganhar, mas perder às vezes significa ganhar. A vida é movimento, transições e passagens. Nós somos frágeis e suscetíveis aos erros e acertos durante nossa jornada.

O que importa realmente é o que aprendemos com a vida, as pessoas e Deus. Para evoluirmos é necessário força e coragem. Não importa se hoje sua vida está difícil, o fato é que não há felicidade plena assim como não há choro que dure para sempre. Viver é não deixar-se abater.

Sentir o vazio da casa após a separação traz a certeza de que viemos sozinhos a este mundo e nos iremos sozinhos dele. A dependência emocional é outro fator que nos transforma em verdadeiros zumbis, que se arrastam e veem a vida passar, por isso não se permita terminar seus dias assim. Busque amar a si mesmo, pois quando não amamos a nós mesmos não somos capazes de amar a outra pessoa, e ainda, amor verdadeiro deixa livre e não aprisiona.

A nossa fé em Deus move montanhas e devemos sempre alinhar a nossa vontade a Dele. No início, pensei que queria a restauração do meu casamento, mas a verdade é que, com o passar dos dias, descobri que sentia apenas medo. Medo de me desapegar da ideia que havia construído durante dez anos, medo de não ser suficiente para criar minha filha sozinha, como faço hoje. Mas que bobagem a minha! Eu devia era ter tido medo de me casar aos 19 anos e não tive, por que teria medo de recomeçar aos 30, quando já independente, madura e consciente das coisas lindas que Deus já havia feito por mim?

Gratidão é saber que cada fase guarda sua beleza, que os desafios nos fazem evoluir e que Deus jamais nos deixará. Os filhos são herança do Senhor, de modo que tememos a separação por eles, e com razão, pois as crianças sofrem muito até digerirem toda a situação. Mas assim como nós, eles também tiram isso de letra com a dádiva do tempo e o carinho doado.

As tempestades são passageiras e a calmaria vem... Não se desespere, mas também não esconda ou reprima sentimentos. Viva com equilíbrio e fé!

Compreenda que há muito o que aprender, viver e desfrutar, seja com novos amores ou sua própria companhia. Não existe idade para recomeçar, todo dia é dia. Passado e futuro são lugares onde não devemos estar. Viver o hoje significa encarar a vida como ela é, derrubar gigantes no peito e na raça!

Não exija que o outro o trate bem e com gratidão, não espere que o outro faça por seus filhos o que você faz, não queira entender o que se passa na cabeça de quem não pertence mais a sua vida. Não temos controle sobre o outro e não podemos mudar o caráter de alguém. Faça a sua parte e seja a melhor pessoa que puder, se esforce para manter um relacionamento bom e amigável para cuidarem dos filhos, se os tiverem, e quando isso não for possível, ore e peça sabedoria a Deus. Nem sempre é maldade de um ex-cônjuge, pois pessoas feridas ferem.

Como enxergar um futuro quando tudo parece cinza, sem cor e alegria? Fiz essa pergunta várias vezes e a resposta foi gradativamente chegando à medida que eu me permitia voltar a viver. E quando eu digo voltar a viver refiro-me a olhar para mim, apenas. Certo é que não parei um só minuto durante meu processo de separação, já que entendia que ficar parada não resolveria a situação, entretanto demorei um pouco para ver exatamente a minha imagem refletida no espelho e saber que era ela quem eu devia priorizar.

Quando tiramos a nossa atenção do outro e a colocamos em nós mesmos, as coisas mudam e muito! Começamos a sorrir e curtir a vida em seu novo formato. No meu caso, senti uma grande felicidade quando percebi que minha vida estava mais simples e eu era livre para novas escolhas! Livre para fazer as viagens que não fiz, livre para fazer o amor que não fiz, ir a festas a que não fui, comer em restaurantes em que não comi; livre para ter alguém com quem conversar por horas...

O segredo é este: entender que a dor do fim não dura para sempre. É tirar o foco do que perdemos, se é que perdemos, e colocar a atenção no que ganhamos e nas portas que se abriram com o início do novo ciclo. Saia do passado e viva o presente, que é o presente mais bonito que Deus pode nos dar!

Ninguém casa para separar-se, assim como ninguém estuda para ser reprovado... Mas nascemos e desde então somos surpreendidos pela vida, pois não há um dia em que não surja algo novo para lidarmos. A morte e o luto fazem parte de nós também, mas a cortina da tristeza se fecha e você não pode impedir que isso aconteça tendo atitudes que ferem a si mesmo. Pratique o perdão, perdoe os outros e a si mesmo, principalmente.

Entenda que você foi o melhor que podia naquele momento e siga em busca de mudanças necessárias e livres de culpa.

Seja feliz. Só seja feliz. Feliz por entender como a vida funciona e que ela termina, cedo ou tarde termina, e nós não temos tempo para viver num limbo de dor eterna.

Liberte-se e seja sua melhor versão, sempre. A lei da semeadura não falha, e quem planta coisas boas, sempre colherá frutos bons! Então, quando não entender o motivo do fim, lembre-se de que Deus nos tira algo que achamos ser bom para nos dar aquilo que realmente merecemos. Não aceite migalhas, não deseje viver de migalhas.

Sonhe com o novo, viva o novo de Deus em sua vida!

27

VIAGENS QUE TRANSFORMAM VIDAS

Como falar de viajar e viver, sem mencionar a transformação que esses dois verbos são capazes de trazer? Efeitos que despertam sentimentos causadores de êxtase, de ansiedade, de obstáculos, muito planejamento e, claro, de uma paixão daquelas que contagiam a alma.

JOELMA TAVARES

Joelma Tavares

Contatos
Jotavares74@icloud.com
Facebook: www.facebook.com/ajoelmatavares
Instagram: @ajoelmatavares
11 94816 3883

Joelma Tavares, turismóloga com mais de 20 anos no mercado do turismo, também é jornalista, palestrante, especialista em Marketing Turístico Digital e CEO na Home Office Turismo. Possui uma bagagem gigantesca, com quase 40 países viajados e uma vasta experiência no mercado de turismo. Sua grande satisfação é poder compartilhar seus conhecimentos de forma descontraída e ajudar mais profissionais da área. Hoje, desempenha um grande trabalho no Marketing Turístico Digital, trazendo resultados eficientes para os profissionais do Turismo de todo Brasil e do exterior.

Andei por pouco mais de 36 países e umas 2.500 cidades no mundo. Cada lugar foi singular, com experiências que transformaram meu modo de ver as coisas, as pessoas, o próprio mundo e que me trouxeram, de alguma forma, lições de vida.

Aprendi que todas as viagens da vida são transformadas a cada dia, com cada pessoa que passa por nós, alguém conhecido ou não. Aprendemos com a nossa profissão e com as pessoas a que nela servimos, e aprendemos certamente com o medo e a coragem, mas principalmente com a liberdade.

No filme *Comer, rezar e amar*, a atriz Julia Roberts interpreta uma jornalista chamada Liz, bem-sucedida mas infeliz, sempre achando que algo falta para a sua felicidade, passando por divórcio, viagens, romances, encontro espiritual e, por fim, pela vontade de se reencontrar.

Com uma narrativa muito boa, uma das cenas do filme me chamou a atenção, pois quando viajamos, muitas vezes seguimos para pontos turísticos apenas pela fama, mas nunca analisamos o que eles representam. E tem uma cena específica, quando Liz, visitando a Itália, se depara com algumas ruínas romanas e ali, parada, observando, ela reflete: "As pessoas são como ruínas."

A frase, de forma expressiva, quer dizer que as ruínas sobreviveram ao tempo, construíram histórias de povos, puderam ser reconstruídas, admiradas, transformadas, mesmo remendadas pelo tempo, mas não perderam a essência da sua real existência. Assim somos nós em cada viagem: guardamos lembranças e compartilhamos conhecimento e momentos.

E você deve ter muitas perguntas sobre a viagem diária da sua vida, como tem o transformado e surpreendido com novos destinos e roteiros por ela apresentados.

Num mundo tão grande e com tantos destinos a serem visitados, você é o viajante de todos os dias, que sai de casa e segue para o seu destino específico, ou que, no caminho, cruza com a mudança dele.

E aí vem o seu primeiro dia de trabalho, e você tem apenas o dinheiro do transporte. De repente, o roteiro que você iria fazer foi interrompido para salvar uma vida.

Essa história começa em uma viagem da minha vida, cujo roteiro foi interrompido pelo destino.

Era um dia daqueles de garoa e frio em São Paulo, onde as pessoas queriam um canto bem quentinho e um bom café. Começava mais uma semana de trabalho, e lá estava eu dentro do trem, naquele dia congelante, indo para o meu primeiro dia de trabalho.

Depois de muito procurar um emprego, uma escola me aceitava como professora de Inglês. Depois de muita instrução sobre como chegar às instituições, e como continuar as aulas desses clientes da escola, finalmente eu começaria a trabalhar.

Lembro que, naquele dia, eu ia dar aulas para um executivo do alto escalão de um banco lá na rua 7 de abril. Eu e uma funcionária da escola estávamos indo ao mesmo lugar, até o destino nos separar.

Nessa época, eu já havia acabado a faculdade de Turismo, mas não tinha experiência de lecionar. Resolvi arriscar a dar aulas de Inglês, afinal eu falava fluentemente, tinha morado anos atrás em Londres e na África do Sul, acho que seria o suficiente para começar, digo, recomeçar.

A viagem desafiante para lecionar acabara de se concretizar. Comecei em três escolas, com aulas de Inglês e Turismo.

O desafio do desafio: foi assim que titulei essa nova viagem, que foi surpreendente. Foi a viagem do saber e do aprender, do doar sem receber e receber sem esperar. E o meu desafio tinha chegado ao fim de um ano letivo, com a sensação de dever cumprido e com a certeza de que novas viagens surgiriam após essa.

Nessa outra escola, eu comecei lecionando Turismo com apenas uma turma aos sábados pela tarde. Uma nova viagem começava com resultado de assumir a coordenação do curso e um projeto no qual formulei uma apostila para o curso de Turismo da escola, que todas as franquias usam até hoje.

E, finalmente, a escola de Inglês para executivos havia me chamado. Passei o fim de semana estudando e imaginando como seria esse primeiro dia de aula. E lá estava eu, segunda-feira, na escola, recebendo meu material e o dinheiro do transporte de ida e volta. Era tudo que eu tinha naquele momento, afinal aquele dia era o dia do recomeço.

E aquela segunda-feira do meu primeiro dia de emprego reservava a grande viagem do dia.

Ao sair do metrô, conversando com a funcionária da escola, me deparo com um tumulto, polícia, ambulância e pessoas rindo, outras expressando preocupação. Não sou curiosa nessas situações, mas aquilo me chamou a atenção, queria parar e a funcionária da escola que me acompanhava me lembrava do horário marcado. Então, segui com ela em direção à rua 7 de abril.

Mas algo em mim era mais forte, e uma voz interna dizia para mim que eu deveria voltar. Virei-me para ela e disse: "Pode seguir, eu vou lá ver o que é", e saí correndo, voltando pela rua em direção ao tumulto.

Lá estava um senhor, caído ao chão, gritando por socorro em inglês e ninguém entendia nada, nem a polícia, nem os médicos que tentavam o socorrer.

Ele gritava em inglês: "Meu ombro, meu ombro, me ajudem!".

Aí pedi para passar e o policial me perguntou:

— Você é o que dele?

Respondi:

— Neste momento, o anjo da guarda. E continuei: – Eu falo inglês, posso ajudar a socorrê-lo.

E gritei em inglês para o senhor no chão:

— Calma, eu vou te ajudar.

A dor dele deve ter passado por um minuto, pela cara de alívio com que ele me olhou.

Então, perguntei-lhe:

— O que houve?

Ele respondeu:

— Fui assaltado, levaram meu passaporte, dinheiro e me jogaram no chão e eu caí de mal jeito, acho que desloquei o meu ombro,

Então, traduzi aquilo rapidamente para a equipe médica que tentava ajudar e a polícia. E, gentilmente, eles me pediram para acompanhar o senhor até a Santa Casa de São Paulo. Sorri meio sem graça e disse:

— Não posso, é o meu primeiro dia de trabalho e eu estou atrasada.

Mas no meu interior a voz dizia "acompanhe-o, ele vai precisar de você". Eu já tinha parado, já estava atrasada, já ia levar bronca, então decidi que ficaria até o final.

Imobilizaram-no e o deitaram na maca, e nos dirigimos até a ambulância. E, no caminho, fui conversando com ele para distrair, perguntei coisas como seu nome, de onde era, o que fazia no Brasil.

Seu nome era Sarang Lonkar, um indiano que veio a negócios, foi só o que soube naquele momento.

Na chegada à Santa Casa, fomos conduzidos à Emergência, mas ele não tinha documentos, afinal tinha sido roubado. Então fiz a ficha com o que ele me dizia e, por fim, o levaram para o raio-x.

E lá estava eu sentada ao lado do senhor Sarang, ouvindo toda a história e, ao mesmo tempo, preocupada, pois não sabia se teria meu emprego ainda. Mas ao mesmo tempo estava feliz de ter seguido meu instinto.

De repente, surge um médico com o resultado do raio-x na mão, falando em inglês, com várias recomendações. Elogiou-me e agradeceu a minha boa ação.

Então, eu disse:

— Ei, Sarang, você está bem, agora vou te levar de volta ao teu hotel.

Sarang ia embarcar de volta ao seu país naquela noite. Ficou enfaixado, pois deslocou o ombro, e com alguns remédios para ajudá-lo na viagem de volta, o médico me disse:

— Você realmente apareceu na hora certa, porque, se mexessem nele mais um pouco, poderia ter sido pior.

Olhei para o médico e o agradeci. Tomei Sarang pelo braço, peguei o raio-x e caminhei em direção à porta.

Então eu disse:

— Vamos pegar um táxi para o seu hotel. Qual o nome do hotel onde você está?

Ele me responde:

— Não sei o nome, não lembro.

Aí eu olhei para ele e disse "como você não sabe? E agora?". Ele me respondeu:

— O cartão do hotel estava na minha bolsa, que foi roubada.

Aí eu pensei rápido: "Se eu voltar ao lugar em que ele caiu, talvez ele se lembre". Eu só tinha os três reais do metrô para voltar para casa, ele não tinha dinheiro, nem o cartão do hotel.

Então, me aproximei do taxista e perguntei quanto dava mais ou menos até o metrô República. Eu disse:

— Moço, só tenho três reais, preciso chegar lá. E contei a ele a história do Sarang.

Ele me disse:

— Eu levo vocês.

Feliz eu disse:

— Moço, Deus te abençoe, realmente esse é o único dinheiro que eu tenho e vou ter que voltar para Osasco. Mas me viro.

Passava das duas da tarde, quando isso parecia não terminar. E eu o havia socorrido lá pelas nove da manhã. Mas todo o trâmite hospitalar demora bastante, além do BO que o policial fez com a minha ajuda para ele tentar embarcar de volta.

Chegando ao metrô República, eu disse:

— Aqui eu te achei. Para qual direção é o seu hotel?

Ele apontou na direção da Avenida São João e vagarosamente segui com ele naquela direção:

— Que final de viagem! Seu último dia aqui no Brasil terminar assim tão trágico... Espero que pelo menos os negócios tenham sido bons.

Ele sorriu e me respondeu:

— Jô, eu sou escritor, vim para a Bienal do Livro, vendo livros para educação infantil em inglês. São aulas prontas para crianças do mundo todo de forma divertida.

Nossa, eu estava diante de um escritor indiano! De repente, ouço uma voz gritando:

— Sarang, Sarang!

E falava mais meia dúzia de palavras em hindu que eu já não compreendia: era o seu amigo, que tinha conseguido escapar do assalto.

Então, Sarang sorriu e disse ao amigo:

— Esta é a Jô, ela é o meu anjo da guarda, me salvou e me levou ao hospital.

O amigo respondeu:

— Obrigado, muito obrigado por salvar o Sarang. Achei que íamos perder o voo. Eu consegui reaver sua bolsa e os seus documentos, mas o dinheiro, não.

E, andando na direção do hotel, onde eles trocaram palavras em hindu, eu finalmente tinha acabado minha missão.

O gerente da recepção veio na nossa direção e foi logo perguntando o que houve com o Sarang, pois o amigo estava desesperado, e eu resumi a história para ele,

O amigo de Sarang estava muito preocupado e me questionou se me devia alguma coisa, o quanto custava o meu tempo com ele. Fiz um gesto com a cabeça e com a mão de "não".

Sarang então pediu que lhe arranjassem caneta e papel, e sorrindo gentilmente pediu que eu anotasse meu endereço, para mantermos contato. Eu anotei, e disse que ele podia me avisar se chegasse bem.

E, meio envergonhada com a situação, mencionei que precisava voltar para Osasco, mas que eu precisava de um *ticket* de metrô, pois o único dinheiro que eu tinha era o que usei para pagar o táxi para voltar com ele ao hotel.

O gerente me deu o *ticket* de voltar.

Despedi-me de todos e segui em direção ao metrô, com a esperança de não ser demitida.

Sarang chegou bem, e me adicionou em uma rede social; estava bem e não precisou operar.

Um mês depois, recebo em minha casa uma caixa enviada por Sarang. Era uma coleção de fitas cassetes com aulas gravadas para a escola de inglês.

Agradeci a ele enviando-lhe uma camisa da nossa seleção brasileira de futebol.

Tive a oportunidade de viajar para a Índia em 2017; tentei contatar o Sarang pela rede social, sem sucesso. Só ao voltar para o Brasil tive a notícia de que ele tinha falecido. Fiquei triste, mas feliz por ter conhecido um escritor indiano, que me inspirou, anos depois, a escrever este capítulo para ser publicado na Bienal do Livro, evento em que ele veio divulgar seu trabalho no Brasil.

Dedico este texto:

Aos meus pais, Alaíde e Eloy, pelo esforço na educação que me fez chegar aqui.

Ao Sarang Lonkar (*in memoriam*), que foi o protagonista desta história.

28

AS COMPETÊNCIAS, HABILIDADES E ESTRATÉGIAS EXIGIDAS NA ERA DIGITAL

Uma abordagem sobre as competências, habilidades e estratégias essenciais para aprender, desaprender e reaprender, para adaptação rápida às mudanças do mercado cada vez mais disruptivo na era digital.

JOSÉ ROBERTO CAVALCANTE FILHO

José Roberto Cavalcante Filho

Contatos
www.itprofile.com.br
jroberto@itprofile.com.br
Instagram: itprofile.oficial
11 99537 4135

CEO e fundador da Itprofile Consultoria Lean Digital, bacharel em Tecnologia da Informação, tem MBA em Gestão Empresarial pela FGV. *Coach* e membro da Sociedade Brasileira de Coaching. Consultor e palestrante em Gestão Empresarial *Lean Digital*. PMO de projetos nacionais e internacionais em soluções de sistemas ERP, MES, WMS, APS com ênfase na indústria 4.0, representando, no Brasil, o ERP digital Glovia G2 em nuvens da CrescentOne, uma empresa do grupo canadense Constellation Software.

A era digital já é uma realidade, afinal, mais da metade da população do mundo está conectada à internet – e a perspectiva é de um crescimento ainda maior e cada vez mais rápido desse número, devido às tecnologias exponenciais e ao aumento da popularização presente na internet, influenciando também de forma exponencial as relações sociais, políticas e econômicas, tornando-se, por fim, parte do dia a dia das pessoas.

A internet deu um grande salto a partir dos anos 1990, quando os computadores passaram a ser acessíveis ao consumidor final. Essa popularização da internet, iniciada nos Estados Unidos, deu início à Revolução Digital que modificou definitivamente a sociedade e a forma como nos comunicamos e realizamos negócios.

A era digital, além de novas tecnologias de automação e inteligência artificial, é caracterizada por mudanças mais significativas, como a integração e interação entre o meio físico e o digital, pessoas (cultura) e a visão crítica de como se usar a tecnologia para melhorar a performance dos negócios.

As tecnologias estão mudando a forma como as pessoas se comunicam, a maneira como lidam com as inovações, automações, sistemas, aplicativos e os hábitos sociais.

Essas mudanças possibilitaram uma transformação tamanha que a experiência do cliente vem deixando de ser apenas uma tendência para se tornar indispensável no planejamento de qualquer negócio e porte.

No meio dessas relações, estão as transações comerciais e outras negociações envolvendo bens e serviços, exigindo que as empresas passem por uma transformação digital para atuar na era da experiência de compra do consumidor.

Contudo, as empresas tradicionais e familiares enfrentam maior dificuldade para adotar uma estratégia de transformação digital. Na maioria das vezes, os líderes não acreditam que a mudança é algo necessário devido ao sucesso no passado e utilizam esse argumento para não inovar/mudar.

"No mundo de hoje, não é o peixe grande que come o peixe pequeno, e sim o peixe rápido que come o peixe lento" (metáfora do criador do World Economic Forum de Davos, Klaus Schwab).

É consenso que a competência e a habilidade de se adaptar é imprescindível para se responder rapidamente aos mais variados tipos de demanda cada vez mais personalizadas e às mudanças no ambiente de negócio na era digital.

O impacto da tecnologia em nossas vidas e negócios

A minha primeira experiência prática com impacto tecnológico foi na virada de 1999 para 2000, quando havia um temor mundial de que os computadores da época não entendessem a mudança de ano e causassem uma pane geral em sistemas e serviços nas empresas. Acredito que muita gente, assim como eu, não imaginava que em apenas duas décadas o mundo evoluiria tanto, principalmente com o avanço acelerado da tecnologia nos últimos dois anos.

O avanço da tecnologia tem trazido mudanças significativas para a sociedade, como a forma com que nos relacionamos com as pessoas, coisas e com o mundo, seja na vida pessoal ou profissional, em qualquer faixa etária. Entre os avanços, cito o *smartphone*, com centenas e milhares de aplicativos e funções que facilitam as nossas vidas.

Meus pais fazem parte do número de idosos com mais de 70 anos que navegam na rede mundial, para busca de informações sobre produtos e/ou serviços, agendamento de consulta, resultados de exames, compra de medicamentos e uso de redes sociais. Os idosos desenvolveram, inconscientemente, as competências e as habilidades essenciais para **aprender, desaprender** e **reaprender**, adaptando-se rapidamente à jornada digital.

Evidentemente, não é uma tarefa fácil para as organizações desenvolverem as competências e habilidades alinhadas com a estratégica digital. Em 2019, sentir essa dificuldade na pele ao repensar o meu negócio, a operação, os processos de minha empresa e a definição de uso da base tecnológica de nossos parceiros de negócio em nossa Consultoria Lean Digital. Auxiliamos as empresas que desejassem tornar seus processos ágeis, eficientes através da transformação digital, para responder rapidamente às mudanças cada vez mais dinâmicas devido ao avanço exponencial de novas tecnologias e aos novos hábitos e experiência de compra do consumidor de forma digital.

A experiência do cliente ampliada

A experiência do cliente, ou *customer experience* (CX, em inglês), pelo viés do consumidor, é a relação que o cliente tem com uma marca; pelo viés da empresa, é uma estratégia para ampliar a experiência do consumidor através de uma jornada de compra memorável e despertar as emoções positivas de quem a vivência, a fim de torná-las cada vez melhores. Assim nasce o novo profissional dedicado a essa área, o **Gerente de *Customer Experience*.**

A primeira competência comercial exigida neste contexto é saber como utilizar os resultados das experiências do cliente, **agrupar, classificar, reagir** e, por meio desse processo, tomar decisões e ações que gerem não só satisfação, mas sempre um novo diferencial claramente percebido pelo cliente.

Investir na ampliação da experiência do cliente, além das vantagens competitivas, gera retorno de investimentos, a retenção de clientes e o reconhecimento da marca.

Clientes satisfeitos com todas as etapas do processo, como: atendimento, comunicação, usabilidade dos produtos, pontualidade na entrega e pós-venda, recomendam às marcas e empresas que oferecem uma experiência ampliada para amigos e familiares.

Em média, cerca de 58% dos consumidores nunca voltam a usar os serviços de uma empresa depois de uma experiência negativa, enquanto 69% recomendam a marca ou a empresa para amigos após uma experiência de atendimento positiva. A experiência do cliente está diretamente ligada à percepção que as pessoas têm com relação à marca e à empresa.

A percepção é o resultado da digitalização com a simplificação de todos os processos de negócio com foco na diferenciação ao cliente, criando relações bem-sucedidas com os clientes e fortalecendo o engajamento da sua marca.

O marketing digital, competência para atrair mais consumidores

O marketing digital é uma estratégia de marketing aplicada e adaptada à internet e aos dispositivos móveis, cada vez mais utilizada por pessoas de todas as faixas etárias. É também um conjunto de atividades de marketing para atrair mais consumidores, para se comunicar com eles, criar um relacionamento mais próximo e, principalmente, construir uma identidade de peso com a marca no mercado.

Como a internet é a maior fonte de informação do mundo, as empresas de qualquer porte e segmento estão investindo cada vez mais em marketing digital e de conteúdo. O grande desafio do marketing digital é a entrega da mensagem certa para o público certo e na hora certa, possibilitando a comunicação de forma bilateral, criando assim uma relação de confiança entre o público, marca e empresa.

Para isso, é necessário investir em novas competências, em profissionais qualificados e ferramentas adequadas, a fim de se otimizar *websites*, criar conteúdos digitais relevantes e ampliar a visibilidade das páginas em mídias sociais como: **WhatsApp, YouTube, Instagram, Twitter, LinkedIn, Pinterest, Google**, dentre outros.

Portanto, a empresa que possui um excelente relacionamento pela internet terá muito mais oportunidade de se engajar com o seu público-alvo, ganhar a sua confiança e ampliar a sua reputação.

Análise preditiva: como se relaciona com o marketing e contribui para a tomada de decisão

O termo "análise preditiva" não é novo; porém, com o avanço e a integração da tecnologia à gestão dos negócios, essa técnica tem sido cada vez mais utilizada pelas empresas para evitarem riscos e impactos financeiros resultantes dos cenários mercadológicos dinâmicos e instáveis.

A análise preditiva tem o objetivo de prever cenários futuros ao aplicar técnicas estatísticas, probabilidades e a mineração de dados, para assegurar que os gestores tomem decisões com base nas projeções de cenários mais acurados, mitigando riscos e perpetuando o negócio.

Vivemos a era da informação, em que os dados estão em toda parte e acessíveis em qualquer lugar. Desta forma, o grande desafio das e empresas é como organizar esse volume exponencial de dados para identificar e compreender a necessidade do mercado, bem como o perfil e as mudanças de comportamentos dos clientes e potenciais compradores.

A projeção de cenários com base dos dados é realizada por meio de *machine learning*, ou seja, pelo aprendizado da máquina, que utiliza algoritmo para efetuar cálculos estatísticos para traçar prognósticos, exigindo das empresas novas competências e um novo perfil profissional: o do **Cientista de Dados**.

Praticamente, todos os ramos de atividade podem se beneficiar da análise preditiva, que, na indústria, é utilizada para melhoria contínua de processos, qualidade, custos e produto.

Transformação digital: uma nova competência exigida pela inovação e pela era digital

Em uma definição ampla, a transformação digital está relacionada ao uso de tecnologias, como a internet das coisas (IoT), conectividade, análise de *big data* e inteligência artificial aplicada aos processos de negócio de uma empresa. Porém, a **Transformação Digital (TD)** não é somente o uso de novas tecnologias; a decisão de implementá-la deve resultar de uma estratégica corporativa.

O principal desafio na jornada do processo de TD é considerar a inovação como meio, não como fim; ou seja, antes de se implementar novos processos e tecnologias, é fundamental entender quais são os resultados esperados, pois a TD também se relaciona com a transformação cultural na empresa, envolvendo o desenvolvimento de novas competências quanto a inovação, cultura ágil e *mindset*.

"Avançamos o equivalente a dois anos em apenas dois meses", como disse o **CEO da Microsoft, Satya Nadella**. Certamente, a pandemia da covid-19 foi o principal gatilho para a transformação digital, suportando o avanço acelerado tanto de novos negócios no digital, quanto de empresas físicas que tiveram que se adaptar ao formato híbrido (físico e digital), desenvolver rapidamente novas competências e redesenhar a sua cadeia de valor.

A TD não é uma necessidade apenas para empresas de grande porte. As pequenas e médias empresas também podem investir em tecnologias digitais para automatizar suas atividades operacionais, dedicando-se aos objetivos estratégicos do negócio.

Migrando do off-line (papel e planilhas) para o on-line (aplicativos inteligentes para se otimizar e gerenciar os processos de negócio), temos a chance de repensar a operação tendo a tecnologia como principal aliada na aceleração do negócio acerca das mudanças constantes do mercado.

O processo de aceleração demanda mudanças em todos os processos de negócio da empresa, desde o planejamento estratégico até a entrega de mercadorias aos clientes, gerando desconforto inicial e a quebra de paradigmas culturais nas empresas.

Nesse cenário, estimular a inovação é fundamental para se desconstruir a ideia de que a transformação digital é inalcançável, de alto investimento e complexa, principalmente para as empresas familiares e/ou de pequeno porte.

Deseja tornar seus processos de negócio ágeis e eficientes de forma simples, segura e consistente por meio da transformação digital, mas não sabe por onde começar? **Fale comigo ainda hoje.**

29

THE LOVE LAKE LAGO GRANDE (CAMOCIM, CE)

O The Love Lake – Lago Grande é um projeto do Chateau Julie inspirado para levar a prosperidade àqueles que buscam o amor em sua melhor versão e àqueles que compartilham emoções naquilo que se propõem a viver, levando o verdadeiro propósito da vida, que é fazer a diferença e impactar as pessoas. The Love Lake – Lago Grande é um empreendimento exclusivo que o fará sair da rotina, mudar de ares e viver uma experiência especial ao lado de quem ama ou, até mesmo, viver a experiência solo para que você possa dar um *reset* no corpo e na mente, sentir o calor do sol exuberante, da brisa do mar, do vento constante, das dunas de areia branca cor de baunilha e 60 km de extensão de lindas praias paradisíacas. Isso tudo é a essência do The Love Lake – Lago Grande, Camocim. Será uma viagem inesquecível e incomparável que você terá que viver. De coração aberto, The Love Lake espera para recebê-lo.

JULIE CARROLL E CLAUDYANA BASTOS

Julie Carroll

Contatos
Chateaujulie.com.br
CEO@chateaujulie.com.br
88 8212 5069

Autora de *Ser você é ser raiz*. *Master life coach* formada pela Febracis, Brasil e Florida Christian University, Orlando, Flórida. CEO da Love Lake Jeri, Chateau Julie e Jeri Invest. Brasileira residente em Atlanta, nos EUA, há 20 anos. Fluente em várias línguas e com uma bagagem que acumula mais de 60 países, Julie Carroll tem muita história para contar e muita inspiração para passar.

Claudyana Bastos

Contatos
claudyanna@cbastosadvogados.com
Instagram: @cbastosadvogados
85 99615 9000

Advogada, especialista na área de direito imobiliário, com foco em transações imobiliárias do país. Formada pela Universidade de Fortaleza e pós-graduada pela Universidade 7 de Setembro; CEO – C BASTOS ADVOGADOS ASSOCIADOS. Atuação em estruturação de investimentos na construção ou desenvolvimento de novos empreendimentos nacionais e estrangeiros. Cearense residente em Fortaleza, casada, Claudyana Bastos é uma nordestina arretada, apaixonada pelo potencial turístico do litoral do Ceará.

O paraíso nordestino escondido no agreste coastal, até então desconhecido, mas certamente um cartão-postal que qualquer um adoraria vivenciar, ainda que seja apenas um final de semana, chama-se The Love Lake – Lago Grande. Com essa percepção exclusiva, é fácil imaginar o destino onde está o paraíso à sua espera; está ali, pronto para o receber com a hospitalidade cearense e com um toque multicultural. Você já imaginou estar em um local exótico e intocável onde a natureza é preservada e que ainda está por ser descoberta, com a certeza de poder se ver as estrelas com nitidez, sem a beleza ser ofuscada pela influência do mundo moderno, onde a brisa fresca e o mar se encontram no seu estado prístino?

Um lugar paradisíaco é sinônimo de belo e apaixonante aos olhos de quem vê e carrega consigo características inigualáveis, que ajudam a estilizar e compor a elegância do destino. The Love Lake – Lago Grande se resume em: um pôr do sol exuberante, por sinal, pode até se dizer que é possível tocar nele, você verá; localização geográfica próxima à Linha do Equador, favorecendo o vento constante 365 dias ao ano, seduzindo os esportistas que buscam para a prática do *kitesurf* e *windsurf;* praias desertas da porção oeste do Estado, com contornos selvagens, marcados por dunas de areia branca e mar azul; proximidade do Parque Nacional de Jericoacoara (Ceará), área de preservação ambiental, com um rico ecossistema costeiro; um paraíso congênito, seguro cosmopolita e exclusivo.

Qualquer turista que busca um *check-in* em meio a uma paisagem natural e clima aconchegante em seu portfólio de viagens, precisa conhecer e sentir essa experiência nesse agreste costeiro. Afinal, sem esses fatores, seria impossível descrever o verdadeiro The Love Lake – Lago Grande. O que seria de uma lua de mel inesquecível se não existissem paraísos românticos e novas aventuras? Afinal, a vida e as nossas experiências são feitas por memórias inesquecíveis ao lado de pessoas especiais, e ali é onde tudo acontece.

A costa nordestina é exuberante, mas o litoral do estado do Ceará merece um destaque especial. Sua extensão norte e leste é banhada pelas águas quentes do Oceano Atlântico e pelas planícies costeiras que influenciam o clima perfeito desse paraíso, a sul e a oeste, respectivamente. O Ceará é rico em diversidade cultural e de etnias, foi colonizado por europeus (portugueses e holandeses), além de sua integração com os índios e negros. Por esse motivo, apresenta uma personalidade própria e toda peculiar de quem ali vive. Após tantas gerações e readaptações culturais dos "nativos", dessa vez os europeus voltaram para deixar marcadas de uma vez por todas as suas bandeiras, com os sul-americanos e os norte-americanos, todos com um só propósito, levar a prosperidade ao paraíso. O The Love Lake – Lago Grande está ali para deixar marcas e impressionar os amantes da natureza exótica e exclusiva, seja para viver uma experiência a solo, a dois ou em família.

O The Love Lake – Lago Grande está localizado em uma das regiões mais ensolaradas do Brasil. Por isso, uma das suas principais características é o sol e a brisa constante. Pode-se considerar que é a cidade costeira com mais dias de sol e vento, com temperatura média de 27°C, proporcionando dias agradáveis e frescos.

Você já imaginou acordar com o som das palhas do coqueiro, a brisa fresca vindo do mar, uma bela fauna e flora nativa e um sol limpo, claro, brilhoso e cheio de energia, com a beleza das lagoas e lagos de águas cristalinas reluzindo a imagem do amor constante dos casais que ali escolhem viver memórias inesquecíveis? É um sonho descrever esse cenário, imagine estar inserido nele, sentir o aroma do ambiente e associar isso tudo a uma experiência. O oceano e as areias brancas com coloração de baunilha chegam a ser fascinantes aos amantes que ali buscam a paz e o aconchego exclusivo. Nada igual, por sinal: único! Sendo exatamente o que todos almejam: exclusividade. Você poderá voltar para casa e falar para a família e os amigos que teve a oportunidade de experimentar o novo.

Já não bastasse estar inserido no The Love Lake – Lago Grande, propriamente dito, imagine realizar a Rota das Emoções, um circuito que envolve 3 paraísos naturais em 3 estados diferentes, como: o Parque Nacional dos Lençóis Maranhenses (MA), a Área de Proteção Ambiental do Delta do Parnaíba (PI) e o Parque Nacional de Jericoacoara (CE), se deparando durante todo o caminho com cenários maravilhosos do nordeste brasileiro. Paisagens primitivas, nativas, intocadas, protegidas, algo de que somente se sabe do que se está falando quando é possível vivenciar. Um pedaço na terra ainda desconhecido mundialmente, ideal para os viajantes que buscam a sensação de estar imerso na natureza. É puro ecoturismo com excelente infraestrutura para os mais diferentes tipos de público. O The Love Lake – Lago Grande, sem dúvida, é o destino para fincar a sua bandeira, seja ela passageira ou permanente.

Lago Grande, localizado em Camocim, no estado do Ceará, é um exemplo real do que se pode esperar de um paraíso tropical. Um destino romântico em meio à natureza e com mais tranquilidade, com suas raízes expostas que fascinam os amantes que por ali transitam desde as passagens por meio de balsas, a parada obrigatória com os cartões-postais dos corações dos apaixonados, até as lagoas, as praias desertas, as dunas de Tatajuba, ainda inexploradas, os encontros dos rios com o oceano. Tudo muito próximo do The Love Lake – Lago Grande e ao alcance das mãos a um intervalo de tempo de 45 minutos de distância. Desfrutar de todas essas oportunidades de maneira singular, personalizada, faz com que veja a vida com outra perspectiva, principalmente se você é uma pessoa que vive em uma metrópole.

O The Love Lake – Lago Grande é um destino aos que sabem conjugar o verbo VIVER, pois é um ponto de encontro de pessoas vindas de todos os lugares do mundo, inclusive do Brasil. Com uma boa infraestrutura viária e aeroviária, faz com que isso seja possível. Além do aeroporto internacional da Capital - Fortaleza, existem ainda 3 aeroportos regionais que estão localizados nos municípios de Sobral, Cruz e Camocim. Especificamente no aeroporto turístico de Jijoca de Jericoacoara, que fica no município de Cruz, chegam voos das três maiores companhias aéreas do Brasil. A outra opção é a viabilidade dos helipontos situados na região, proporcionando facilidade na via de acesso ao paraíso, tudo pensado para você viver uma experiência jamais imaginável.

O The Love Lake – Lago Grande é para todas as idades, com atrações diversas, como: *private beach*, parque aquático, lago ornamental, *playground* seco e molhado, spa, cervejaria, pier, campo de minigolfe e uma série de programações voltadas para um público específico, seja ele: casal, família, amigos ou até mesmo a criançada, em fase de execução de obra, com previsão de conclusão para julho de 2023. Além dessa integração nacional e internacional de forma controlada, que faz com que haja exclusividade no destino turístico, existe também o grande apelo pelos esportes aquáticos e de natureza em função das diversas trilhas e destinos naturais que podem ser explorados, dos quais podem ser citados: caiaque, *stand up paddle* e *kitesurf*. Essas características fortalecem ainda mais a característica multicultural do local. A singularidade ecológica do agreste coastal do local traz muita energia positiva para o destino.

Um ponto que também faz toda a diferença é a segurança do empreendimento temático e o heliponto Chateau Julie, homologado pela ANAC e DECEA, já em fase de construção. Por se tratar de um destino reservado e controlado, se faz necessário desenvolver uma composição de serviços, permitindo o acesso dos visitantes somente por meio de ticket exclusivo. Essa seletividade natural diminui a possibilidade de meros curiosos no destino turístico. Além disso, a própria população que usufrui dos empregos e oportunidades geradas de projeto turístico trata de se organizar para deixar o ambiente mais seguro. Dessa forma, os nativos dão continuidade ao projeto, fortalecendo as raízes e distribuindo o aconchego congênito, oferecendo o sorriso alegre estampado na forma gentil de servir. O The Love Lake – Lago Grande tem algo único, o amor em cada gesto e a cada detalhe a ser apreciado. Desde o formato do lago do amor "Love Lake" com águas cristalinas à hospitalidade única de ser do local.

Como o setor imobiliário de zona turística encontra-se cada vez mais em ascensão, os destinos paradisíacos ainda desconhecidos por muitos acabam por serem atratores naturais de investimento imobiliário, principalmente aqueles que possuem a forte característica de geração de emprego e renda para os estrangeiros. Para esses tipos de negócio, os bancos de investimentos no Brasil operam como atrativos: taxas de juros competitivas, longos prazos de carência, além de possibilitar o terreno próprio ou de terceiros como garantia do negócio. Cada vez mais os investimentos na área de hotelaria e turismo, tais como hotéis, resorts, parques temáticos ou imóveis para o desenvolvimento de atividade turística em áreas litorâneas ou de marinha recebem incentivos governamentais, como forma de alavancar a economia local.

Muito embora o mercado imobiliário brasileiro tenha se sofisticado muito nos últimos anos, a moeda brasileira ainda é bastante desvalorizada frente a moedas internacionais, como o dólar e o euro, o que justifica o crescimento de investimentos estrangeiros e, consequentemente, um grande potencial de sucesso. Essas pontes criadas entre culturas diferentes, locais exóticos e inexplorados, sol o ano inteiro, segurança e seletividade são pontos geradores de grandes oportunidades de investimento imobiliário. O The Love Lake – Lago Grande traduz esse ponto de convergência de investimentos.

Um projeto inovador, com excelente localização, possuidor de uma série de características de singularidade, espetaculares vizinhanças turísticas, com personalidade própria e pronta para se transformar em um dos grandes pontos multiculturais nacional e internacional. Esse é o "O Lago do Amor".

O The Love Lake – Lago Grande está esperando você para a jornada inesquecível da sua história, em Camocim – Ceará.

30

SEJA PROTAGONISTA DA SUA VIDA E DA SUA CARREIRA

Se você está lendo este capítulo, pode ter certeza de que está acima da média. Primeiro porque o hábito da leitura reforça a sua sede pelo conhecimento. Segundo porque o conhecimento, associado à ação, pode levar você a lugares incríveis. Quer uma prova disso? Eu nasci e cresci em uma cidade com pouco mais de quatro mil habitantes e, sim, hoje escrevo este capítulo para a *Coletânea Bienal*. Embarque comigo nesta jornada e saiba como é possível ser protagonista da sua história.

KELEN TURMINA

Kelen Turmina

Contatos
www.makagenciarp.com.br
contato@makagenciarp.com.br
Instagram: @kelenturmina / @hubmakagenciarp
LinkedIn: HUB MAK Agência de Relações Públicas
Facebook: HUB MAK Agência de Relações Públicas
54 99171 2799

Relações Públicas (UCS), especialista em Marketing (FGV). Tem experiência de mais de 20 anos na área de comunicação, atuando em empresas nacionais e multinacionais. Em março de 2019, fundou a MAK Agência de Relações Públicas, que hoje atua em formato de *hub* de comunicação. É coautora do best-seller *As donas da p**** toda: um livro escrito por mulheres empoderadas para inspirar outras mulheres*, com coordenação editorial de Juliana Serafim. Em 2021, participou da primeira turma da Academia de Mulheres Empreendedoras (AWE 1.0 - *Academy of Women Entrepreneur*), programa da Embaixada e dos Consulados dos EUA no Brasil. Programa no qual foi Mentora da segunda turma AWE 2.0 e é cofundadora da Caravana de Mulheres Empreendedoras. É apaixonada por comunicação e está sempre atenta a tudo o que é mais atual em estratégias, canais e ferramentas. Autodidata, gosta de ler, escrever e realiza pesquisas de aprimoramento constantes. Durante três anos, compôs a diretoria executiva do Conselho Regional dos Profissionais de Relações Públicas – CONRERP 4ª RS/SC. Desde 2016, é conteudista no coletivo Fantástico Mundo RP.

Se você consegue sonhar algo, consegue realizá-lo!
WALT DISNEY

Para quem sonha, fronteiras são demarcações de terra que indicam os limites entre municípios, porque sonhar permite perpassar fronteiras. Se na minha cidade natal Nova Araçá/RS, com pouco mais de quatro mil habitantes, acreditava que poderia ir mais longe, com a conectividade ficou claro que posso chegar lá, e você também. Enquanto escrevia este capítulo, fiquei pensando sobre o que motiva as pessoas a buscarem seus sonhos.

Antes de falar de pessoas de modo geral, vou fazer uma abordagem mais pessoal para que você mergulhe comigo nesta jornada, na qual a personagem é a Kelen, uma mulher empreendedora que sempre gostou muito de ler, escrever e estudar, desde a infância. Autodidata e curiosa, sempre buscou respostas para as suas perguntas e dúvidas. Sabe da importância da cooperação e do trabalho colaborativo. Acredita que nada na vida se constrói sozinho, pois sempre temos algo para aprender uns com os outros. Fronteiras para ela são linhas que marcam as divisões de cidades e países, mas a relação com as pessoas pode acontecer e haver afinidade independentemente do local onde residam. Olha a vida com otimismo, e em todos os desafios pelos quais passou ou conquistas, sempre buscou o "sim". Sabe aquela afirmação: o não eu já tenho, vou tentar e buscar o meu sim? É assim que a Kelen enxerga a vida e as oportunidades.

Mas o que isso tem a ver com estratégias para ser protagonista da sua vida e da sua carreira?

Em uma experiência recente de desenvolvimento na área de empreendedorismo feminino, tive a oportunidade de enxergar a empresa por uma perspectiva diferente. Sair do ambiente tradicional para implementar uma nova forma de gestão de negócios, alinhada ao propósito. Essa experiência trouxe mudanças e gerou resultados positivos tanto na vida pessoal quanto na carreira. Isso porque houve uma mudança na postura diante da vida e aqui não falo de sentar-se corretamente na cadeira, mas sim que atitudes diferentes geram resultados diferentes. Toda a ação gera sim uma reação e, quando sabemos o que queremos gerar, conduzimos nossas ações para que o propósito seja atingido e que elas façam sentido.

Tanto as ações deram certo que vou compartilhar aqui alguns insights que contribuem para a mudança de atitude que vão levar você, leitor, a ser protagonista da sua vida e da sua carreira. Anota aí e coloca em ação!

Acredite em você

Se você acreditar no que faz e fizer com dedicação, o resultado vai acontecer. Mas lembre-se, precisa fazer sentido para você. Quer um exemplo de acreditar e de persistência? Trouxe o breve relato da história do Walt Disney, que cito na frase de abertura deste capítulo e que muito me inspira.

Antes do Mickey Mouse, Walt Disney foi demitido do jornal Kansas City Star. O motivo? Falta de criatividade e boas ideias. Mas esse só foi o começo: Disney comprou Laugh-O-Gram, um estúdio de animação que acabou o levando à falência.

Por causa desses fracassos, Walt Disney decidiu ir para Hollywood. Ele e seu irmão criaram o Brothers Studio. A partir daí, veio o Mickey Mouse, a Disneyland – o parque temático na Califórnia – e 22 prêmios com filmes que marcaram a infância de qualquer um. (Época Negócios Online. 12 nov. 2016).

Essa citação é para reforçar que, mesmo diante da opinião de outras pessoas, Walt Disney seguiu acreditando e confiando no seu talento. E, entre nós, ele estava certo.

Onde você nasceu não define até aonde vai chegar

Atitude muda tudo. Se você tem um objetivo em mente, de aonde quer chegar tanto na vida pessoal quanto nos negócios, é imprescindível traçar uma meta relacionando os passos necessários para atingir seu objetivo. Se você focar no topo, possivelmente pode se desmotivar pois é um passo muito grande a ser dado. Mas se fracionar sua jornada em pequenas metas, ao longo do tempo vai somando as conquistas e fortalecendo os seus passos e sua base, o que possibilita que atinja seus objetivos com mais assertividade.

Defina o que é o sucesso para você

Há muitas definições para a palavra sucesso. Uns acreditam que é ter uma casa enorme, outros sonham com um determinado cargo, têm os que pensam em empreender. Existem ainda os que definem sucesso como conciliar a jornada pessoal com a profissional, para estar mais tempo com a família. Independente disso, te convido para refletir o que é sucesso para você. O que realmente faz o seu coração vibrar. E, independentemente da sua resposta, o sucesso chega quando você se dedica a ele.

Você cria as suas oportunidades

Se você tem uma meta, esteja preparado para colocar em ação. Todas as pessoas têm 24 horas por dia, ninguém tem mais do que isso. A diferença é que cada pessoa decide como vai distribuir o seu tempo ao longo do dia. Claro que as oportunidades surgem, mas você precisa estar preparado para elas. E se não surgirem, crie as próprias oportunidades. Quantos casos já ouvimos de pessoas que sem condições financeiras realizavam trabalhos como vendas de produtos em semáforos para custear os estudos e construir uma carreira.

Supere seus medos

Já tive muito medo. O medo paralisa. E sabe qual é a única forma de superá-lo? Enfrentando. Dando aquele passo a mais, confiando em você. A partir do momento que se desafiar a passar pelo medo pela primeira vez, vai compreender que a sensação é única como a expressão "vai com medo mesmo". Tanto na vida pessoal quanto na vida profissional, você passa a fazer o que realmente acredita e isso se torna um diferencial. O medo é a adversidade que nos faz sair da chamada zona de conforto, e só se evolui quando se vence o medo e a zona de conforto. Você vai perceber que algumas pessoas vão questionar o que está fazendo de diferente e a resposta é simples, fazendo o que queria fazer, mas que antes faltava coragem. E sabe o que é coragem? É enfrentar os medos.

Errar faz parte do processo de aprendizagem

Reflita: quantas oportunidades você deixou passar por medo de errar? Já falamos sobre medos e agora vamos falar do processo de aprendizagem. Quantas vezes os bebês tentam caminhar e caem até se fortalecerem e manterem as pernas mais firmes? Por que quando crescemos criamos essa crença em relação ao erro? Para ser protagonista, te convido: ouse. Tente, faça o que precisa ser feito. E se por acaso você enfrentar seus medos e o resultado for diferente, olhe-se no espelho e orgulhe-se de si mesmo, fale em voz alta: eu tentei. E avance para a próxima tentativa. Só erra quem faz. Entendeu? E vou te contar mais um segredo. Fazer pode dar muito certo sim. Afinal, a chave para o sucesso pode estar na habilidade de aprender com as adversidades e transformá-las pela persistência.

O que te motiva?

Pare e pense um pouco em si mesmo. O que você gosta? O que não gosta? O que faz seus olhos brilharem? No que é bom e se diferencia? Afinal, somos pessoas únicas. Silencie e ouça a si mesmo. Relacione os itens numa lista. Leia atentamente e reflita se hoje você faz o que gosta e o que é bom. Está ok? Agora fale (pode ser informal) com cinco pessoas próximas e peça a elas para dizerem no que você é bom. Com o retorno dessas pessoas, identificará se o que gosta realmente é o que transmite às pessoas. Isso se chama alinhamento entre gostar x agir x transmitir.

Seja humilde e aprenda com as pessoas

Aquela curiosidade que citei na abertura do capítulo me levava a sempre querer saber tudo. Pesquisa, leitura. Cá para nós, tem pessoa mais chata do que aquela que quer saber tudo? Ou que qualquer conversa interrompe com a resposta? Já fui assim e, de verdade, ouça mais do que fale. Essa atitude me fez perceber o mundo sob o ponto de vista das outras pessoas. Ouvir o que o outro tem a dizer é de uma grandeza e agrega muito para vida e para o trabalho. Então, seja humilde. Ouça mais!

Faça o seu melhor

Aqui vou me permitir citar Mario Sergio Cortella: "Faça o teu melhor, na condição que você tem, enquanto você não tem condições melhores, para fazer melhor ainda!". Se atender um cliente, receber uma visita, fazer um treino ou varrer o chão, faça o seu melhor. Realmente esteja presente e dedique-se ao que está fazendo.

Comece, tire os planos da gaveta

Quantas ideias você tem e espera as condições certas, o momento ideal para colocar em ação. Vou contar um fato aqui. O momento ideal é agora. Comece, siga aqueles passos que mencionei antes, estabeleça metas e objetivos, distribua ao longo do tempo e coloque em prática, uma meta de cada vez. Assim você vai perceber a evolução da ideia sendo colocada em prática. O ponto de atenção é que mensure os resultados a curto, médio e longo prazo. Faça avaliações periódicas e veja se é necessário ajustar algum ponto. Sugiro a aplicação do ciclo do PDCA (*Plan–Do–Check–Act* / Planejar–fazer– verificar–agir/corrigir), um método interativo de gestão de quatro passos, utilizado para o controle e melhoria contínua de processos e produtos. Para encerrar, outro ponto de atenção é iniciativa e acabativa. Finalize os projetos que iniciou e, se optar por desenvolver projetos paralelos, certifique-se de que na sua jornada seja possível se dedicar para que ambos tenham os resultados planejados.

Tenha momentos de lazer

Na vida temos alguns pilares que precisam de atenção para mantermos o equilíbrio. Gosto de citar a expressão italiana *"dolce far niente"*, que significa o ócio prazeroso e relaxante de fazer nada. Permita-se momentos de descanso, uma tarde na rede, algumas horas lendo um livro, jogando videogame, praticando esportes. Cuide-se! Essas pausas são necessárias para o bem-estar e para a criatividade.

Desenvolva o lado espiritual

Esse é outro pilar importante para o equilíbrio da vida e para que você seja protagonista. Independente da crença ou religião, desenvolver a espiritualidade é se conectar a Deus por meio da oração. Saber reconhecer o seu papel no mundo, quais valores são importantes para sua vida e com quais você mais se identifica. Praticar a gratidão, agradecer a vida e refletir sobre o que te trouxe até aqui e, com a mesma importância, praticar o perdão. Perdoar exige coragem e é um dos maiores atos possíveis de amor.

Participe de ações sociais e voluntariado

Doar o seu tempo, que é tão precioso, para praticar o bem e ajudar o seu semelhante é um ato de amor. Como cita Mateus 22:39, "Ame o seu próximo como a si mesmo".

Pratique o autocuidado

"Gentileza gera gentileza", José Datrino (1917-1996). Nunca economize: gentileza, sorrisos e bom humor. Seja gentil com você mesmo e com o próximo. Mostre que se importa e acorde agradecendo. Ser gentil não é uma fórmula, mas sim um autocuidado, cuide-se sendo gentil com você mesmo. Passamos por momentos desafiadores durante a pandemia. São tantas dores que o mundo está vivendo que precisamos ser a cura, semear o amor e o cuidado, mesmo que seja em pequenas atitudes. Como disse Shakespeare: "Eu aprendi que ser gentil é mais importante do que estar certo".

Honre sua família

Respeite as suas origens, a sua história e a sua trajetória. Reconheça os aprendizados que recebeu dos seus pais e antepassados, valorize os passos que você deu até aqui e lembre-se do que cada passo te ensinou e quais deles podem apoiar nessa jornada presente com foco no futuro. Estamos falando em protagonismo na vida e na carreira. Reflita: o que você faria de diferente hoje para atingir os resultados e contribuir para mais um passo e chegar com base sólida no amanhã?

Evite comparações

Cada pessoa tem uma jornada e uma base. Além disso, você é único. As comparações fazem com que tome más decisões, elevam o estresse, a ansiedade e causam até depressão. Até porque você compara o que vê nos outros com o que sabe sobre si mesmo. As coisas sempre parecem melhores por fora do que por dentro. As pessoas costumam colocar uma imagem parecendo melhor para o mundo do que se sentem por dentro. Invista seu tempo (lembra as mesmas 24horas?) em melhorar você com base no que foi ontem. Use esse tempo para comemorar suas conquistas e avanços. Cada pessoa é única e tem a própria caminhada. Aceitação é a chave do crescimento e do protagonismo para sua vida e carreira.

Aprenda com quem você admira

Tem alguém que você admira? Fale. Tem algum projeto que faz brilhar seus olhos? Faça *benchmarking*. Esteja próximo de quem você admira, faça perguntas, tire dúvidas e aprenda. Lembra o item humildade? Esteja disposto a aprender e a ouvir.

Cuide do seu corpo e da sua mente

"Mens sana in corpore sano" é uma famosa citação de origem latina que significa "uma mente sã num corpo são", poeta romano Juvenal. Alimente-se de forma equilibrada e nutra a sua mente com informações que realmente agreguem valor para a sua vida e para os seus negócios. Já citamos que somos pessoas únicas, com a mesma quantidade de horas no dia e que onde você investe seu tempo pode fazer a diferença nos resultados. Agora reforço que as informações e alimentos que consome durante esse tempo são fatores determinantes para os resultados que queira alcançar.

Saiba ouvir a opinião dos outros, mas siga a sua intuição

O entendimento de cada um sobre os acontecimentos que vive condiz com a própria visão de mundo. A versão vai sempre refletir a essência de quem traz a opinião que pode sim contribuir, agregando uma forma diferente de enxergar a vida e os negócios. Não vemos as coisas como são, vemos as coisas como somos. Respeite os limites, as ideias dos outros. Mais uma vez, permita-se ouvir, mas na hora de decidir, siga a sua intuição e o que você acredita. A isso denominamos autenticidade. As pessoas, de modo geral, vão se conectar a você ou ao seu negócio pela verdade e segurança que transmite.

Ligue o f***-se de vez em quando

A jornada está desafiadora e você tem a sensação de que está imerso com tantas informações, cobranças e prazos. PARE! Respire e evite responder às pessoas num momento de pressão e tensão. Nessa hora pare, permita-se uma caminhada e saia da situação. Essa parada muitas vezes é necessária para reorganizar as ideias, pensamentos e refletir sobre a atitude a ser tomada. Quando estamos em situação de forte estresse, a possibilidade de falar algo que não diria em outra situação ou direcionar palavras de forma agressiva a pessoas mais próximas é um risco que pode ser evitado e que pode evitar, inclusive, gerar situações desconfortáveis. Se estiver nervoso, fique em silêncio.

Saiba dizer *não*

Já ouviu aquela expressão "o não é libertador". Quando dizemos "sim" para tudo, queremos ser uma pessoa boazinha, mas como fica a nossa saúde e bem-estar? Dizer "não" é necessário, às vezes, inclusive para definir o que é prioridade para você. E quem realmente gosta e o respeita, vai entender o não.

Dinheiro é sim importante

Valorize o seu trabalho e reconheça o trabalho do outro. Quanto tempo você investe em conhecimento, em estudos e para aprender algo novo? Reconheça que se presta um serviço ou vende um produto esse é o seu negócio. Assim como a atitude faz a diferença e muda sua vida, a percepção que tem de valor sobre o seu negócio também faz a diferença. Dinheiro é importante, ao contrário das crenças que dizem que querer ter dinheiro é feio ou ruim. Vou deixar uma pergunta aqui: como você paga as suas compras, seu alimento, moradia, estudos e acesso à saúde? E da sua família?

A mudança é uma constante

Sabendo disso quero instigá-lo a ter atitude para ser protagonista da mudança. É você quem decide como lidar com a vida e define os seus resultados. As situações de mudanças provocam inquietudes, ajudam a nos questionarmos e a revermos nossas ações. Cientes disso, em vez de se colocar numa posição passiva de aceitação, mova-se e seja o ator principal desse processo.

Alinhe as expectativas

Tanto na vida pessoal quanto na vida profissional, tem uma questão peculiar, mas que pode impactar nos resultados. São as chamadas "expectativas". Elas são criadas desde o primeiro contato, por isso a clareza de informação e aquela máxima "o óbvio precisa ser dito" são de suma importância para todas as relações. Pratique o hábito de registrar o que foi combinado, de forma sucinta, como se fosse um "acordado" em resumo entre as partes. Essa prática gera mais leveza nas relações e com isso, é claro, resultados positivos.

Para encerrar esses insights sobre protagonismo na vida e nos negócios, vou abordar algo que vivenciei durante os atendimentos de mentoria que prestei e que pode ajudá-lo a olhar os negócios sob uma ótica diferente.

Deu "ruim" e agora?

Se você percebe que a situação da empresa, financeiramente, está se agravando, reinvente-se. Já ouviu a expressão *pivotar*? Faça o levantamento financeiro do seu negócio (inclua as despesas menores) e avalie cada um dos itens, abrindo possibilidades, alternativas e possíveis resultados necessários para superar esse momento desafiador. Desenhe, se necessário, para ter uma visão ampla. Defina estratégias, prazos para que essa ação passe a gerar resultado. Realizou o estudo? Aplicou? Permita-se pensar "fora da caixa", criar um negócio diferente a partir do atual, pivotar, como utilizado no empreendedorismo. Sabe-se que nas dificuldades e desafios a atitude fará a diferença e, como diz o ditado popular: "Mar calmo nunca fez bom marinheiro".

Se chegou até aqui, espero que este conteúdo inspire você a ser protagonista da sua vida e da sua carreira. Lembre-se de que o segredo não está na velocidade que você anda, mas na certeza e segurança dos seus passos. Finalizo com uma frase da minha mãe, Neide Marchetti Turmina, que gerou em mim o amor pelas palavras e sempre incentivou a ler, escrever e estudar: "Cada pessoa tem o seu próprio caminho e está numa fase de desenvolvimento. Temos que aprender a respeitar a velocidade de cada um". Permita-se o movimento, permita-se seguir em frente. Lembre-se: você é protagonista.

31

LEVE A VIDA DE UM JEITO MAIS LEVE

Neste capítulo, o leitor encontrará algumas técnicas e estratégias para cuidar-se mais e obter uma vida mais leve. Por uma vida mais tranquila, mais prazerosa e mais feliz, porque você merece! Uma vida mais tranquila e mais leve só depende de algumas mudanças de hábitos que podemos nos permitir fazer e que, acredite, mudará tudo ao seu redor como num passe de mágica.

MÁRCIA TEJO

Márcia Tejo

Contatos
marcia@wayback.com.br
LinkedIn: https://bit.ly/3l8deL2 (Márcia Tejo)
Instagram: @marcia_tejo/

Tem sólida experiência no mercado de crédito e cobrança, constituída pela vivência de 39 anos no segmento de prestação de serviços. Atua na gestão e capacitação de pessoas e colabora para a melhoria contínua na área de Recursos Humanos. Vice-presidente da Way Back. Graduada em Administração de Empresas. Pós-graduada em Gestão de Recursos Humanos. *Self Coach*. Apaixonada por jovens talentos, contribui com o desenvolvimento das pessoas que têm interesse em ingressar no mercado de trabalho.

No geral, as pessoas vivem em uma correria desenfreada, como se o mundo fosse acabar e tivéssemos que resolver as coisas rapidamente. Estamos constantemente preocupados e sobrecarregados com um turbilhão de coisas, tentando solucionar um desafio atrás do outro. Apesar de algumas pessoas se sentirem muito mais produtivas e mais seguras lidando com toda essa carga e trabalho, isso uma hora acarretará o aumento dos níveis de estresse e, consequentemente, baixa vitalidade da nossa mente e do nosso corpo.

Não é por acaso que já escutamos em algum momento: "Mente sã, corpo são".

Levar uma vida mais tranquila não quer dizer abdicar de suas responsabilidades e tarefas diárias, pelo contrário, significa dar novos significados e pesos para o que hoje você coloca em sua lista de prioridades. Uma vida mais tranquila é uma vida com mais momentos de alegria, menos cansaço. Afinal, quando falamos de permitir-se apreciar os momentos de prazer, estamos realmente falando sobre viver.

Então, mais bom humor, menos ansiedade! E é por esse motivo que gostaria de compartilhar aqui algumas dicas de como levar uma vida mais leve, mais tranquila e feliz, baseadas na minha própria experiência.

Vamos lá:

Já experimentou cuidar de si mesmo?

Algumas pessoas vivem em função de cuidar do outro, de fazer para o outro, e muitas vezes esquecem-se de si mesmas.

Essa mudança de hábitos implica separar um tempo para cuidar de você. Já lhe disseram que você é seu maior ativo?

Você tem que ser a sua prioridade e não deve se esquecer disso nunca, pois, se você cuidar de si e estiver bem consigo mesmo, consequentemente, irá dar o melhor de si para as outras pessoas e tarefas.

E cuidar de você mesmo significa acordar mais cedo, procurar fazer uma atividade física, tirar alguns minutos para relaxar através de uma meditação, por exemplo, estudando temas que lhe dão prazer, entre outros modos.

Praticar atividades que cuidam da nossa satisfação nos ajudará diretamente a ter mais tranquilidade.

Outro ponto importante a se ressaltar é que temos o hábito de transformar situações em problemas. Em muitos casos, avaliamos as coisas pelo pensamento negativo, porém, se nos permitirmos, veremos que novas perspectivas sempre aparecerão com as novas situações. Para isso, reavalie a situação antes de tomar qualquer decisão ou atitude.

É sempre muito válido refletir em diferentes possibilidades. Independentemente de qualquer coisa, enxergar o lado bom das coisas é fundamental, e com isso conseguimos aprender. Ser negativo ou pessimista nos impede de ver amplamente.

Através dessas experiências é que nos sentimos mais fortes e seguros para seguir em frente, com maior bagagem e conhecimento. O conhecimento agrega e transforma. Inspire-se para aprender sobre assuntos de que gosta e principalmente sobre você mesmo. Quem se conhece, sabe de suas potencialidades e limitações, e fica mais seguro para tomar decisões e fazer escolhas.

Esteja cercado de pessoas boas

Manter a mente direcionada para enxergar as oportunidades requer treino. Ter atitude otimista perante à vida é uma questão de escolha.

Estar cercado de pessoas que nos fazem rir, acreditam na gente e nos proporcionam bons momentos para conversar, compartilhar conhecimentos, torcem por nós e, principalmente, nos aceitam como somos, sem nos julgar ou apontar o dedo a todo momento, faz toda diferença.

Portanto mantenha por perto pessoas assim.

Pessoas assim trazem para a nossa vida mais leveza e compartilham conosco uma vida espontânea e divertida, além de trazerem mudanças importantes para seu estado emocional.

Desapegue-se

Além disso, desapegar-se de coisas que você nunca usa e vive guardando como se um dia fosse usar ajuda demais, pois faz a energia fluir.

Quanto mais possuímos, mais preocupações são adicionadas a nossa lista mental de apreensões e angústias.

Desapegar-se do que ocupa espaço na sua casa e na sua vida irá ajudá-lo a organizar-se melhor, sentir-se melhor e a circular a energia que o rodeia.

Tenha em mente que uma vida mais leve também significa uma vida com menos coisas que nos atrapalham e mais coisas que nos fazem feliz.

Conecte-se com a natureza

A natureza estimula a nossa criatividade, alivia o nosso estresse e melhora muito o nosso humor.

Locais como parques oferecidos à população são indicados para quem procura trazer mais leveza ao dia a dia, passeando ou caminhando pelos gramados ou pela mata nativa do parque, respirando ar puro e sentindo a brisa ou calor do sol, ouvindo o barulho dos pássaros.

Seja bondoso

Em todo seu caminho, busque ter ações amorosas, pense em como você se enche de alegria por auxiliar, apoiar as pessoas, e não confunda ser bom com ser bobo.

Seja gentil, generoso e empático, em primeiro lugar consigo mesmo, e acima de tudo trate o outro como gostaria de ser tratado.

Quando tratamos os outros como gostaríamos de ser tratados, podemos ver um ciclo de boas energias sendo trocadas. Sentimo-nos felizes por fazer alguém bem e isso desperta nos outros a mesma vontade em relação a nós.

Quando você ajuda, você transforma o meio e se transforma também.

Pode acreditar, pois gentileza gera gentileza!

Não leve tudo tão a sério, relaxe mais

Quando você planeja cada passo ou toma decisões sobre tudo, sua vida não tem surpresas, não tem espontaneidade.

Não digo que não tenha que fazer planejamento, mas sim que você não precisa decidir tudo imediatamente, muito menos ter que lidar com todas as questões que o cercam.

Muitas coisas se resolvem naturalmente e muitas respostas lhe vêm quando você simplesmente deixa de lhes dar tanta importância.

Agradeça mais

Em muitos momentos, temos a nítida impressão de que estamos em meio a uma tempestade e automaticamente começamos a nos lamentar sobre as coisas; porém, se você se permitir olhar por uma outra perspectiva, isso muda.

Sendo assim: permita-se!

Ao invés de reclamar pelo que não conseguiu alcançar, seja grato pelo que de fato possui.

Olhar para trás faz com que vejamos o quão abençoados somos.

Reconhecer as suas limitações e as suas qualidades sendo justo consigo mesmo é a melhor maneira de transformar as reclamações em agradecimentos.

Seja grato por ser quem você é, pela sua história e por estar onde você está e aonde você chegou, e até seja grato pelo que está por vir.

Ter a consciência da importância de mudar é o primeiro passo para a transformação pessoal

Encontrar a motivação e reforçar a atitude positiva complementam o caminho da mudança de atitude. Todos nós podemos nos reprogramar para termos atitudes mais assertivas.

Mas uma coisa é importante saber, a mudança vem de dentro para fora e começa por cada um de nós.

Então, coloco aqui algumas dicas, também baseadas na minha experiência pessoal, sobre como transformar nosso lado pessoal por meio de pequenas atitudes.

São elas:

Elimine definitivamente a necessidade da perfeição

Sinta alegria e paixão com as coisas que você prepara em todas as áreas da sua vida.

Use entusiasmo ao preparar aquilo em que você coloca as suas mãos e o seu amor.

Tome pequenas atitudes hoje

Seja assertivo, escolha ser livre e responsável pelo seu caminho.

Decida pelo que quer e não pelo mais fácil. E decida sempre querer mais e melhor daquilo que lhe faz bem e feliz.

É mais fácil amar o que você está fazendo quando você está totalmente disponível para ser quem é, com as ações que toma.

A alegria invisível e a gratidão aumentam quando você não está diluindo esses pequenos momentos em arrependimentos passados ou preocupações futuras.

Lembre-se sempre: "Não é o quanto fazemos, mas quanto amor colocamos naquilo que fazemos".

Resolva pequenos problemas

Identifique pequenas decepções e aborrecimentos que se acumulam no dia a dia, os quais você acaba somatizando.

Reflita se realmente precisa fazer pequenas mudanças e considere carreira/estudos/localização/trabalho etc., ou se é preciso ter uma conversa profunda com alguém para superar traumas e os medos que possam libertá-lo de muitas coisas, na busca de uma vida mais tranquila, saudável e feliz.

Lute contra a resistência de mudar alguns hábitos

Force-se diariamente a superar a resistência.

A mudança contínua constrói a dinâmica. Não precisa mudar nada abruptamente. É aos poucos que a mudança acontece.

Elogie-se

Elogie-se e recompense-se quando obtiver pequenas conquistas, isso vai aumentar a sua motivação.

Um exemplo de exercício que pode parecer banal, mas ajuda muito, são as atividades físicas, com as quais pouco a pouco você consegue melhorar a sua saúde, seus hábitos, sua alimentação, seu sono...

Outro exemplo é, aos poucos, começar a introduzir alimentos mais saudáveis em seu cardápio, economizar R$ 1,00 por dia, falar menos e escutar mais, entre outros tantos exemplos.

Com pequenos exercícios e dentro do seu universo, você terá uma sensação geral de abundância e saberá que precisa de menos para ter mais.

Outra coisa importante é repetir para si mesmo todos os dias: "Em todos os sentidos, eu estou ficando melhor e melhor!". E agradecer.

Pequenos pensamentos ajudam a refletir e melhorar aos poucos

Em vez de sentir-se oprimido pelo tempo que leva para concluir algo, dê pequenos passos complementares.

Faça um curso on-line ou escreva por cinco minutos, no momento em que você venceu o medo.

Tudo na vida é uma série de pequenos pensamentos.

Lembre-se: "A viagem de mil milhas começa com um passo".

As etapas podem ser aparentemente pequenas e insignificantes, mas quando avançam em direção à mudança contínua, elas transformam a sua vida.

Se você quer buscar novos sentidos, novas escolhas, você precisa se colocar em ação. AGIR para MUDAR.

Ficar à espera de que as coisas aconteçam, de que chegue o momento certo, não vai levar a nenhum lugar diferente do que já está.

Se está contente assim, ok, sem problemas, mas saiba que até dentro da caixa você precisa escolher, decidir, sempre.

Mas se você quiser estar fora da caixa, usando todo seu potencial, irá precisar de impulso e determinação, além de rever seus conceitos.

Se isso é o que você busca, aqui está a minha experiência, algo que venho aplicando ao meu dia a dia, no qual posso afirmar que vejo mudanças altamente benéficas.

Acredite no tempo das coisas e aceite a partida daquilo que não lhe acrescenta e não o faz evoluir.

Permita-se ser feliz hoje e sempre!

32

A CIRCULAÇÃO DOS AFETOS NA VIDA E NA ESCOLA

Algumas questões me acompanharam durante algum tempo: qual é, de fato, o papel da escola? O que acontece quando os alunos se reúnem em um grupo? Os sentimentos e afetos interferem no processo de ensino-aprendizagem? Qual é a razão de tanta violência nas famílias e nas escolas? Como ensinar os alunos a se relacionarem e a manifestarem seus afetos e emoções? Há espaço na escola para esse tipo de trabalho ou a preocupação está mais voltada para a informação?

MARIA AMÁLIA FORTE BANZATO

Maria Amália Forte Banzato

Contatos
maforte@terra.com.br
15 99640 9260

Educadora há mais de 30 anos, Especialista em Psicologia Social Pichoniana, coach, autora de livros e palestrante. Minha experiência com a educação foi fundamental para que eu pudesse me compreender e também a meus alunos, filhos e as pessoas à minha volta. Inquieta por natureza, a paixão pela sala de aula me levou a questionar minha prática e também a buscar novos caminhos e respostas para minhas dúvidas e inquietações.

Nesta minha jornada descobri que muitas das causas de dores e infelicidades estavam na distância que vamos tomando de nós mesmos em prol de um cotidiano e das exigências a que nos submetemos em nosso dia a dia.

Esquecemos de ser, de sentir, de sonhar, de realizar; esquecemos de perguntar para nós mesmos o que queremos e em que acreditamos. Vamos vivendo, aceitando os desafios da vida.

Amor, alegria, raiva, tristeza, coragem, medo, vergonha, confusão, potência, impotência, paixão... Tudo isso acontece dentro da gente! E o que fazemos com esse turbilhão de sentimentos e emoções que nos acompanha em nosso dia a dia? Como lidar com eles? O que devemos fazer quando sentimos **raiva, tristeza** e **amargura**? E quando sentimos **alegria, amor** e **coragem**?

Passamos a maior parte do tempo camuflando nossos sentimentos porque não nos parece correto falar sobre eles. Não fomos ensinados a lidar com nossos sentimentos e emoções. Ensinaram-nos o que é certo e o que é errado, o que podemos e o que devemos fazer; mas e nossas emoções, o que fazemos com elas?

Passamos a vida negando nossas emoções e não nos damos conta de que isso vai nos retalhando, vai nos trazendo dores e tristezas, tornamo-nos um vulcão a ponto de explodir a qualquer momento. Vamos nos afastando de nós mesmos e das pessoas; tornamo-nos mais irritáveis e violentos.

Falar de nossos sentimentos e emoções ainda é um tabu; e muitas vezes nos negamos a fazer isso em prol do profissionalismo, das funções que exercemos e de nossa própria rotina.

Como educadora, tenho percebido essa dificuldade por parte de educadores, pais e educandos. Pensar conteúdos relacionais ou ensinar a lidar com os afetos ainda é algo que assusta, que parece não fazer parte do universo da educação. Mas, afinal, como podemos ensinar algo que não fomos ensinados? Acredito que o problema está exatamente aí; é aí que mora nosso grande desafio. Será que não é chegado o momento de fazermos uma reflexão coletiva sobre essa violência que nos acomete a todos? A violência é cenário nas escolas, nas famílias e na sociedade. A agressividade permeia a relação dos alunos entre si, dos alunos com os professores e também com seus pares. A indisciplina gerada pelos grupos é um grito surdo de socorro. Há pouca tolerância para lidar com as diferenças e os desafetos. Quanto cada um de nós está implicado nessa questão e também é responsável por esses fatos? Responsabilizar o governo, a economia e tantos outros órgãos é tarefa fácil que nos libera da responsabilidade enquanto cidadãos.

É possível pensar soluções e buscar saídas para tal problema? O que cabe a cada um de nós?

Minha experiência como educadora e coordenadora pichoniana, mobilizada pelas questões das relações e dos afetos na sala de aula, me dá a certeza de que nós educadores/pais podemos juntos buscar saídas para essa questão. Como? Criando um espaço onde os afetos e os desafetos possam ser compartilhados, discutidos e modificados.

Parece-me que a violência é resultado de emoções reprimidas e negadas durante todo o processo de ser e estar no mundo. Não podemos nos esquecer de que somos seres sociais, constituímo-nos e reconhecemo-nos na relação com o **outro**. O outro nos convida a rever valores e conhecimentos, mobiliza sentimentos e afetos, possibilita repensar, revisar e transformar a partir das relações e das tarefas que realizamos coletivamente.

Penso que, se integrarmos nossos sentimentos e emoções em nossas vidas, se criarmos um espaço na sala de aula onde os afetos possam ser compartilhados, entendidos e discutidos, estaremos oportunizando nossos alunos a lidarem com suas emoções. Teremos a possibilidade de vislumbrar indivíduos emocionalmente mais equilibrados, capazes de lidar com as emoções, de resolver problemas e de pertencer ao grupo como agentes de seu próprio processo.

A circulação dos afetos na vida e na sala de aula possibilita desenvolver a capacidade do autoconhecimento e do conhecimento do outro, gerando uma relação de respeito mútuo e de corresponsabilidade para transformar a realidade em que estamos inseridos. Para que isso seja uma experiência de sucesso, precisamos nos disponibilizar como indivíduos e educadores a uma reflexão individual e coletiva sobre esses aspectos e também nos exercitarmos nessa tarefa que não nos ensinaram.

Em 1989, a partir da vivência em sala de aula no Ensino Fundamental, criei um projeto que intitulei "A Circulação dos afetos e o Desenvolvimento da Aprendizagem". Ele teve por objetivo despertar a potência dos alunos, resgatar sua chama como indivíduos, sua dignidade e ideal. Mais do que informar, acredito que tanto a escola quanto a família e a sociedade têm obrigação de possibilitar sua formação enquanto indivíduos que pensam, choram, alegram-se e entristecem-se. É necessário criar um espaço onde os sentimentos possam ser ouvidos, entendidos, integrados e compartilhados entre os membros do grupo. Um espaço onde os alunos possam reconhecer suas potências e dificuldades.

A circulação dos afetos no grupo contribui para o desenvolvimento da aprendizagem de maneira significativa, pois possibilita que os alunos tomem consciência de seu processo podendo SER, PERTENCER E ATUAR como protagonistas de sua própria história e de seu processo de aprendizagem.

Foram mais de quinze anos desenvolvendo esse projeto em sala de aula e pude durante esses anos aprimorar a minha prática por meio de teorias e estudos realizados. Muitos foram os autores e concepções que contribuíram para esse trabalho. Mas quero ressaltar um que, em especial – Pichon Rivière – me confirmou aquilo que acredito e me deu ferramentas para as intervenções e a compreensão das dinâmicas grupais. Com a luz da psicologia social pichoniana foi possível compreender melhor o papel e a função do educador e também enriquecer minhas intervenções a partir do conhecimento adquirido sobre o espaço psicossocial do grupo e de seus integrantes.

Os conteúdos novos apresentados em sala de aula mobilizam pensamentos e sentimentos nos alunos, é um momento de ansiedades e medos que precisam ser reconhecidos, tratados e compartilhados para que a aprendizagem aconteça. É necessário propor aos alunos a tomada de consciência desse processo para que possam revisitar, transformar e significar a nova aprendizagem.

O conceito de grupo e suas implicações no ato de aprender

Qual é o papel do grupo no processo da aprendizagem?

Será que a tarefa é clara para os educadores e os educandos? O grupo de alunos na sala de aula é convidado para compartilhar os projetos, as metas, os conteúdos, os problemas, as aflições e as conquistas? Há espaço para a construção de um grupo e de uma tarefa compartilhada?

Como garantir a individualidade do aluno e promover a identidade grupal? Como lidar com as diferenças? E o educador, qual é seu papel? Quem é ele neste grupo?

Antes de tudo o educador deve ter clareza quanto a sua função, sua tarefa e o papel que desempenha no grupo. O educador não é o amigo, não é a mãe nem o colega de classe. Ele deve ter uma relação assimétrica com seus alunos, pois sua tarefa no grupo é diferente da dos seus integrantes. O educador promove o cenário para o processo de ensino-aprendizagem; ele tem como tarefa promover a operatividade do grupo e o protagonismo de seus integrantes. Para isso, ele precisa conhecer quais são as leis que regem um grupo.

Para Pichon Rivière, grupo é um conjunto restrito de pessoas que, ligadas por constantes de tempo e espaço e articuladas por sua mútua representação interna, se propõe de forma explícita e implícita a uma tarefa, que constitui sua finalidade, interagindo por meio de complexos mecanismos de assunção e atribuição de papéis".

Os grupos são a possibilidade de aprender, de confirmar, de discordar, de reconhecer, de confrontar, de ser, de estar, de sentir, de pensar e principalmente de transformar e significar a aprendizagem.

Para Pichon, há dois organizadores do grupo: tarefa e vínculo. A tarefa é o fazer conjunto, é a operatividade do grupo; porém, a realização de uma tarefa mobiliza sempre pensamentos e sentimentos que precisam ser compartilhados, explorados, discutidos e entendidos por seus integrantes para a produção grupal.

Vínculo é uma estrutura complexa de relações interpessoais, uma representação que implica uma vivência externa e também uma construção interna a partir da ação conjunta que envolve comunicação e aprendizagem.

Na construção grupal o vínculo se estabelece em torno de uma tarefa; e as diferenças são um cenário para a aprendizagem. A eficiência dessa construção depende da clareza da comunicação e dos vínculos em torno do ato de aprender ou da tarefa grupal.

Conclusão

A circulação dos afetos na vida e na escola possibilita uma relação mais honesta e verdadeira entre seus membros. Exige um investimento pessoal e grupal e também a presença constante de um educador que observa, sente, arrisca-se, encaminha, ouve, pensa, reflete e compartilha os passos do grupo, promovendo uma comunicação clara e fluida e cuidando das relações interpessoais e do vínculo estabelecido entre seus integrantes.

Educadores e educandos precisam ser parceiros eficientes, criativos e audaciosos. A construção do grupo necessita de um espaço para as competências, as facilidades, as dificuldades, as dores, as alegrias, as conquistas, os afetos, os desafetos, as diferenças, os medos...

É um constante investimento, é um aprender a SER, a PENSAR, a SENTIR e a AGIR com o outro.

Estou muito feliz e honrada com a participação desta coletânea com a temática dos afetos tão importante nos tempos atuais.

Artigo escrito para a *Revista Grupo*, do Instituto Pichon Riviere (2005).

33

RECONHECENDO E ADMINISTRANDO NOSSAS EMOÇÕES DIANTE DAS FRUSTRAÇÕES E INCERTEZAS DA VIDA

Este capítulo tem como objetivo contribuir para a reflexão sobre a importância de se reconhecer e aceitar as próprias emoções e, ao mesmo tempo, de administrá-las de modo satisfatório, para que tenhamos mais serenidade e aceitação das frustrações e incertezas da vida, desfrutando daquilo que ela nos oferece de melhor.

MARIA HELENA LOBÃO

Maria Helena Lobão

Contatos
lobaomariahelena@gmail.com
31 99464 5237

Psicóloga formada pela PUC-MG em 2005. Possui pós-graduação em Gestão de Pessoas pela Faculdade Única de Ipatinga (2021). Coautora das obras: *Contos que curam: oficinas de educação emocional por meio de contos* (2019), *Momento zero* (2020) e *Otimizando relações* (2021), publicadas pela Literare Books.

As emoções são contagiosas. Todos sabemos disso por experiência. Depois de um bom café com um amigo, você se sente bem. Quando encontra um balconista rude em uma loja, se sente mal.
(DANIEL GOLEMAN)

A competitividade no mundo atual

Quando eu estava na quarta série do ensino fundamental, o que equivaleria atualmente ao quinto ano, na escola pública estadual em que eu estudava começou-se a premiar, a cada bimestre, o aluno da classe com melhor média nas notas, entregando-lhe um diploma de melhor aluno.

Um dos meus colegas recebeu o diploma nos três primeiros bimestres. No quarto bimestre, um outro colega obteve a mesma média que ele. Diante da ocorrência do empate, a professora perguntou ao aluno que já tinha recebido o diploma nos três bimestres anteriores se poderia deixar de entregar o diploma para ele e entregá-lo ao outro aluno, que ainda não havia sido agraciado. Ele respondeu que seus pais lhe disseram que, se ele não levasse o diploma daquele bimestre para casa, não ganharia presente no Natal.

Eu não me recordo da decisão que foi adotada para resolver a situação, mas esse episódio ficou guardado na minha memória.

Nós vivemos em um mundo competitivo, em que disputamos com os outros a posição de melhor aluno da classe, melhor funcionário, melhor empresa etc. E queremos estar sempre em primeiro lugar. Se não conseguimos, nós nos sentimos tristes, desanimados e frustrados. Também sentimo-nos diminuídos, como se aquele aspecto da nossa vida correspondesse ao nosso ser total, como se o nosso valor como pessoa dependesse apenas de nos sairmos bem naquela situação.

As expectativas e cobranças do mundo atual também costumam gerar muita ansiedade.

Reconhecendo e acolhendo as nossas emoções e sentimentos

É importante reconhecer o que estamos sentindo e acolher esses sentimentos e emoções. Então, sempre que estivermos com algum desconforto no corpo, devemos parar e prestar atenção ao que se passa dentro de nós: como está a nossa respiração, como estão nossos batimentos cardíacos, o que estamos sentindo naquele momento e quais são as possíveis causas desses sentimentos e emoções. Eu estou alegre, tranquilo, entusiasmado, esperançoso? Ou estou triste, angustiado, frustrado, decepcionado? Eu estou com raiva, sentindo-me injustiçado, traído, prejudicado? Ou estou em paz comigo mesmo e com os outros?

No livro *Permissão para sentir*, o psicólogo Marc Brackett descreve as habilidades necessárias para nos tornarmos cientistas da emoção, sabendo reconhecê-las em nós e nos outros, e aprendendo a lidar com elas.

Ao estarmos atentos aos nossos sentimentos e emoções, nós estamos "com os pés no chão", vivendo o momento presente, no aqui e agora. Estando consciente do que estou sentindo neste exato momento, posso buscar as causas desse sentimento e, após refletir sobre elas, tomar decisões mais satisfatórias e adequadas para minha vida.

Aprendendo a lidar com o desconforto e com as frustrações

Durante a nossa vida, nem sempre as coisas acontecem como nós desejamos. Então, nós nos sentimos frustrados, desanimados e, às vezes, com raiva também.

Uma das lições ensinadas pela filosofia budista é a lição do desapego. Nós sofremos porque nos apegamos às coisas, às pessoas e ao nosso eu. E um dos conceitos cultivados pelo budismo é o conceito da impermanência, ou seja, nada é permanente, nada dura para sempre. Nós nascemos, somos crianças por um tempo, depois somos adolescentes, jovens, adultos, velhos e, por fim, morremos. Além desses ciclos da vida, que são previsíveis para nós, podem ocorrer situações que modificam a nossa vida e que nós não podemos prever. Podemos ter uma boa saúde hoje e amanhã ficarmos doentes, podemos ter um bom emprego hoje e amanhã estarmos desempregados, podemos estar bem financeiramente hoje e amanhã estarmos falidos. E também pode acontecer o contrário. Podemos estar desempregados hoje e ter um bom emprego amanhã, podemos ter poucos recursos financeiros hoje e amanhã estarmos bem financeiramente. O mesmo acontece com os nossos sentimentos e as nossas emoções. Posso estar triste num determinado momento e alegre em outro. Posso estar com raiva e depois estar tranquilo e em paz comigo mesmo e com as outras pessoas.

Uma das causas do nosso sofrimento é o fato de querermos controlar aquilo que está fora do nosso controle. Nós queremos controlar as outras pessoas, queremos controlar os acontecimentos, e como não conseguimos estar no controle o tempo todo, nós ficamos frustrados e ansiosos. Outra causa de sofrimento é o fato de querermos ser tratados como pessoas especiais, dignas do amor e da admiração das outras pessoas. Nesses casos, nós medimos nosso valor pelo tratamento que recebemos do outro, tornando-nos escravos da necessidade de atenção e admiração do outro, e quando o outro não corresponde às nossas expectativas e não nos dá a atenção e admiração que desejamos, nós sentimos raiva e tristeza. Ou seja, o nosso amor-próprio fica condicionado ao olhar do outro. Isso tem a ver com o apego ao nosso eu, como se nós fôssemos o ser mais importante do Universo. Se eu me desapegar do meu eu, deixando de desejar que o outro me ame e me admire, deixando de querer que o outro corresponda às minhas expectativas o tempo todo, mas deixando-o livre para ser ele mesmo, aceitando, inclusive, que ele não corresponda integralmente à minha expectativa de amor e admiração, o meu sofrimento será menor.

Atualmente, uma das formas difundidas para lidar com a ansiedade e ter maior bem-estar é a prática da meditação. Existem várias técnicas de meditação. No zen-budismo, a meditação ocorre em silêncio. Ao se sentar para meditar, no chão ou em uma cadeira, a pessoa deve procurar uma posição que lhe seja confortável, deixando todo o seu corpo relaxado. Durante a meditação, os indivíduos permanecem imóveis. Essa postura pode causar algum desconforto, mas uma das lições aprendidas nesse processo é a de suportar permanecer no desconforto, assim como na vida, em que algumas vezes é necessário que suportemos permanecer no desconforto para alcançarmos um objetivo por nós almejado.

Resiliência: acolhendo nossas dores e vulnerabilidades e tornando-nos mais fortes

Um conceito muito utilizado atualmente é o da resiliência. Em Física, resiliência significa a capacidade que um objeto tem de voltar ao estado normal após ter sido submetido a uma deformação. Em Psicologia, o termo resiliência significa a capacidade do indivíduo de superar as adversidades, os obstáculos e as pressões psicológicas sofridas no seu dia a dia.

Os japoneses utilizam uma técnica para recuperar peças de cerâmica quebradas, denominada *kintsugi*. Por meio dessa técnica, as partes quebradas são coladas e as fissuras são destacadas, pintando-as com um verniz polvilhado de ouro ou prata. Assim, em vez de esconder as linhas que denunciam as partes quebradas, estas são realçadas com cores brilhantes, douradas ou prateadas, exibindo as feridas do seu passado.

Outra técnica de origem japonesa é o *wabi sabi*. *Wabi* significa simplicidade, rústico. *Sabi* se refere à beleza da idade, do desgaste pelo tempo. Então, a expressão *wabi sabi* significa também "ver beleza na imperfeição". A técnica do *wabi sabi* é utilizada na arquitetura e na decoração, buscando-se formas irregulares e assimétricas e privilegiando-se o que é natural.

Durante a nossa vida, muitas vezes somos ofendidos e maltratados pelos outros. Nesses momentos, nós nos sentimos despedaçados e quebrados, como se tivéssemos pouco valor. Outras vezes, possuímos alguma limitação, seja física, cognitiva ou emocional, e nos sentimos envergonhados por isso.

Aplicando as técnicas do *kintsugi* e do *wabi sabi* em nosso dia a dia, podemos aceitar e acolher os sentimentos que temos em relação ao que somos e ao que sofremos ao longo de nossa vida e ressignificá-los, tornando-nos mais fortes e, ao mesmo tempo, mais leves e mais desprendidos.

Existem dois contos que ilustram bem os conceitos de "resiliência" e de "ver beleza na imperfeição". O primeiro conto fala de um diálogo entre o carvalho e o bambu. O carvalho, todo orgulhoso, se vangloriava de ser uma árvore grande, com um tronco forte, enquanto o bambu era pequeno e possuía o tronco fraco. Um dia, porém, houve uma tempestade, que derrubou o carvalho no chão, enquanto o bambu se curvou, mas se manteve firme.

O outro conto fala de um empregado que todo dia carregava água para o seu patrão em dois potes, pendurados nas extremidades de uma vara apoiada em seus ombros. Um dos potes estava rachado na lateral e parte da água vazava no caminho. Então, o empregado entregava para o seu patrão um pote cheio de água e o outro pote com água só até a metade de sua capacidade. O pote rachado disse ao empregado: "Fico envergonhado de deixar parte da água vazar no caminho entre o poço e a casa do seu patrão. E você recebe menos porque leva menos água para ele". O empregado então respondeu: "Você já reparou que as plantas que estão do lado por onde você passa estão sempre floridas? Isso acontece graças à água que você deixa cair no caminho".

Lidando com a ansiedade

A palavra "ansiedade" me faz lembrar da personagem Claire, no filme *Melancolia*. *Melancolia* era um novo planeta e havia previsão de que ele iria colidir com a Terra. Estando próximo o período previsto para a ocorrência da colisão, Claire entrou num intenso e profundo estado de ansiedade.

Muitas vezes, a ansiedade toma conta de nós, trazendo preocupação e sofrimento desnecessários e impedindo-nos de pensar racionalmente.

Diante de um sentimento de ansiedade, podemos nos perguntar: "O que de pior pode acontecer?". "E se acontecer o pior, quais são as possíveis consequências desse fato?". Após responder a essas perguntas, chegaremos à conclusão, muitas vezes, de que a ansiedade que estamos sentindo é desproporcional às reais consequências daquilo que tememos que aconteça.

Muitos anos atrás, uma psicóloga me ensinou uma técnica que ela utiliza com seus pacientes. Essa técnica consiste em desejar que aconteça aquilo que a gente teme, pensando ou dizendo as seguintes frases: "Isso é pouco. Tem que ser muito". "Tomara que ...".

Por exemplo: se eu vou proferir uma palestra e estou com medo de gaguejar, de "dar um branco" e eu esquecer o que vou falar, devo pensar: "Isso é pouco. Tem que ser muito. Tomara que eu não consiga me lembrar do conteúdo do que vou falar. Tomara que eu gagueje e que seja vaiado pelas pessoas presentes. Tomara que o meu fracasso na apresentação tenha repercussão e ninguém me convide mais para fazer nenhuma palestra!". Se eu tenho uma prova e estou com medo de tirar uma nota ruim, eu devo pensar: "Isso é pouco. Tem que ser muito. Tomara que eu tire zero na prova. Tomara que eu seja reprovado na matéria e que não consiga me formar com a minha turma!". Se eu tenho uma entrevista de emprego e estou com medo de não me sair bem, devo pensar: "Tomara que eu me saia mal na entrevista. Tomara que eu seja desclassificado e não consiga o emprego!". Ao desejar que o que eu temo aconteça, a minha ansiedade cessa ou, pelo menos, diminui.

Essa técnica é denominada "intenção paradoxal". Ela foi criada por Viktor Frankl, psiquiatra que viveu como prisioneiro num campo de concentração nazista. Ele é o criador do método psicoterapêutico denominado Logoterapia e autor de vários livros, entre eles, *Em busca de sentido*.

Conclusão

É importante pensarmos que a vida é feita de sucessos e de fracassos, de momentos alegres e de momentos tristes, de tranquilidade e de turbulências. A sabedoria consiste em aceitar e aproveitar cada um desses momentos para aprender com o que eles têm a nos ensinar.

Referências

ARANTES, A. C. Q. *A morte é um dia que vale a pena viver*. Rio de Janeiro: Sextante, 2019.

BRACKETT, M. *Permissão para sentir*. Rio de Janeiro: Sextante, 2021.

DEVINE, M. *Tudo bem não estar tudo bem*. Rio de Janeiro: Sextante, 2021.

DOKHAMPA, G. *A mente serena: uma nova forma de pensar, uma nova forma de viver*. Teresópolis: Lúcida Letra, 2015.

FRANKL, V. E. *A psicoterapia na prática: uma introdução casuística para médicos*. Petrópolis. Vozes, 2021.

FRANKL, V. E. *Em busca de sentido*. Petrópolis: Vozes, 2021.

CHÖDRÖN, P. *Os lugares que nos assustam: Um guia para despertar nossa coragem em tempos difíceis*. Rio de Janeiro. Sextante, 2021.

GOLEMAN, D. *Inteligência emocional*. Rio de Janeiro: Objetiva, 1996.

HAN, B. *Sociedade paliativa: a dor hoje*. Petrópolis. Vozes, 2021.

HARRIS, D. *10% mais feliz*. Rio de Janeiro: Sextante, 2015.

KEMPTON, B. *Wabi sabi*. Rio de Janeiro: Best Seller, 2018.

MATTOS, F. *Maturidade emocional*. São Paulo: Planeta do Brasil, 2021.

PALMO, J. T. *No coração da vida: sabedoria e compaixão para o cotidiano*. Teresópolis: Lúcida Letra, 2015.

ROSENBERG, M. *Juntos podemos resolver essa briga*. São Paulo: Palas Athena, 2020.

SANTINI, C. *Kintsugi: A arte japonesa de encontrar força na imperfeição*. São Paulo: Planeta do Brasil, 2019

SHETTY, J. *Pense como um monge*. Rio de Janeiro: Sextante. 2021.

SUZUKI, D. T. *Uma introdução ao zen-budismo*. São Paulo: Mantra, 2019.

SUZUKI, S. *Mente Zen, mente de principiante*. São Paulo: Palas Athena, 1994.

VIORST, J. *Controles imperfeitos*. São Paulo. Melhoramentos, 2003.

WRIGHT, R. *Por que o budismo funciona*. Rio de Janeiro: Sextante, 2018.

SUPERANDO AS ADVERSIDADES

Neste capítulo, apresento um pouco da minha história e como consegui me tornar um empresário bem-sucedido no setor de calçados. Como em qualquer ramo de atividade, estabilizar uma empresa no Brasil é um desafio. No entanto, a minha experiência me trouxe um ensinamento: com humildade, dedicação e amor pela profissão, é possível atingir seus objetivos.

OHANNES KILEDJIAN

Ohannes Kiledjian

Contatos
ohannes.kil@viamarte.com.br
Instagram: @kiledjianohannes
LinkedIn: Ohannes Kiledjian
11 99984 0106

Empresário sênior, com carreira desenvolvida em empresas nacionais de grande porte do setor de varejo de alta qualidade, no segmento de calçados femininos. É membro ativo da Coletividade Armênia de São Paulo, representante da Via Marte e, desde 2012, um dos cônsules da Couromoda. Vencedor na categoria "Moda e Representante" do Prêmio Excelência e Qualidade 2013, da Braslider (Associação Brasileira de Liderança). Premiado com o selo prateado no Brasil Quality Summit 2022, evento alinhado com os Objetivos de Desenvolvimento Sustentável da ONU (*Sustainable Development Goals* – SDG) para 2030 na atividade diária das empresas, de seus membros, partes interessadas e na esfera de influência.

> *Buscai em primeiro lugar o Reino de Deus e a sua justiça, e todas essas coisas vos serão dadas por acréscimo.*
> (MATEUS, 6, 24-34)

Prestes a receber mais um prêmio em reconhecimento ao meu trabalho, posso dizer que nesses 30 anos de carreira muito aprendi, porém nada supera o que carrego na minha trajetória pessoal e profissional. E o versículo de Mateus, meu lema de vida, demonstra o quanto sou grato pelas minhas conquistas.

Como muitos brasileiros, sou filho de pais imigrantes. Meu pai nasceu em Alepo, na Síria, e minha mãe, no Líbano; meus avós foram sobreviventes do genocídio armênio. No Brasil, sempre participei ativamente da colônia armênia. Estudei na escola armênia desde o jardim da infância até a oitava série e falo fluentemente o idioma dos meus ascendentes, além de mais dois idiomas. Desde jovem, frequento o Clube Armênio (SAMA), do qual fui diretor e conselheiro. Fui também diretor e conselheiro da Igreja Apostólica Armênia do Brasil.

A convivência com a cultura armênia e sua comunidade fez com que eu tivesse contato com os lojistas que atuavam no comércio paulistano, principalmente no setor de calçados. Posso dizer que meu interesse por vendas começou nessa época. Contudo, o setor de vendas não foi minha primeira opção, porque precisava trabalhar para ajudar nas despesas da casa de meus pais.

Meu primeiro emprego com carteira assinada foi em uma multinacional de auditoria, na qual recebi três promoções em apenas dois anos. Mesmo com as promoções, meu salário ainda era baixo e, como arrimo de família, precisava melhorar os ganhos. Então, aproveitando a oportunidade do encerramento das atividades da empresa no Brasil dois anos depois, vi a possibilidade de começar a minha carreira como empreendedor.

Em setembro de 1992, resolvi que era momento de iniciar meu próprio negócio. De alguma forma, vislumbrava um caminho que poderia ser promissor se me empenhasse com foco e determinação. Com o apoio de um amigo de meu pai, que estava precisando de vendedor, iniciei minha carreira como representante comercial.

O início de uma empreitada não é fácil, contudo precisava arriscar e não ter medo. Como representante de uma pequena fábrica de calçados, caminhava de loja em loja para oferecer o produto e conquistar uma venda. Porém, a concorrência com as grandes marcas era desafiadora. A tríade preço/prazo/produto precisava se destacar na negociação para chamar a atenção do lojista.

Tendo a persistência como um dos meus pontos fortes, acordava com o dia raiando e juntava as caixas com os sapatos, de cinco em cinco, amarrava-as com fitilhos, de modo que não se soltassem, e saía em direção ao metrô. Digo sempre que as conquistas deixam marcas, e os fitilhos dos blocos das caixas mostravam isso. Meus dedos viviam machucados. Mas precisava ser assim para almejar uma venda.

Na época, os lojistas atendiam por ordem de chegada, não existia o horário marcado, como temos hoje. Então, se eu não madrugasse, perderia a oportunidade de ser um dos dez representantes a serem atendidos. Isso mesmo! Só dez teriam a chance de uma possível venda. Foi nesse momento que percebi que precisava ter um diferencial para me destacar em meio aos outros.

Desde criança, tenho um hábito que acabou se tornando minha marca: inverter as letras das palavras e pronunciá-las com o novo formato. Nessa brincadeira de raciocínio rápido, percebi que tinha uma habilidade de ver os dois lados de uma mesma situação. E usei isso a meu favor, de forma criativa. Quando chegava a uma loja, observava a vitrine com muita atenção e procurava saber as tendências de moda em calçados que eram desejados pela clientela, principalmente as mulheres, ou mesmo as necessidades de um determinado produto.

Com essa informação em mãos, apresentava a ideia na fábrica que eu representava e sugeria o produto para que produzissem. E assim, conquistava a venda, que era apoiada na necessidade do lojista e na oferta do produto. Dessa forma, comecei a me destacar entre os lojistas e entre as principais indústrias da área, conseguindo a primeira oportunidade de representar uma grande marca de calçados em São Paulo.

Neil Rackham (2008), em seu livro *Alcançando a excelência em vendas*, comenta que "o que importa na venda maior não é o número de necessidades implícitas que se descobre, mas o que se faz com elas depois de descobri-las".

Ter foco e objetivos claros

Costumo dizer que vender é muito mais que abrir e fechar a amostra, é entregar um produto com qualidade, preço justo, percebendo a necessidade do cliente. Ser um bom vendedor é conciliar os dois lados: de quem compra e de quem oferece o produto.

Considero que alguns aspectos são importantes para um vendedor se destacar:

- observar a necessidade do cliente;
- aprender a ouvir o que o outro (o cliente, principalmente) tem a dizer;
- comprometer-se com o que representa (marca e produto);
- colocar-se no lugar do outro (ver a satisfação diante do produto adquirido);
- ser fiel a seus princípios (moral e ética);
- aproveitar as oportunidades;
- entender o tempo da venda, transformando a negativa inicial em satisfação do cliente no pós-venda.

Isso é em que acredito tendo como referência a minha experiência e o resultado obtido com o meu trabalho. Afinal, mais que conquistar, manter-se na posição de destaque, em um mercado competitivo, não é uma tarefa simples. Nesse aspecto, reforço também alguns pontos importantes: seriedade, compromisso e fidelidade com sua clientela.

O quadro econômico brasileiro é instável, e isso não é apenas uma realidade atual; por isso, se sobressair como empreendedor exige mais que persistência, é preciso ter uma visão diferenciada, enxergar além do que é apresentado como realidade, acreditar nos seus valores e defendê-los mesmo diante das pretensas oportunidades que lhe são oferecidas por aqueles que querem se aproveitar dos benefícios do seu negócio.

Ao longo da minha caminhada, recebi muitos "nãos". Muitas vezes levava horas para chegar a um lojista que, com muita insistência, depois de ligações em telefones públicos, aceitava me receber e, em apenas cinco minutos, mal me dando a oportunidade de abrir as caixas, recusava o que oferecia porque não tinha "estrela", como as grandes marcas são conhecidas no mercado.

Para muitos, situações como as mencionadas eram motivo de desânimo, de desistência, de abdicar de um sonho. Eu, no entanto, recusava esses pensamentos e acreditava que o dia seguinte seria melhor e que tudo daria certo. Não me deixava abater pelas sucessivas negativas. Sempre tive a persistência como minha marca, como já comentei.

Quando me recordo do início de trabalho, percebo o quanto evoluí como profissional e quantas portas abri para que outras pessoas seguissem meu exemplo. Do vendedor de porta em porta, sem dinheiro até para se alimentar, debaixo de sol e chuva, caminhando pelas ruas de São Paulo em busca de uma venda, com as caixas de sapatos amarradas com fitilhos, para um profissional reconhecido e premiado no mercado de calçado, foi um percurso longo.

Hoje me considero um profissional realizado. Minhas empresas são destaque no mercado, represento uma marca que possui muitas "estrelas" e as vendas são garantidas. Mesmo assim, não deixo de sempre buscar um diferencial no que ofereço e no que faço.

Estratégias para vender mais

Ao refletir sobre minha trajetória, percebo a mudança atual em relação ao que se exigia de um profissional há alguns anos. Por esse motivo, mantenho-me sempre conectado ao que o mercado pode me oferecer como oportunidade de aprendizado.

Uma frase de Hunter (1989), em seu livro *O monge e o executivo*, "o homem sensato adapta o mundo a sua forma, o insensato se adapta ao mundo", se relaciona muito ao que tenho como conduta. Por isso, realizo cursos de aperfeiçoamento em vendas, estratégias de mercado e acompanho o setor com o qual trabalho nas redes sociais, principalmente em sites de famosas marcas europeias. Além disso, faço da leitura meu hábito diário, desde livros específicos da área como de assuntos gerais para ampliar minha visão de mundo.

Digo sempre que viso superar as minhas próprias metas em busca de melhores resultados. Hoje, com a rapidez na informação, é importante que o profissional de vendas tenha percepção em relação ao mercado, acompanhe as tendências, os estilos, o que as grandes lojas estão divulgando como moda, por exemplo, o que circula pelas ruas da França e da Itália, e o que é perspectiva de futuro.

Costumo usar uma metáfora para me referir a uma boa estratégia de venda: o bom vendedor carrega três melancias com apenas um braço. Isso quer dizer que, além de **perceber as tendências**, o vendedor precisa **entender de que o mercado está carente** e como **adequar o produto estrangeiro ao mercado nacional**. O equilíbrio entre os três elementos proporciona oportunidades de ver além da sua realidade: qual será a necessidade daqui a cinco ou dez anos no mercado consumidor e como meu produto pode atender às exigências deste público.

Uma carreira de sucesso implica comprometimento com os resultados que precisam ser alcançados, coordenando a prioridade do cliente com os prazos de entrega e a satisfação do consumidor final. A expectativa da empresa que represento é que eu venda, por isso adoto como norteador a superação do meu próprio padrão de vendas e o meu olhar aguçado para o que será tendência no futuro.

Além disso, superar os próprios objetivos, promover a comunicação com o cliente e com o fabricante de forma clara, entendendo que existe um alinhamento entre as necessidades do mercado e as tendências de moda torna o profissional um representante por excelência.

No setor de calçados, é fundamental estudar o "pé por pé", que significa conhecer o produto que está sendo comercializado, estudar as informações sobre o material utilizado, o tipo de salto, a variedade de cores escolhida para a estação, quais os modelos serão direcionados para o marketing digital, para as campanhas de TV etc.

De olho no futuro

Em paralelo com algumas décadas, posso dizer que uma preocupação atual é com relação ao equilíbrio físico e psicológico do profissional. A tecnologia trouxe uma agilidade positiva para os negócios e os facilitou muito também; entretanto, a instabilidade da economia, as avaliações de consumidores e as exigências profissionais mudaram no mesmo ritmo. E isso provoca desgaste psicológico significativo em quem está no mercado.

Para que eu possa lidar com a pressão diária na condução das minhas empresas e dar conta das exigências dessa atualidade tecnológica, busco na caminhada o equilíbrio de que necessito. Além da prática aeróbica, o exercício físico proporciona o relaxamento do estresse e promove a reflexão. É na caminhada que encontro respostas para perguntas e até estratégias para melhoria de desempenho nos negócios.

Ter um *hobby* favorece muito o desempenho de um profissional, principalmente por desenvolver algumas habilidades importantes. Na caminhada, por exemplo, preciso manter o foco para não tropeçar e até cair, além da coordenação para a movimentação dos passos de forma cadenciada. Esse combinado de ações promove bem-estar físico, pelo aumento da serotonina, e psicológico, por não centrar mais no problema a ser resolvido, mas em outros aspectos.

Conciliar vida profissional e pessoal não é algo simples, ainda mais quando você adquire posições de destaque. São muitas variantes a serem ajustadas. Por isso, faz-se necessário encontrar formas para que se possa amenizar o estresse, até para que você esteja bem. Não adianta nada ter boa condição financeira, ser bem-sucedido em seus negócios, mas ter dificuldade de relacionamento ou, então, ter vários problemas de saúde.

O dinheiro é importante para que se tenha uma vida de qualidade e possa expandir sua carreira, porém não deve ser o objetivo principal. Valorizar a família, a sua ancestralidade, os profissionais que atuam ao seu lado, enfim, ter um tempo para que possa relaxar e aproveitar a vida também é importante. O profissional deve ser o exemplo acima de tudo, como menciona Hunter (1989): "A capacidade real de liderança não tem nada a ver com a personalidade do líder, as suas posses ou o seu carisma, mas sim com a forma como ele é enquanto pessoa".

Considerações finais

Diferentemente de quando iniciei minha trajetória profissional, em que se aprendia com as vivências, com as conversas com outros profissionais e, muitas vezes, arriscando uma prática para ver se daria certo, hoje o jovem profissional encontra à sua disposição muitos recursos que podem ajudá-lo a dar os primeiros passos na efetivação do seu negócio, como cursos on-line de empreendedorismo, vários formatos de consultorias e *cases* que exemplificam situações do que não fazer e de estratégias que podem auxiliá-lo diante de um problema ou de um ideal de conquista.

No entanto, o caminho profissional é uma trajetória construída dia a dia, com foco em seus objetivos, visualizando o futuro que se descortina a sua frente. Não adianta apenas ter uma ideia e não traçar planos para realizá-la com metas bem definidas. Faz-se necessário ter clareza de aonde deseja chegar, das suas escolhas, acreditar no seu potencial. E, acima de tudo, agradecer por cada conquista, por cada caminho percorrido, por todas as dificuldades que serviram de ponte para que aprendesse e por todos aqueles que estão verdadeiramente a seu lado.

Por fim, tenha fé, humildade, cultive suas raízes e as virtudes que foram transmitidas pelos seus ancestrais. Seja grato ao seu passado, aprenda com ele e faça desse aprendizado o alicerce para viver o presente e construir o seu futuro. Afinal, o seu legado será a história que deixará ao mundo.

Referências

HUNTER, J. C. *O monge e o executivo*. São Paulo: Sextante, 1989.

RACKHAM, N. *Alcançando a excelência em vendas*. São Paulo: M. Books, 2008.

35

ESTRATÉGIAS PARA VENCER OS PRINCIPAIS BLOQUEIOS QUE O IMPEDEM DE VIVER DO SEU PROPÓSITO

Desde 2020, testemunhamos tendências que são aceleradas. O avanço das tecnologias, o crescimento do digital e a saúde e o bem-estar holístico se tornando valores inegociáveis para um número cada vez maior de pessoas. Se a demanda aumentou, por que não vemos tantos especialistas se destacando e se tornando donos de um próspero negócio de ajuda? Neste capítulo, você vai encontrar uma resposta para isso.

PATRÍCIA MELLO

Patrícia Mello

Contatos
www.patriciamello.com.br
contato@patriciamello.com.br
Instagram: @patriciamello.live
LinkedIn: https://bit.ly/39NukLM

Sou apaixonada pela liberdade e pelo autoconhecimento. Valorizo a autenticidade, o desafio, a contribuição, o crescimento e a diversão. Luto contra tudo o que me limita, principalmente internamente. Minhas principais forças são: amor, determinação e paixão. Meu propósito é ser um canal para empoderar mulheres a alcançarem liberdade emocional e financeira por meio do empreendedorismo. Sou mentora de empreendedoras que possuem negócios de ajuda, *master coach*, especialista em autossabotagem, palestrante e escritora. Assim, consigo unir e transformar meus saberes e experiências em um negócio único. Minhas certificações principais são: especialista em Inteligência Positiva (PQ *Coach Program* – Positive Intelligence), *master coach* criacional (*Coaching* de Vida e Carreira – IGT International Coaching), *life, business e leadership master* (Tony Robbins Research International), Administração (Estácio de Sá), mestrado, bacharelado e licenciatura em História (PPGHIS – UFRJ).

Que alegria poder compartilhar um pouco do que aprendi na minha jornada como "mulher empreendedora". Faço questão de escrever essas palavras juntas porque, na minha opinião, o gênero ainda importa. Não vou fazer aqui um discurso do quanto é difícil para uma mulher empreender porque também acredito que a forma como contamos nossas histórias importa. No entanto é preciso reconhecer que nosso ponto de partida e nossas necessidades são diferentes.

Não fomos estimuladas desde sempre aos negócios. Até 1962, a legislação previa que, para uma mulher ter conta no banco, trabalhar e ter seu próprio negócio, ela precisava da autorização do marido. O mundo dos negócios e das finanças historicamente pertenceu mais aos homens do que às mulheres. Isso dispara alguns medos inconscientes em nós.

Também não priorizamos as mesmas coisas que os homens. Em geral, costumamos ser mais agregadoras e holísticas. Buscamos o bem de todos: clientes, parceiros, equipe e, principalmente, da nossa família, desejando qualidade de tempo para estar com ela. Isso é uma característica maravilhosa presente no comportamento de muitas mulheres, mas a linha entre isso ser algo positivo e virar um padrão de autossabotagem é muito tênue. Corremos o risco de cuidar de todo mundo e esquecer de cuidar de nós mesmas.

Seja por questões históricas, familiares ou individuais, quando uma mulher decide empreender precisa de coragem para se libertar de uma certa imagem que foi socialmente criada para ela. Precisará de estratégias para lidar com alguns bloqueios como: medo de não ser boa o suficiente, medo do julgamento, medo do fracasso e medo de aquela voz interior ter razão ao dizer que ela não pertence ao mundo dos negócios.

Talvez você esteja lendo meu texto agora por interesse no empreendedorismo ou talvez porque o perfeccionismo a impede de pular alguns capítulos. Isso não tenho como adivinhar, porém arrisco dizer que sei algo sobre você.

Assim como eu, você valoriza uma boa história e é capaz de se inspirar na trajetória de outras pessoas. Do contrário, não estaria com este livro nas mãos.

Por falar nisso, parabéns por investir em você e no seu crescimento através do conhecimento. É possível que tenha comprado esse livro para prestigiar algum autor, mas não se engane, o ato da leitura é sobre você e não sobre quem escreveu. Garanto que vai tirar lições importantes aqui, pois acredito que em diferentes contextos podemos nos beneficiar de uma mentalidade empreendedora. Até mesmo quando trabalhamos para alguém ou quando temos o desejo ardente de ajudar pessoas a terem uma vida melhor.

Confesso que demorei para conseguir me apresentar como empreendedora. Por muitos anos, desejei ter sucesso na carreira, ser reconhecida, ganhar bem para me sustentar e me permitir alguns luxos. Porém, mais do que o reconhecimento e aquele sentimento de ter dado certo na vida, o que busquei foi segurança e certeza. Por isso, empreender nunca foi um sonho. Parecia muito arriscado e uma exigência demasiada, além de associar o empreendedorismo apenas a negócios tradicionais, como lojas, *e-commerce*, restaurantes etc. Realmente, sentia que não era para mim. Talvez você pense assim.

Se hoje empreender virou um caminho sem volta, no início era um caminho que não queria seguir. A verdade é que me senti traída quando descobri que, de repente, precisaria empreender. O ano era 2018 e tinha acabado de me tornar *coach*. Sonhava em transformar a vida de muitas mulheres com atendimentos individuais e com meu próprio *workshop*. Tudo o que mais queria era viver do meu propósito e ter um novo estilo de vida. Poder trabalhar on-line de qualquer lugar do mundo e ter autonomia financeira. Concentrei-me por muito tempo nisso porque, além de ser a parte mais agradável do meu trabalho, também era a parte mais segura. Tinha certeza de que minha entrega era excelente.

Curiosamente, apesar de confiar na minha capacidade técnica e de já ter tido algumas clientes, a engrenagem parecia não rodar. Como assim? Não é só dizer que sou *coach* e produzir conteúdo sobre autoconhecimento nas redes sociais? Aprendi na marra que, ao me tornar *coach*, também havia me tornado empreendedora, empresária, estrategista e influenciadora do meu negócio de ajuda. Aí precisei olhar para meus medos mais profundos. Se você está lendo meu texto agora e é *coach*, terapeuta holística, consteladora familiar, educadora parental, nutricionista, *personal trainer* etc., você também é dona de um negócio de ajuda e vai precisar transcender seus medos.

A maior parte das mulheres que possuem um negócio de ajuda não consegue se ver como um negócio e passa um bom tempo focando apenas no propósito. Inconscientemente, é como se ela ainda estivesse ocupando o lugar historicamente designado à mulher: o lugar do cuidar. Além disso, o desejo de ajudar é tão grande que a própria necessidade financeira é deixada de lado. Como se falar de dinheiro fosse errado, sinal de ganância ou de querer aproveitar-se de alguém que precisa de ajuda. Sem olhar para o dinheiro, sem cobrar corretamente por seus serviços e sem se ver como um negócio, o fluxo do dar e receber fica em desequilíbrio. E, pela ausência de resultado financeiro, a pergunta surge: será que sou boa o suficiente para isso?

Quando somamos isso à grande quantidade de oferta de novos cursos que o mercado do desenvolvimento humano e das terapias holísticas traz, é fácil ficar presa ao padrão de investir apenas no desenvolvimento técnico, acreditando que isso é o que vai trazer a solução para problemas que deveriam ser resolvidos com conhecimentos e estratégias que são do mundo dos negócios. Não sou contra novos cursos. Acredito que quem trabalha com pessoas precisa estar em constante atualização. Só que isso deve partir da sua ética profissional e não do seu medo de não ser boa o suficiente ou do seu medo de fracassar.

E o que fazer para interromper esse padrão?

O primeiro passo é explorar o que dinheiro, vendas, negócios e empreendedorismo significam para você. Em geral, quando alguém tem uma visão negativa disso, é porque tem crenças limitantes. Por exemplo: vendedores sempre se aproveitam das pessoas. Se falar sobre meu negócio nas redes sociais, vou parecer exibida. Todo mundo que tem dinheiro é ganancioso ou fez algo errado. Ter um negócio dá muito trabalho porque tem que gerenciar pessoas. Legalizar um negócio não vale a pena porque, no Brasil, os impostos são muito altos.

É importante fazer essa exploração, pois suas ações derivam desses pensamentos que você acredita serem verdade absoluta. Para isso, sugiro um exercício. Pegue um papel e caneta e faça uma autoinvestigação seguindo estes quatro passos.

1. Faça uma lista dos pensamentos que tem sobre dinheiro, vendas e negócios. Escreva sem medo! Só você verá o que está escrito.
2. Faça uma segunda lista explorando que outros significados isso pode ter. Vá se perguntando "e o que mais?", até esgotar as possibilidades.
3. Escreva como estaria agindo se não acreditasse que a lista 1 fosse verdade.

4. Escreva seus novos pensamentos sobre esses temas com base naquilo que precisa acreditar de agora em diante para seu negócio de ajuda prosperar. Releia estas afirmações diariamente para fortalecer isso dentro de você.

A maioria das mulheres que possui um negócio de ajuda foca em excesso a parte do ajudar por causa de suas crenças de não merecimento e por ter uma visão distorcida e negativa sobre dinheiro e negócios. Porém, como diz Tony Robbins, negócios são um jogo espiritual. Quanto mais nosso negócio prospera, mais podemos abençoar outras pessoas.

Pode parecer impossível, mas a verdade é que você só precisa achar um exemplo de uma mulher que criou seu próprio negócio, prosperou, semeou o bem, manteve seus valores e não deixou de lado suas necessidades familiares e pessoais para acreditar que isso está disponível para você também. E prepare-se intelectual, emocional e espiritualmente para ocupar esse lugar.

O segundo passo é normatizar e valorizar o erro e o fracasso. Sei que é desafiador, pois os negócios de ajuda costumam nascer de um ponto de dor profunda e do caminho pessoal de cura. Ou seja, você e sua jornada fazem parte do seu negócio. Então, quando algo dá errado, é difícil não ir direto para a autocrítica em vez de buscar o que precisa ser ajustado no processo.

Só que esse padrão de buscar ser perfeita e acertar sempre não é seu em essência. Ele está aí há bastante tempo e foi ensinado na escola e em casa. Não sei você, mas eu ganhava estrelinha na agenda por bom comportamento e presentes quando o boletim era azul. A intenção por trás disso era positiva. Porém, não me preparou para empreender.

Isso porque o sucesso não vem como consequência de sermos excelentes alunas ou de não fracassarmos em nada. Para ter sucesso nos negócios, é preciso apreciar e celebrar cada momento de fracasso, pois além de serem uma oportunidade de aprendizado, saber conviver bem com o fracasso e entendê-lo como *feedback*, ao invés de significar isso como motivo para desistir vai lhe garantir boas doses de resiliência e saúde mental.

Para ficar em paz com o fracasso, basta criar o hábito de se perguntar: no que fracassei hoje? O que aprendi com isso? Fazer intencionalmente essa busca vai mudar sua mentalidade. O objetivo não é se sentir aliviada se não houver fracassado. É se sentir indignada, pois isso vai significar que não arriscou ou não experimentou algo novo.

O terceiro passo é ter um estilo de vida no qual a coragem vale mais do que a perfeição. Todas as mulheres, em algum ponto de suas jornadas, já se questionaram se eram boas o suficiente para conquistar aquilo que desejavam. Sou boa o suficiente para essa pessoa comprar de mim? Estou fazendo o suficiente para ter sucesso na minha área? Tenho conhecimento o suficiente para empreender? Esse produto já está bom o suficiente para ser ofertado?

Só que essas perguntas dificilmente levam ao sim. Porque o suficiente, apesar de parecer que vai apontar para a existência do mínimo necessário, em geral, aponta para a falta. Se isso estiver acontecendo, saiba que não há nada errado com você. Todas nós enfrentamos esse medo e podemos buscar proteção através da perfeição na aparência, no comportamento, nas ações, nos estudos, na expressão e por aí vai.

A busca pela perfeição ainda está em processo de desconstrução. Ter coragem, assumir riscos, ousar fazer diferente parecia algo que somente feministas "inconvenientes" ou mulheres que não tinham nada a perder estariam dispostas a fazer. Só que a perfeição tem um preço enorme a ser pago! O preço de não viver tudo aquilo que pode ser vivido por medo de fracassar e por acreditar na polaridade "ou perfeição ou nada!".

E como desenvolver a coragem em vez da perfeição? Comece assim:

- Evite comparações, valorize suas ideias e se permita ter voz e opinião.
- Desenvolva a cultura de desafios e experimente começar algo novo que você acreditava que não seria capaz de fazer.
- Valorize mais a ação em si e o ato de tentar do que a conquista do objetivo.
- Amplie sua visão de mundo, traga diferentes referenciais e seja criativa.
- Entenda que a vulnerabilidade é força e não fraqueza.

Empreender não é uma ciência exata

Existe muitas teorias e princípios que podem ser aprendidos na Administração, na Economia, no Marketing e até na Psicologia e na Neurociência. É preciso, sim, ter estratégia e saber correr riscos de forma calculada. Pesquisar o mercado e entender seu comportamento, experimentar, testar e validar as ideias de forma rápida antes de se fazer um grande investimento.

Porém, não deixe que isso a impeça de se ver como dona de um negócio, mesmo que você só queira viver do seu propósito e ajudar as pessoas por meio da sua especialidade. Mais importante do que seguir a teoria certa é ter a mentalidade certa. Uma excelente estratégia aplicada por uma mente que tem medo de fracassar ou de parecer imperfeita não terá um resultado excelente. Já uma mente criativa, flexível, resiliente e aberta à experimentação e ao erro pode colher resultados excelentes a partir de uma estratégia mediana.

Por isso, coloque em prática o que aprendeu aqui. Cuide sempre da sua mentalidade e invista no autoconhecimento para ter recursos internos para transcender seus medos e travas na hora de empreender. Desenvolva sua autonomia para cuidar de si mesma, mas não poupe investimento para obter ajuda profissional. Não há vergonha alguma nisso. Afinal, para cuidar dos outros você precisa de alguém para cuidar de você. Nem que seja para se manter alinhada com aquilo que você vende. E jamais permita que o medo de não ser boa o suficiente, o medo de fracassar ou a necessidade de agradar e fazer mais para o outro roubem sua possibilidade de viver do seu propósito, se sentindo leve e feliz por transformar sua vida para poder transformar a vida da sua família e das suas clientes também.

Referências

CHAMINE, S. *Inteligência positiva: por que só 20% das equipes e dos indivíduos alcançam seu verdadeiro potencial e como você pode alcançar o seu*. Tradução Regiane Winarski. Rio de Janeiro: Objetiva, 2013.

DEL PRIORE, M. *Sobreviventes e guerreiras: uma breve história das mulheres no Brasil*: 1500-2000. São Paulo: Planeta, 2020.

LECHTER, S. *Pense e enriqueça para mulheres*. Porto Alegre: CDG, 2014.

ROBBINS, T. *Poder sem limites: a nova ciência do poder pessoal*. Tradução Muriel Alves Brazil. 41. ed. Rio de Janeiro: BestSeller, 2020.

36

ALGO ESTÁ ERRADO NA EDUCAÇÃO DO MEU FILHO, QUEM É O CULPADO?

Este capítulo é para você que quer ser o melhor pai do mundo para seu filho/sua filha e para quem quer ser o companheiro mais especial que possa existir para a pessoa que compartilha sua vida e seu tempo com você.

PEDRO BELTRÃO MACHADO NOGUEIRA

Pedro Beltrão Machado Nogueira

Contatos
institutoinfantojuvenil.com.br
pedro@icij.com.br
Instagram: @institutoinfantojuvenil
21 99991 7466

Poderia escrever aqui que sou psicólogo há mais de 15 anos, empresário há quase 30 anos, pós-graduado em Neurociências e que tenho diversas especializações em *coaching*. Mas considero mesmo que minha primeira faculdade foi, há 30 anos, me casar com Marcia Belmiro, a segunda foi assumir dois enteados, a Ana Clara e o Francisco. Já a pós-graduação veio em ser pai da Letícia, e o mestrado foi com meus netos gêmeos, Rafael e Tomás, filhos da minha enteada.

Vou me encontrar longe do meu lugar. Eu, caçador de mim ...
(MILTON NASCIMENTO)

Você, pai, sabe exatamente o lugar que ocupa na sua família? Talvez você me responda: "Ocupo o lugar de quem provê minha família"; ou: "O lugar de dar segurança"; ou até: "Ocupo o lugar da cabeceira na mesa", simples assim. Meu papo aqui com você é de chamar a atenção para o lugar que o homem ocupa na criação e educação dos filhos, é de encontrar e de estar nesse lugar com intensa presença e participação. Eu tive muita dificuldade de encontrar esse meu lugar, e acho que ainda estou procurando por ele...

Percebo, no entanto, que com o passar dos anos, e principalmente sendo um "caçador de mim", consigo me situar melhor hoje na relação com meus netos do que me situei com meus enteados e minha filha.

Gostaria mesmo, e muito, de desvendar o véu, lhe dizer e lhe mostrar onde está o erro e quem é o culpado quando o seu filho está fazendo birra, não larga o celular, está desinteressado pelos estudos, tem dificuldades nos relacionamentos, fica quieto no quarto e você não sabe o que ele está pensando e sentindo. Talvez a gente possa descobrir quem é esse vilão juntos, mas antes de qualquer coisa quero que este seja um texto para você ter consciência da urgência em dar atenção a esses comportamentos que seu filho está expressando e que o incomodam e incomodam a toda a família.

Minha proposta é levar você a perceber que esses comportamentos, que muitas vezes nos parecem comuns nos tempos modernos, podem ser pedidos de socorro da criança ou adolescente, expondo que algo não está bem com todo o sistema familiar. Se queremos constituir famílias saudáveis e educar as novas gerações para serem felizes e fazerem outras pessoas felizes, vamos precisar construir novos alicerces e novos padrões de comunicação e participação dentro de casa. Nessa nova concepção familiar, cada um de nós pode e necessita encontrar seu papel e estar no seu lugar vivendo um processo contínuo de descobertas. A experimentação familiar é um caminho pelo qual acontecem frustrações, medos, raivas, mas no qual também sentimos bem-estar e felicidade por estarmos numa relação de proximidade, de afeto e presença plena com aqueles que nos são tão caros, são parte da nossa essência e fazem com que nos sintamos verdadeiramente vivos.

Historicamente, vimos o esforço das mães em manter a harmonia da casa, cuidar da melhor alimentação possível, além de participar ativamente do sustento da casa. Realmente, não sei o que seria de nós, pais, sem a dedicação incansável dessas mulheres fortes e resolutas.

Eu e você, que somos pais, muitas vezes replicamos as experiências que tivemos em nossa infância com a intenção de fazer o melhor para nossos filhos, mas nos iludimos e acabamos comprovando que as abordagens do passado "inexplicavelmente" não funcionam como gostaríamos. Ouvimos nossos pais, orgulhosos, falarem de suas experiências para os amigos e familiares como se fossem doutores em educação. No entanto vale lembrar que, na época do meu pai, homens sequer trocavam uma fralda... E, sem nos dar conta, mesmo tendo trocado muitas fraldas, fazemos tudo muito parecido como nossos pais...

> Minha dor é perceber
> Que apesar de termos
> Feito tudo o que fizemos
> Ainda somos os mesmos
> E vivemos
> Ainda somos os mesmos
> E vivemos
> Como os nossos pais
> (BELCHIOR)

Levamos palmadas, sofremos castigos, muitos "nãos" sem motivo, e chegamos a acreditar que merecíamos tudo aquilo mesmo, então seguíamos em frente. Os pais chegavam para impor a ordem e restabelecer a disciplina. Alguns pais do passado até riam e brincavam com seus filhos, mas participar da evolução física, psíquica e social era papel da mãe. O fato é que, se por um lado as mães muito se desdobraram, especialmente quando saíram para o mercado de trabalho, também muito desfrutaram. Explico: as mães costumeiramente sabiam dos namoros, das amizades, ouviam mais risos e choros que qualquer pai. E agora podemos e precisamos romper definitivamente esse padrão antigo e viver um novo jeito para estarmos próximos e educarmos nossos filhos, com o risco até de não sabermos bem o que dizer, mas também com a alegria de vibrarmos juntos com os momentos de encontro e crescimento de nossos filhos.

É fato: nossas vivências anteriores, que nos deram uma bagagem gigante de experiências e soluções, inexplicavelmente não funcionam com nossos filhos. Era para ser de certo modo simples, pois já passamos por isso, mas não conseguimos ajudar nossos filhos, e assim caminhamos para o "caos" familiar e discussões intermináveis.

Fica difícil lidarmos com um cenário desses, pois na nossa criação muitas vezes ouvíamos uma voz forte e alta do nosso pai e logo depois vinha o silêncio. Sem nenhuma explicação, as coisas ficavam aparentemente resolvidas, apesar de não ditas, e assim seguíamos. Independentemente de ter sido bom ou ruim, hoje essas experiências que vivemos com nossos pais não mais importam... Uma coisa eu aprendi, e se tenho alguma certeza é de que toda a nossa experiência como filhos de nossos pais não serve (ou serve pouco) como referência para ajudar nossos filhos a resolverem seus conflitos e os impasses que estão vivendo em suas relações, em suas experiências naturais, para terem um desenvolvimento saudável e único, simplesmente porque o mundo mudou, a sociedade dita novas regras de convivência, de prosperidade, de sucesso etc. e tal.

Vivemos hoje uma interação contínua, invasiva muitas vezes e, portanto, exaustiva no universo virtual. Vivemos uma exposição da nossa vida nas redes sociais. Somos bombardeados por questionamentos sem-fim dos nossos filhos. Vivemos um tempo de incertezas e dúvidas sobre o que seguir e fazer, repetimos o que os amigos fazem com seus filhos, deixamos ou não terem um celular aos seis anos de idade... Afinal, todo mundo permite...

Cada vez mais os filhos requisitam liberdade de ir e vir, cada vez mais cedo se dá o aflorar da sexualidade... Tudo tão intenso! Um tempo em que a voz forte não coloca mais tudo de volta no seu lugar. Um tempo em que fingir que tudo ficou bem, em que o silêncio do não dito tudo resolve, jogando os problemas para debaixo do tapete, tudo isso hoje é ilusão... Este é um tempo para que o pai assuma definitivamente seu lugar na constituição daqueles que gerou! Um tempo para que ambos, pai e mãe, formem um time coeso para que a família respire paz e possa desenvolver de forma sadia a pequena célula social que fará parte da grande célula-sociedade.

Tudo isso é muito preocupante mesmo, e sabemos que o que estamos fazendo não está sendo suficiente, por isso algo diferente precisa ser feito. É necessário que nós, pais, encontremos novas formas de participar da rotina de nossa casa, de interagirmos na família para construirmos uma relação saudável de confiança, respeito e admiração.

Vou trazer e debater agora três aspectos e dar algumas orientações para você fazer valer o seu lugar na sua família, nesse momento tão complicado. Avalie estes três aspectos e decida como você quer agir, o que você quer fazer a partir de agora.

1. Você ainda quer mesmo saber quem é o culpado?

Constatamos a complexidade e diversidade da sociedade atual em que vivemos, isso é um fato. Portanto, dizer que a culpa é do sistema me parece um tanto simplista, porque isso nos levaria a acreditar que o problema está na evolução natural da sociedade e que as pessoas não podem fazer nada. No entanto, pensar assim é o mesmo que se colocar num lugar de paralisação, com a tendência a continuar agindo da mesma forma para sempre.

Por outro lado, assumir para si toda a culpa do mundo pode ser igualmente paralisante, porque pode provocar uma impressão de que já que está tudo estragado mesmo, não se pode recuperar mais nada. Ou a culpa ainda pode levar o bem-intencionado que quer se redimir a bradar aos quatro ventos que vai mudar tudo, salvar os jovens desequilibrados dos seus sintomas de pânico, ansiedade, acabar com a automutilação, com a sexualidade desenfreada... Mas essas falas não passam de discursos vazios, sem qualquer pragmatismo para efetivas mudanças.

Podemos então rever essa busca de um único algoz a ser acusado e entender que o problema atual das famílias é causado pela soma de um conglomerado de coisas, situações, pessoas etc. E a questão agora é o que fazer com esse conglomerado de coisas e situações.

2. O novo lugar do pai

Um ponto de virada será o pai descobrir seu novo lugar, seu novo papel dentro da estrutura familiar. Agir, olhar de frente, ter coragem de enfrentar seu filho caladão ou seu filho reivindicativo. O tempo não espera, a janela para se fazer a transformação dentro de casa é hoje, é agora, para que em algum momento se possa ter um número crescente de indivíduos funcionais na sociedade, sendo capazes de construir laços fortes de respeito, admiração, confiança com seus filhos, com os filhos de seus filhos, e daí por diante.

3. Ter consciência do que realmente está acontecendo para intervir a partir do seu novo lugar de pai

Olhar de frente para os desafios e dificuldades para, a partir desse ponto, conseguir identificar com clareza o que realmente está acontecendo, sem culpa paralisante ou ufanista, é uma estratégia com grandes chances de bons resultados.

As soluções para as problemáticas da família e da educação só podem ser encontradas na conversa em que pais e filhos expressem com verdade, e ao mesmo tempo com amorosidade, o que pensam e sentem, e para isso é necessário um ambiente seguro de respeito mútuo, sem imposições ou retaliações futuras.

Sabemos que algo não vai bem quando nosso filho não quer fazer o dever da escola, mas tem interesse no videogame e no ti-ti-ti das redes sociais. Nesses casos, normalmente agimos pegando o celular e colocando limites de tempo de uso para que, então, seja feita a atividade escolar e só depois a brincadeira. Chamo atenção para esse padrão em que buscamos dar a solução de forma impositiva, pois focamos o dever e não o exercício da busca de solução por parte da criança ou do adolescente. Dar ordens do tipo "faça assim", "eu quero que você faça" ou "você vai fazer agora" só mantém o distanciamento.

Tente começar a conversa falando algo do tipo: "Filho, estou vendo que você não está fazendo o seu dever da escola, o que está acontecendo?"

Nessa hora, ouça a resposta e interaja com o que seu filho disse, sem um julgamento de que ele está certo ou errado. Procure chegar a um acordo viável para ambos e procure ser flexível e amoroso, mantendo o foco, mesmo que sejam pequenos os avanços do compromisso. É mantendo a constância de diálogo e a insistência que se consolidam novos hábitos para um padrão familiar saudável.

É só na interação afetiva com o outro, conversando, buscando ouvir, entender o que ele está sentindo que conseguimos chegar ao ponto do que realmente está acontecendo e, assim, fazer intervenções que funcionem.

Esse exemplo parece simples, mas pode ser uma excelente oportunidade para você exercitar e ampliar a consciência e a autorresponsabilidade da criança.

Agora que você leu todo este capítulo, não tem como "desler" e deixar para lá todas as percepções que você teve durante a leitura, por isso acredito que esteja pensando que não é mais possível continuar no mesmo ponto de antes no relacionamento com seu /sua filho/a, enteado/a, neto/a...

A proposta é iniciar imediatamente um novo diálogo e um novo estilo de relacionamento para que você seja mais um a transformar gerações.

Dificuldades continuarão a surgir, você não está sozinho. Também busco diariamente romper um padrão constituído para conseguir ter uma família unida, que se respeita, que cresce e se desenvolve junta.

Por fim, quero lhe propor uma visão: feche seus olhos e imagine você daqui a 20 anos caminhando junto com seu filho lado a lado, batendo papo, rindo e se alegrando numa gostosa sensação de proximidade e troca. Acredite, isso e possível! Comece já a treinar, experimentar seu novo papel, num novo lugar de pai. Fico por aqui ensejando o mesmo futuro para mim: ser o pai e avô que talvez eu nunca tenha imaginado que poderia ser.

Referências

BELCHIOR. *Como nossos pais*, 1976.

BELMIRO, M.; WERNECK, A. C. *Meu filho tem jeito!* São Paulo: Literare Books, 2022.

NASCIMENTO, M. *Caçador de mim*, 1981.

NOGUEIRA, M. B. *Amorosa, simples e direta, 31 anos intensos de convívio*, 1990.

NOGUEIRA, M. B. *Atendimento parental, familiar e escolar: método CoRE KidCoaching*, 1.ed. Rio de Janeiro: Rio Coaching Centro de Estudos, 2020.

37
―――

COMO LIDAR COM A PROCRASTINAÇÃO?

Por meio de uma linguagem acessível, o livro *Manual de hipnose clássica* ensinou milhares de estudantes sobre as mais variadas formas de induzir alguém a alcançar o famoso sonambulismo hipnótico, assim como dúzias de técnicas de aprofundamento e estabilização, sempre com ética, segurança e respeito, seja para entreter ou desenvolver protocolos terapêuticos em consultório.

RAFAEL JOSÉ KRAISCH

Rafael José Kraisch

Contatos
www.rafaelkraisch.com.br
Instagram: @rafaelkraisch
TikTok: @rafealkraisch
47 99231 6400

Apaixonado pela mente humana desde sua adolescência, quando, com apenas 11 anos de idade, descobriu o poder da meditação e da filosofia oriental em suas aulas de karatê. Incansável na busca do conhecimento, estudou e praticou com os melhores profissionais da área, viajando para Alemanha, Suíça e Estados Unidos. Autor do best-seller *Manual de hipnose clássica*, é pós-graduado em Neurociências e Comportamento, pós-graduado em Terapia Cognitivo-comportamental, em Psicanálise e em Terapia do Esquema, e mestrando em Psicologia por uma das universidades mais renomadas do Sul do país, Univali. É pai de três lindos filhos e atualmente mora em Balneário Camboriú, Santa Catarina, onde atende diariamente em consultório e forma novos terapeutas no Instituto Kraisch, que é hoje o maior do Brasil.

> *Acredito que a mente humana tem a capacidade de encontrar uma solução imediata e efetiva para seus problemas, e que as pessoas não precisam sofrer por anos em terapias sem-fim, gastando fortunas com remédios duvidosos e sendo cobaias da indústria farmacêutica.*
> *Eu assumo a minha vida!"*

Roberto tem que preparar uma apresentação importante para sua carreira. Ele pega seu café, senta-se à escrivaninha e abre o *notebook*, cheio de energia para escrever sua melhor palestra.

Eis que pipoca na tela meia dúzia de mensagens de diversos grupos de colegas, mais algumas mensagens do grupo da família falando sobre gatos, política e religião, centenas de curtidas de sua última foto no Instagram e um lembrete de que ele tem que entregar um trabalho da faculdade para o dia seguinte.

Sua respiração trava por um instante, o que exige um gole de café mais abundante "para recarregar" – ele pensa.

No meio de tanta coisa, tantas notificações, tantos pedidos, qual a melhor opção para Roberto? Por onde começar?

"Estou estressado demais para tudo isso!", diz Roberto enquanto fecha o *notebook* e vai para a sala conferir o aviso de *download* de seu novo jogo de *videogame*.

Você se identifica com o Roberto?

Como vencer um mal que está acabando com a vida de tantas pessoas sem que elas percebam, chamado "procrastinação"?

Gostaria de lhe passar algumas orientações simples, que poderão ajudá-lo neste processo.

1. O problema do procrastinador não é a procrastinação

Eu sei que isso deve ser extremamente novo e até mesmo desconfortável de se ler e entender! Mas isso é normal, pouquíssimas pessoas têm o conhecimento necessário para tratar da procrastinação sob essa perspectiva. Mas eu vou orientar você, nesta leitura, a entender direitinho do que se trata a tal da procrastinação.

Um dos grandes problemas da civilização moderna é o hábito de racionalizar tudo, inclusive aquilo que deveria ser tratado como simples comportamento humano natural. E, neste processo, qualquer resposta básica que você tenha, como mamífero bípede que é, o fará ser julgado e visto como errado ou feio.

Se você reclama, dizem que você é incapaz ou insuficiente!

Se você está triste, dizem que você não tem controle, não tem disciplina!

Se você fracassou, dizem que é porque você não foi bom ou inteligente o suficiente!

E aqui sofremos, pois tentamos viver sob a óptica de outras pessoas que, muitas vezes, sequer sabem que existimos.

A procrastinação não é o resultado de incapacidades ou insuficiências, é uma reação natural do ser humano, na tentativa de evitar a dor imediata! Simples assim.

Você não procrastina porque você é burro, insuficiente ou incompetente. Você procrastina porque o seu cérebro tem a mesma programação de qualquer outro mamífero: evitar dores imediatas.

Mas esse cérebro vive, hoje, em uma nova realidade, em um novo mundo! Nós estamos cercados pelo conforto, pela alimentação, pelo abrigo seguro e, de quebra, pela tecnologia que coloca tudo, literalmente, na nossa mão. Nós não precisamos mais caçar, andar quilômetros a pé ou nos preocupar com o perigo iminente de um outro animal tentando nos jantar! Sem essas atividades, sobra tempo. E, nessa nova realidade, nos tornamos mamíferos extremamente acostumados a prazeres imediatos, com tudo à nossa disposição.

Então, quando nós não recebemos um desses prazeres imediatos, tudo e qualquer coisa à nossa volta é visto como dor.

Um procrastinador não é nada mais do que alguém que está tão acostumado a prazeres imediatos que qualquer coisa vista como problemática (sofrida ou dolorosa) causa uma aversão quase imediata.

2. Qual o propósito em procrastinar?

Atualmente, vivemos em um mundo de aparências. O objetivo não é ser feliz, mas "parecer ser feliz" em um belo *post* do Instagram. E, como seres sociais que somos, ficamos maravilhados ao ver aquele guru viajando de barco – enquanto estamos fugindo do trabalho chato para ganhar salário, para pagar as contas, para comprar um novo celular, para tirar uma nova foto, para ganhar mais *likes*!

Ufa! Que vida cansativa, não é mesmo?

Então, a procrastinação é parte de uma velha estratégia de sobrevivência em que nosso sistema nervoso reage ao mundo externo de forma simplista e generalista. Uma parte da nossa educação diz que "ler um livro traz sucesso", mas estamos tão exaustos em manter as máscaras que, ao iniciar o livro, adormecemos.

E, ao acordamos com o livro todo babado, ficamos com raiva de nós mesmos, pois aquele guru motivacional está viajando para outro lugar, dizendo que "enquanto dormimos, os concorrentes estão lucrando" – mas, cadê esses concorrentes malditos que não nos deixam em paz?

Quando uma pessoa procrastina, ela está, na verdade, gritando algo assim: "Ei, mundo! Eu não quero fazer isso, não. Não entendo por que tenho que fazer isso! Não sei para onde vou! Eu simplesmente faço o que me mandaram fazer! Estou triste! Quero prazer!".

3. As principais causas da procrastinação

Você realmente quer fazer algo ou você está sendo obrigado a fazer aquilo?

Veja bem: existe uma grande diferença entre **Eu quero *versus* Eu tenho que!**

No primeiro caso, a pessoa quer começar um novo curso, por exemplo, ou quer trocar de profissão, mas ela fica procrastinando o início desse novo projeto por medo, insegurança ou sensação de incapacidade. Ela tem medo do que pode acontecer se tomar esta ou aquela decisão.

Já no segundo caso, a pessoa não quer entrar para a academia ou não quer iniciar um relacionamento, mas está sendo obrigada a fazer isso ou aquilo para se encaixar em um padrão e ser aceita! Ela tem medo do que vão pensar ou de não ser aceita porque não faz determinada coisa.

Aí eu lhe pergunto: o que você está procrastinando é uma coisa que você quer fazer ou é uma obrigação imposta por outros?

E aqui você tem um desafio: tomar a decisão de insistir nessa atividade ou mudar de rumo! E o que você decidir vai ter uma consequência! Muitas pessoas, por exemplo, aprendem a lidar com aquele trabalho chato porque recebem bem, banca a família, têm um bom estilo de vida, têm *status*.

Já outras pessoas preferem abandonar o trabalho chato porque, mesmo ganhando bem, tendo um bom retorno financeiro, estão infelizes e preferem investir em algo novo.

Em qualquer um dos casos, a decisão vai trazer uma consequência! A questão é: o que você quer para sua vida?

Você tem que escolher entre a menor dor ou aquela dor que você prefere suportar agora para colher seus frutos depois!

4. Seria tão bom se...

Além da difícil escolha de fazer aquilo que você realmente quer e aquilo que você se sente obrigado a fazer, você também pode estar sofrendo com uma expectativa irreal!

"Ah, seria tão bom se eu fosse para academia seis vezes por semana, se eu fizesse a dieta da vez."

Mas eu lhe pergunto, mais uma vez: você quer fazer isso?

Se você não quer fazer, por que você está se forçando a isso?

Você tem que fazer uma coisa porque você decidiu fazer isso e não porque você está alimentando uma ilusão do que você deveria estar fazendo!

Talvez você se encaixe nessa descrição: sofre porque está se obrigando a fazer uma coisa que não está nos seus planos, nem nos seus objetivos, mas é uma "obrigação" do grupo em que você quer se encaixar!

E aí você passa a sua vida odiando uma atividade, um projeto, uma tarefa porque, para início de conversa, você nunca quis (e não quer) fazer tal coisa. Sacou?

Nós só nos engajamos em determinada atividade, só trabalhamos em determinado projeto com a dedicação que aquilo exige quando faz sentido para a gente!

Esse trabalho que você odeia faz sentido para você?

Essa faculdade em que você entrega tudo correndo, nos 45 minutos do segundo tempo, faz sentido para você?

Essa atividade física que você odeia, mas todo mundo faz, faz sentido para você?

Pare de sofrer por atividades que você detesta! Pare de sofrer por não estar fazendo uma coisa que não agrega nada à sua vida. Nós não procrastinamos aquilo que traz prazer, nós só adiamos aquilo que é doloroso, sofrido. Descubra o que é prioridade para você e não para os outros, para esse grupo social a que você está tentando se adequar.

5. Como parar de procrastinar?

Quem é você?

Boa parte daqueles que se intitulam procrastinadores não sabem do que gostam ou o que querem fazer.

Na verdade, não é que eles não sabem. Eles têm é medo de fazer algo diferente do que a família, seus pais ou amigos dizem ser o "certo". É como se houvesse uma bússola interna que, ao apontar para uma direção desconhecida, libera um choque que paralisa o corpo da pessoa.

Você conhece alguém que procrastina uma boa série de TV? Duvido! Nós procrastinamos aquelas atividades que não nos trazem prazer imediato. E, se eu faço algo que vai contra a minha natureza – que é, por exemplo, gostar de artes em vez de contabilidade –, eu crio um sofrimento desnecessário e empurro "com a barriga" tudo o que é possível, apenas para fugir de uma dor – criando outra.

Aprenda a gerenciar as atividades

Depois de entender melhor quem você é e aquilo que faz sentido para você, use ferramentas para gerenciar o que faz no dia a dia.

Muito da procrastinação vem do excesso de atividades! Você não é um super-humano, você é uma pessoa só, com apenas 24 horas disponíveis.

Eu vou recomendar três ferramentas que utilizo diariamente há anos. A primeira é o Evernote, um aplicativo maravilhoso que facilita arquivar e anotar tudo o que leio, penso ou reflito, criando biblioteca extensas que são facilmente encontradas com poucas palavras.

A segunda é o Trello, que me ajuda a organizar visualmente grandes projetos, principalmente quando há muitas ações feitas em equipe.

A terceira é a todo-poderosa agenda do Google, na qual coloco todas as programações de reuniões e datas-limite.

Todas estas ferramentas são gratuitas, disponíveis para Android e Iphone e em português, com inúmeros vídeos gratuitos no YouTube que ensinam seus funcionamentos em detalhes.

Cuidado com os gurus motivacionais

Nossa cultura ocidental é uma cultura que adora a alta performance. Adoramos nos gabar por trabalhar no final de semana e competimos para saber quem trabalha mais.

"Estude enquanto eles dormem!", dizem certos gurus motivacionais, dando a entender que o segredo é a alta performance, na qual o segredo é você fazer e fazer cada vez mais e mais – não importa se isso sacrificar sua felicidade. E eles adoram dizer que você é um fracassado, que realiza pouco, que faz pouco, que é um procrastinador somente para, ao final, venderem mais um cursinho on-line que promete fazer sua vida ser incrível e épica – quando, na verdade, tudo o que você quer é ficar em paz com sua família.

Lembre-se: a vida foi feita para ser vivida, não para ter alta performance.

Você é apenas humano

Normalize o "não estar a fim" de fazer determinada atividade! Você é um mamífero e não uma máquina. Aceite o fato de que você tem instintos, que você vai, sim, buscar prazeres imediatos, que você vai, sim, tentar evitar a dor de forma inconsciente.

Esse é o comportamento normal e natural de um ser humano! Aceite isso e pare de sofrer por não viver 24 horas conquistando mil coisas. Dê-se um descanso de todas essas cobranças.

Ah, e um detalhe muito importante: a cura para a procrastinação não é se tornar um perfeccionista! A "perfeição" é o outro extremo de alguém que está tentando lidar com a dor tratando apenas os sintomas, deixando de lado a real causa. Ser perfeccionista é tão ruim quanto ser procrastinador.

Faça terapia

Na grande maioria dos casos, lidar com esse questionamento, com essa busca de si, envolve remexer coisas que são muito dolorosas, e o apoio de um profissional competente é fundamental para isso.

Saber lidar com seu pai, com sua mãe, com os relacionamentos amorosos fracassados envolve muita carga emocional.

Como qualquer mamífero deste mundo, tudo aquilo que gera dor, gera aversão e naturalmente nos afastaremos daquilo que nos incomoda.

Mas como vamos ver estas coisas, se estamos o tempo todo fugindo e nos machucando? É aí que entra um profissional que pode ensinar você a meditar, respirar ou verificar as estratégias que você tem utilizado sem o devido sucesso.

Que bom que você chegou até aqui

Desejo que, ao fim desta leitura, você possa refletir sobre como vê sua vida e suas decisões. Sei que não é um processo fácil e simples, principalmente porque todo mundo disse que o vilão é essa coisa invisível que parece acometer você como um fantasma.

Só que não, não é um fantasma e muito menos é uma força externa.

É que ninguém, em todos os seus anos de escola, parou para ensiná-lo sobre suas emoções, pensamentos e comportamentos. Ninguém lhe disse que o objetivo é viver e ser feliz. Pelo contrário, o ensinaram a decorar milhões de fórmulas matemáticas e gramaticais e ainda lhe disseram para estudar muito, passar em um vestibular, depois em um concurso e chegar à aposentadoria para, finalmente, poder fazer o que quiser.

Eu não concordo com isso.

Quero que você viva hoje! Quero que você aproveite sua paz e sua vida hoje!

Inclusive, quero lhe convidar a continuar conhecendo meu trabalho. Você pode me dar um "olá" em meu Instagram @rafaelkraisch. Ficarei muito feliz em poder conversar contigo.

Grande Abraço.

Rafael Kraisch
TERAPIA DE REINTEGRAÇÃO IMPLÍCITA

38

MAPEAMENTO COMPORTAMENTAL
SUA IMPORTÂNCIA NO MUNDO CORPORATIVO

Neste capitulo, ressalto a importância de aplicar uma ferramenta que mapeia os perfis de uma empresa desde a contratação à relocação de funções de acordo com as competências de cada colaborador, afim de melhorar a produtividade e a comunicação de todos, facilitando o trabalho de líderes, gestores e empresários na preparação de grandes talentos profissionais.

RAFAEL ZANDONÁ

Rafael Zandoná

Contatos
www.rafaelzandona.com.br
rafaellzandona@gmail.com
Instagram: @rafaellzandona
11 99811 7974

Treinador de análise comportamental Solides/DISC, autor dos livros *Mapeamento comportamental: métodos e aplicações* (*best-seller*) e *Mapeamento comportamental* vol. 2; coautor de dois livros: *Ferramentas de coaching* e *Comportamentos humano*, com os capítulos "Perdas e ganhos" e "O executor na análise comportamental". Formado em *Coaching, Leader Coach*, Pessoal e Profissional, PNL e Hipnose pelo Instituto Coaching, de São Paulo; Análise Comportamental, com certificação internacional Solides (validada por USP e UFMG no Brasil); Alavancagem Empresarial (Dr. Vendas); *Leader Coaching* e Gigante das Plateias. Cursou Senai (CAI) e programação CNC, Alavancagem Tecnológica e Administração de Equipes no Sebrae; Gestão de Produção e engenharia (incompleto). Atua como líder e é responsável pelo desenvolvimento de projetos, melhorias, *setup* e processos de Gestão em Produção há mais de dez anos. Hoje, faz consultorias estratégicas e forma analistas comportamentais.

Um mundo totalmente novo tende a surgir neste momento pós-pandemia de covid-19, um novo normal, com muitas exigências e protocolos para se adaptar à nova realidade, em que muitos empreendedores e empresários precisaram evoluir em apenas 90 dias tudo o que naturalmente ocorreria nos próximos cinco anos, e agora vem a dúvida: será que se vai manter essa evolução ou recuaremos um pouco? A resposta você verá ao longo deste capitulo.

O mapeamento comportamental surgiu na Antiguidade com o propósito de a humanidade se entender melhor. Desde a Grécia antiga, grandes estudiosos e psicólogos renomados desenvolveram ferramentas capazes de selecionar o perfil de cada pessoa ao se realizar um teste, o qual gera um documento com dezenas de informações sobre o seu estado atual e indica muito claramente quais são suas maiores virtudes e dores.

Durante muito tempo, foi usado (e ainda é) usado, principalmente no ambiente empresarial, para identificar as competências dos colaboradores. No entanto nos últimos anos o que se percebeu é que o mapeamento comportamental tinha um poder muito maior: é uma ferramenta muito poderosa de autoconhecimento e de autodesenvolvimento para qualquer pessoa, independentemente de se estar num ambiente corporativo ou não. Por isso, hoje em dia ele é cada vez mais utilizado por todas as pessoas que querem se autoconhecer e se desenvolver.

Cito a ferramenta de perfil comportamental Solides, que tem como base a metodologia DISC, com validações pela USP e UFMG-MG e pelo instituto de tecnologia FINEP. Com uma exatidão de quase 98% e mais de 50 características entre as 22 páginas de resultados, é possível descobrir seus pontos mais fortes e os pontos a serem desenvolvidos de acordo com seus objetivos e metas, tais como os quatro perfis: Comunicador, Executor, Planejador e Analista, que podem ser definidos como único, duplo ou triplo e que variam de acordo com cada pessoa e seus perfis desenvolvidos.

A ferramenta indica a melhor área de trabalho, as principais competências, o estilo de liderança e alguns dos índices mais importantes: mostra como a pessoa está com relação à sua energia (disposição, ânimo, motivação) e sua entrega a tudo o que faz. Indica também como está sua autoaprovação, sua autoestima, como o ambiente tem influenciado seus resultados; o quanto a pessoa se sente pressionada e como isso a afeta, qual a sua flexibilidade consigo mesma e com o ambiente que está. A ferramenta também indica qual o percentual exato de dominância, de influência, de estabilidade e de conformidade uma pessoa possui, entre dezenas de outras informações. O momento mais importante e profundo é quando todas essas informações são interpretadas na vida de uma pessoa, o que pode explicar muitas de suas dores e dificuldades, trazendo clareza para seu propósito.

Fazer uma análise de perfil é algo que exige do profissional verificar os mínimos detalhes relacionados em cada resultado estabelecido em todo resultado do teste. Perguntas simples para entender se o cliente está passando por momentos de estresse podem explicar muito sobre as respostas e gerar um alerta de possível incoerência por mostrar que existe uma zona de pressão no trabalho ou em casa, que pode estar gerando alteração em alguma característica mencionada – além de conflitos entre as respostas da pessoa ao se autoavaliar no momento que estiver validando o resultado. O cérebro humano é incrivelmente complexo, a ponto de mudar o comportamento em segundos. Cada perfil age no seu ponto de pressão ou conforto, podendo ser independente no caso dos perfis que tiverem mais de 25% de predominância, em conjunto quando estão muito próximos um do outro, ou sobrepondo os demais quando submetido à pressão, no caso do perfil com maior porcentagem.

Já imaginou como seria se todos que conhecemos tivessem conhecimento mais aprofundado de seus perfis e soubessem as características que podem ajudá-los em determinadas situações, evitando as que podem atrapalhá-los? A vida poderia ser vista de uma forma muito mais leve, tranquila e intensa, de modo que cada dia seja o melhor dia da sua vida. Muitos dizem que só se morre uma vez, eu prefiro dizer que só se vive uma vez. Cada dia é o momento de viver com abundância para realizar tudo que se pode, alcançar e projetar o que estiver por vir, no momento certo para se viver. Ao final de João 10:10, está escrito: "Eu vim para que tenham vida e vida em abundância". E em Oséias 4:6, diz: "O meu povo sofre por falta de conhecimento". Ser abundante não está ligado à riqueza e sim à forma que se vive e pensa em relação a si.

Uma vez que você se conhece num nível comportamental aprofundado, é possível melhorar ou mudar.

Como o principal foco dessa metodologia é trabalhar com empresas, vou explicar alguns pontos importantes que podem ser cruciais para solucionar conflitos e melhorar os relacionamentos e produtividade da equipe, lembrando que também pode ser aplicado individualmente. O início de qualquer projeto é conhecer a fundo o perfil de cada colaborador, inclusive dos líderes; é claro que o cotidiano e a convivência criam laços que fazem com que você passe a notar e absorver as particularidades de cada um, pois, como grandes especialistas dizem, somos a média das cinco pessoas com que mais convivemos. Mas não é sempre que você tem tempo para essa observação, e levando em consideração o tamanho da sua empresa e da equipe envolvida, manter contato com cada colaborador não é apenas uma tarefa difícil, mas também muito complexa.

Existem muitas outras ferramentas que permitem que você analise o perfil de cada um dos colaboradores de forma rápida e ágil, sem a necessidade de paradas e interrupções. Aqui estou descrevendo uma ferramenta que leva em média sete minutos para obter todas as respostas contidas no teste a partir de um questionário disponibilizado por um sistema de Gestão Comportamental, 100% on-line.

Sua empresa terá os colaboradores separados em quatro grupos principais: Comunicadores, Executores, Planejadores e Analistas. Além disso, essa é uma ferramenta ideal para se prever e planejar apontando uma série de reações e posicionamentos que cada um deles tende a tomar em diversas circunstâncias, principalmente sobre pressão. Você vai passar a saber muito sobre cada uma das pessoas que fazem a sua empresa girar ou impedem que ela mantenha seu movimento. Mas, para que isso funcione muito bem, o primeiro passo de uma reestruturação sempre começa com uma boa comunicação por parte dos líderes e gestores: é de extrema importância que todos eles estejam cientes dos resultados dos testes de perfil comportamental seus e dos respectivos liderados e que saibam como usar essas informações em suas respectivas áreas. Os líderes e gestores da sua empresa precisam estar cientes de que essa é uma ferramenta para ser usada não apenas em intermináveis reuniões e discussões, mas também no cotidiano, na hora de estabelecer quem fará as tarefas, cobrar resultados da forma certa, orientar pessoal de acordo com cada perfil e fazer e executar planos. Entenda o quanto é importante que não só você dê atenção a quanto os perfis dos colaboradores podem ser úteis na hora de planejar, organizar, distribuir e agir.

Não importa qual segmento ou área em que você atua, o segredo da produtividade e dos resultados está no equilíbrio e na combinação de talentos e competências entre as pessoas. Por isso, se dá o fato de setores com colaboradores de perfis praticamente idênticos tenderem a falhar no desenvolvimento de alguns tipos de tarefa pelo fato de utilizarem talentos e competências semelhantes. Um exemplo interessante são os colaboradores com perfil predominante do tipo Analista, eles dificilmente comunicarão suas necessidades emocionais ou conquistas ao restante da empresa, focando mais os processos, passando por uma determinada pressão de sua liderança, podendo deixar de entregar tarefas com velocidade e ter dificuldades na hora de improvisar soluções, além de perder em termos de criatividade. Nas equipes em que a velocidade de execução é praticamente uma regra, podem deixar de lado alguns detalhes importantes para conseguir atingir as metas, criando falhas em seu processo que podem trazer grandes dificuldades e prejuízos posteriores. São ótimos com números e processos, e podem muitas vezes atuar com grande dificuldade em conjunto, principalmente se estiverem ao lado de pessoas que falam muito ou os distraem com frequência.

No melhor cenário possível, cada uma das áreas da sua empresa pode contar com os pontos fortes de cada um dos perfis, além de ter colaboradores com diferentes perfis para equilibrar e resolver os pontos fracos dos demais na equipe.

Uma grande iniciativa é contar com treinamentos vivenciais e motivacionais em sua empresa: permita que seus colaboradores tenham tempo para pensar em seus próprios objetivos e criar rotas de autorrealização que caminhem com o sucesso do seu negócio. Lembre-se de que um colaborador feliz rende e produz muito mais que um desmotivado e triste. Em alguns casos, você vai precisar apenas abrir um espaço para que esses colaboradores possam mostrar suas competências e seus talentos; em outras situações, talvez você tenha que intervir ou impulsionar, garantindo que as pessoas possam ser ouvidas e tenham seus anseios e desejos atendidos, dentro das suas limitações como líder, gestor ou empresário.

Busque trazer palestras motivacionais, sessões de *coaching* individuais ou em grupo, e treinamentos vivenciais em outros locais fora da empresa. Tudo isso reforça laços e cria um ambiente de lealdade, assim, seus colaboradores não produzem apenas em troca de um salário, mas sim por causa do conhecimento e das respostas que você oferece. Mas cuidado em como irá propor essas estratégias, é importante que seus colaboradores entendam com clareza e transparência a ideia sobre como estão sendo observados e avaliados nos treinamentos. Evite ao máximo ter segredinhos dentro da sua empresa, eles têm o poder de sabotar a produtividade e gerar climas de desconfiança dentro da equipe, fazendo um papel oposto ao resultado esperado. Confiança é o segredo de uma boa administração e, por mais eficiente que possa ser sua gestão, ela poderá ser minada caso seus colaboradores não compreendam e aceitem suas decisões.

Conhecendo e mapeando os perfis de cada um dentro da sua empresa, você começará a perceber que algumas pessoas simplesmente não se encaixam em suas funções atuais, podendo ser remanejadas para outras funções e tarefas com as quais têm mais afinidade. Muitas dessas pessoas jamais pararam para pensar sobre uma troca de posição ou simplesmente uma mudança nas descrições do seu cargo, e isso acontece tanto por medo ou mesmo porque essa pode ser uma tarefa básica dos seus líderes e gestores. É importante que, nesse caso, cada colaborador saiba sobre seu perfil e as razões pelas quais está sendo avaliado ou tendo suas funções remanejadas.

Essa proposta refere-se às funções, não estou sugerindo que você troque as pessoas de cargo como, por exemplo, um recepcionista por um administrador de contas a pagar. Você precisará analisar com cuidado a função, as rotinas de trabalho ou tarefas desempenhadas por cada colaborador, sua experiência na função e seu nível de afinidade com o perfil comportamental apontado, prevendo que também existam algumas pessoas com grande produtividade mesmo quando realizam algumas tarefas que contrariem seu perfil e área de talento. Por isso, você precisa reavaliar com muito cuidado cada função junto ao profissional capacitado, considerando, sim, cada perfil comportamental, mas também analisando o desempenho atual do colaborador nas tarefas em que ele desempenha em sua rotina de trabalho.

O Projeto de Mapeamento de Perfil Comportamental não é uma ferramenta de vigilância dos seus colaboradores, esse teste de perfil comportamental não pretende e não tem a função de mudar o perfil de cada um como forma de adequação à função exercida, e si de medi-lo, criando possibilidades de melhoria para o profissional avaliado, sua equipe e toda a empresa, caso você deseje contratar alguém seguindo as funções e competências do cargo junto ao perfil da pessoa.

Sua equipe de Recursos Humanos poderá ser muito mais assertiva e rápida na hora de encontrar o profissional ideal e, além de aplicar esses testes para identificação do perfil, pode ser criada uma rotina mensal ou trimestral de acompanhamento para cada um dos colaboradores, preferencialmente de uma forma individualizada. O profissional deverá ter acesso não apenas aos resultados do seu próprio teste, mas também aos dados avaliados após a realocação de suas funções, assim como as metas e objetivos propostos com a aplicação.

Referências

SOLIDES. Solides tecnologia, c 2022. Página inicial. Disponível em: <https://www.solides.com.br>. Acesso em: 22 jun. de 2022.

ZANDONÁ, R. *Mapeamento comportamental: métodos e aplicações*. São Paulo: Literare Books International, 2019.

39

QUANDO A ADVERSIDADE MOTIVA

Neste capítulo, você poderá desvendar forças internas em conexões lacônicas de histórias da minha vida, corroborando fatores que motivam, inspiram e trazem reflexões íntimas a cada pessoa, sobre o que realmente pode mover grandes feitos e superações a cada um de nós.

REGIVANE AQUINO

Regivane Aquino

Contatos
regivane_aquino@hotmail.com
Instagram: @regi_aquino_
92 98270 6161

Tem MBA em Gestão de Empresas e Negócios pela Fundação Getulio Vargas (FGV/ISAE). Atualmente faz MBA em Gestão e Inteligência Comercial no Ambiente 4.0 pela IPOG. Formada em Turismo pelo Centro Integrado de Ensino Superior do Amazonas – CIESA. Atualmente é gerente comercial na GRSA, já tendo exercido esse mesmo cargo na Sapore S/A e Rede Accor. Foi professora universitária por seis anos nas disciplinas de Empreendedorismo, Gestão das Organizações e Marketing, nas Faculdades Martha Falcão e La Salle. Empresária, por 12 anos, da área de eventos corporativos e alimentação, tornou-se palestrante motivacional em gestão, planejamento estratégico e vendas.

> *A admiração que as pessoas sentem por mim, pelas superações que precisei enfrentar na vida me faz crer que tenho um propósito superior que me define para inspirar pessoas, motivá-las e fazê-las acreditarem que o caminho e a força estão dentro delas mesmas, bastando persistir, assim como eu fiz para superar todas as dores do corpo e da alma.*
> (REGIVANE AQUINO)

Todas as pessoas passam por adversidades na vida, algumas bem mais que outras, mas o fato é que as adversidades podem ser condições propulsoras para novos desafios e conquistas grandiosas. Depende boa parte do estado psicológico de cada pessoa e do significado que é dado para cada momento de crise. Evidente que não entrarei nos fundamentos psicológicos, mas podemos apenas basear-nos em que, quanto a fatores motivacionais, o indivíduo tem, ao longo de sua vida, vários estímulos, e que estes se modificam constantemente, trazendo à pessoa condições únicas para que determinem sua história e tudo que decida ou não fazer. A motivação é uma força interior que se modifica a cada momento durante toda a vida, na qual condiciona, direciona, intensifica e/ou muda os objetivos de um sujeito.

Outro ponto-chave para essa contextualização é que cada pessoa tem o poder de transformação de si mesma, porém, na maior parte do tempo, deixa-se formar pelas condições em que o mundo a coloca e reage com decisões inconscientes, por padrões preestabelecidos.

Então, pergunto: temos mesmo o poder de decidir quem somos?

Tomamos essas decisões conscientemente?

Planejamos como agir? Como reagir?

Mudamos o curso natural de nossas vidas? Acredito que sim! É comprovado que os traumas nos fazem tomar medidas maiores que durante nosso estado normal, podendo ser grandes feitos que geram mudanças, melhorias e impactos positivos ou ações que deterioram a vida do indivíduo.

Dados os fatos, a relevância que quero trazer para discussão é o fator comum que leva as pessoas a empreender, a superar as adversidades, a sair da crise com grandes viradas de chave, mudanças de comportamento, de estilo de vida, de elevação de pensamento, num contexto de melhoria, de busca do novo, incessantemente.

Podemos até pensar que a dor, o incômodo é o maior fator motivante para o ser humano, considerando também que o desafio ao *status quo* é justamente uma inquietação qualquer que esse indivíduo possa sofrer, que o faça sentir a necessidade de mudança, buscando o reconhecimento social, a estruturação emocional e até mesmo a liquidação de escassez de recursos e dor.

Gosto da citação no final do poema "Definitivo", de Carlos Drummond de Andrade, que aclara bem o contexto: "Embora a dor seja inevitável, o sofrimento exacerbado é opcional".

Para ilustrar minhas afirmações, vou usar pontos da minha própria história com algumas reflexões que contextualizam a ideia da adversidade como força motriz e a composição de quem de fato nos tornamos, para que entendam o poder transformador que defendo.

Vivi grande parte da minha infância em uma chácara, um lugar de muita natureza e belezas naturais, mesmo localizado em um grande centro urbano. Sou a quarta filha de um casal de nordestinos arriscando o que não tinham para ganhar a vida no norte do país, na cidade de Manaus. Meus pais, como duas figuras de muita garra e inteligência, porém com pouquíssimo grau de instrução e recursos, já me serviam de grande inspiração à época.

Cresci em um universo de limitações financeiras, culturais e sociais. Estudei em escolas públicas e me destacava em muitos momentos com minha criatividade e inquietação questionadora a qualquer modelo imposto a mim, traduzindo assim uma criança de muitos porquês e invenções.

Adversidade 1

Em minha pré-adolescência, tive um choque muito grande, em que minha segunda irmã foi brutalmente assassinada, o que nos transformou a vida em muitos aspectos. A perda, a forma da perda, os meus pais (hoje posso ter certeza de que tiveram uma profunda depressão) que, sem direção, com isso perderam os respectivos empregos; saímos do sítio em que vivíamos, que era nosso oásis, e fomos morar em um pequeno apartamento de 25m², com dois cômodos e um banheiro (eu, minha mãe, meu pai e meu irmão). Não tínhamos espaço sequer para uma área de serviços, para secar roupas, que eram secas penduradas na grade da única janela, que dava vista para a casa da vizinha e um pequeno trecho da rua. Toda essa cena enquadro como a grande primeira adversidade da minha vida. Aos 13 anos vivi isso tudo, sem entender ao certo o que estava acontecendo, mas, com os meus questionamentos internos, construí ali grandes propósitos para minha vida. Lembro-me exatamente dos momentos em que fiz escolhas de mudança de vida, quando queria algo maior, em que não houvesse aquelas dificuldades por que estávamos passando. Essas escolhas foram focadas em ter mais distanciamento de qualquer tipo de agressão, conflitos, criminalidade, escassez de alimentos e condições básicas como acesso a um dentista ou qualquer tipo de necessidade médica como ocorria na época.

Nesse grande propósito, eu passei a ter mais interesse em estudar, ser mais cuidadosa com as escolhas dos grupos de amizade, ter critérios referenciados em tudo de que eu queria distanciamento.

Passei a querer fazer parte de um universo mais tranquilo, menos violento, menos caótico. E tudo me remetia àquela realidade que eu renegava.

Travei uma luta em que reconstruir um ambiente saudável era maior do que tudo, e o reconhecimento de que a estrutura social que me cercava era o cotidiano comum e a causa de tudo de que eu almejava distância era só o que eu tinha na vida.

É clichê dizer que o meio é o maior agente influenciador dos padrões a que você se condiciona, que aceita ou em que se projeta. Porém minha busca a tudo que fosse avesso a isso era o que me chamava a atenção.

Grande parte de quem sou hoje, dos princípios que sigo, ainda são fortemente influenciados e referenciados por isso. Por fatores que me tiraram os pés do chão, me fazendo perder o equilíbrio e tendo a necessidade de reestruturar e lutar contra o sistema inteiro que me imergia.

Afirmo que tudo que me atrai a atenção tem reflexo disso, em relação a todas as escolhas da vida que irão reverberar por toda a minha trajetória.

Sempre me questionei quais aspectos me diferenciavam de pessoas que eu admirava, pessoas que superavam situações inacreditáveis, pessoas que tinham objetivos fortes, focados nos resultados, e que se obstinavam a alcançá-los a qualquer custo (dentro dos princípios que resolvi me pautar). Na verdade, não que tenha uma resposta exata para esse questionamento, mas até hoje ele me move; esse questionamento me acompanha há décadas e é tão atual quanto a primeira vez que o tive (não lembro quando aconteceu, mas lembro fatos de minha infância em que esse pensamento já existia em mim).

Adversidade 2

Neste capítulo, vou falar de um conjunto de adversidades que influenciaram muito o meu jeito de ser. É relacionado aos assédios que sofri ao longo da vida, que me engendraram a tomar medidas diferenciadas no comportamento, nas falas, nas relações etc.

Minha simpatia me trouxe privilégios na vida. Em muitas situações, isso me favoreceu fortemente em colocações de emprego e destaques em situações de escolhas, o que é tido como muito bom para mim. Porém, isso me trouxe a desdita do assédio. Não somente atribuída à aparência física, mas também à presteza e cordialidade que sempre tive.

Em muitos empregos, em relações de amizade, em família, sempre houve pessoas que pensaram poder abusar de mim, desde os modos mais sutis, com gestos e palavras, até os mais pejorativos modos de abuso sexual.

Mas qual a relação da adversidade motriz?

Esses fatos me conduziram a repensar postura, modo de falar, modo de me vestir, e não quero que isso seja dotado da ideia de amarra, de ergástulo, mas sim que seja visto como redenção, como uma forma de repensar a comunicação não verbal e ser mais assertiva com meus propósitos, tomando cuidado com essa ambientação – claro, não tiro a culpa dos meus algozes agressores. A culpa continua sendo deles, independente da forma com que me vestia ou me visto!

O que quero clarificar é que essa adversidade me fez ir além, buscar formas de distanciamento desse permissivismo moral ilusório que muitos criam, mas que me tornou uma pessoa mais elegante, mais polida e mais sofisticada que naturalmente teria sido.

Com grande influência dessa adversidade, construí a moral em que me encaixo hoje, por isso dou tanta importância para esse fator.

Minha conduta, minhas expressões foram muito mais bem estabelecidas em relação às outras pessoas e aos meus objetivos pessoais, isso é fato.

Conduzi minha vida de uma forma que eu sempre impusesse meus preceitos morais e éticos, muito para mitigar a possibilidade de assédios, o que remeteu muito mais à visão positiva que as pessoas tivessem de mim em relação a trabalho, profissionalismo e ética. Uma imagem profissional, positiva e formal.

Adversidade 3

Um acidente, bastante trágico, me tirou da rotina de trabalho por um longo tempo, me fazendo reinventar tudo que sempre fui em busca de sobrevivência e muitos outros propósitos.

Aos meus 30 anos, época em que minha empresa estava rendendo bons resultados e uma vida confortavelmente estável, eu sofri uma queimadura de proporções muito grandes e profundas por todo o corpo, totalizando mais de sessenta por cento do corpo queimado, ao manipular uma garrafa de álcool próximo ao fogo, em um ensolarado domingo de churrasco com os amigos.

Esse fatídico dia me tirou de circulação por mais de um ano. Foram quase dois meses de internação entre UTI e enfermaria, oito meses de feridas abertas e mais alguns meses tortuosos de dores, curativos, tratamentos e fisioterapias para recuperar os movimentos das pernas e do braço esquerdo. Nesse tempo, com tratamentos e falta de atividades na empresa, falir foi inevitável. Perdi tudo, o trabalho de uma vida toda.

Dentro dessa adversidade, ainda posso classificar outras muitas adversidades, como uma série de desventuras que não sei por onde começar a contar... Vou tentar pôr ordem cronológica para fazer mais sentido.

Ao dar entrada no hospital, minha família foi avisada de que meu estado era muito grave, dificilmente eu resistiria ao trauma. Passei por reanimações, uma cirurgia de raspagem em todas as áreas queimadas e três dias de UTI por causa da laringe e traqueia, que também se queimaram quando inalei fogo na explosão.

Com alguns dias de internação, tive uma reação alérgica ao medicamento usado nas queimaduras que atuava impedindo o aparecimento de uma vasta gama de bactérias e leveduras na pele danificada, e que também possibilitava enfaixar as áreas queimadas, o que dava uma proteção e conforto aos membros queimados. A sensação da alergia era de ardor, como se ainda estivessem queimando freneticamente todas as áreas afetadas. Com essa alergia, os médicos suspenderam o uso desse medicamento, sem um substituto compatível, e não poderiam mais me enfaixar, portanto eu precisava manter as pernas flexionadas o tempo todo, para que não encostassem nos lençóis ou qualquer superfície. Assim permaneci por 16 dias acamada, o que me fez perder o movimento dos tornozelos e pés.

Ao longo desse período, minhas queimaduras foram acometidas por muitas bactérias, formando um lodo verde-escuro por cima dos ferimentos. Uma das soluções médicas encontradas foi a amputação das duas pernas a partir do meio das coxas e talvez o braço esquerdo a partir do cotovelo. Deu-me calafrio e náuseas nesse momento em que escrevo isto, relembrando o que senti naquela sexta-feira: meu mundo acabou, não conseguia imaginar minha vida sem minhas pernas e braço dominante, minhas atividades profissionais, minha rotina e principalmente minha alegria de viver... Perguntei ao médico se eu poderia fazer algo que revertesse meu quadro, ele respondeu: "Somente um milagre que tirasse toda essa crosta infecciosa de você". E saiu...

Fiquei ali imaginando meu milagre e pedindo a Deus que me mostrasse a existência Dele, ali, naquele momento, ou me tirasse a vida.

Não consegui dormir e todos os profissionais estavam empenhados nos preparativos para a cirurgia na próxima segunda-feira, seria esse o fim de semana mais tortuoso da minha vida.

No dia seguinte ao anúncio da amputação, em um descuido da enfermeira, que saiu rapidamente do banheiro para buscar um utensílio no momento do banho, eu consegui manobrar a cadeira de rodas rapidamente e trancar a porta por dentro. E de lá, todo hospital ouviu meus gritos e urros quando eu arrancava aquelas crostas malditas e via meu sangue escorrendo nos azulejos do banheiro. Usava a água para amolecer um pouco e arrancava-as, como se fossem pedaços de cera quente quando se faz depilação.

Saí do banheiro quase desmaiando de dor, depois que percebi que a equipe de enfermagem estava quase conseguindo arrombar a porta. No segundo dia, repeti a mesma coisa, até que consegui tirar mais que noventa por cento das avarentas.

Na segunda-feira, cancelaram a cirurgia, já desnecessária. E assim, permaneço com minhas pernas serelepes e únicas.

O que trago com esse relato é a essência do motivo, a força que você busca dentro do que você se conforma ou que lhe traz alguma fagulha de esperança.

Depois de muitos outros acontecimentos relacionados a esse acidente envolvendo coração partido, relações de amizade desemponderadas, muitos episódios de dores ainda no hospital... voltei para casa, para continuar a recuperação ainda em ambiente isolado, até cicatrização das feridas.

Voltar a ficar em pé não foi tão difícil, mas permanecer por mais de vinte segundos nesta posição era um martírio, não conseguia. Todo o sangue se acumulava entre a musculatura e a fina camada que se formou como minha nova pele latejava. Latejava incessantemente, como se fosse explodir. Foi uma cicatrização lenta, gradual e dolorosa. Até um ano e meio depois, ainda tinham esses efeitos.

Nesse tempo, veio a necessidade da superação financeira, da reinvenção de mim mesma para me manter e tentar resgatar um pouco da qualidade de vida perdida. Aquilo virou uma busca incessante de novos empreendimentos, tentei transformar a cozinha industrial da minha antiga empresa de eventos em uma produção de quentinhas e refeições *delivery*, estando isolada no quarto e fazendo contatos com clientes por redes sociais e internet. Não deu certo, até que me desfiz completamente da empresa e de todos equipamentos.

Dentro dos modelos de restabelecimento, virei palestrante motivacional, organizadora de eventos sociais, escritora de manual de cargos para empresas e de modelos de gestão, boleira, mestre de cerimônias e qualquer serviço que surgisse à minha frente.

Para o amparo psicológico nesta recuperação, por recomendação médica, adquiri um cachorro, meu grande parceiro e amigo Logan, que me amparou desde os primeiros meses do isolamento em casa e ainda me acompanha em todas minhas conquistas. Foi meu grande alento e motivo de sorrisos.

Bom, com tudo isso, acredito que a reinvenção é a resiliência somada à criatividade, que nos faz mover as ações necessárias para atingir nossos modelos mentais de sucesso, de estima e de reconhecimento.

Sinto-me vitoriosa por ser exemplo de superação para as pessoas que me conhecem e quiçá, agora, aos que me leem.

40

COMO SE TIVÉSSEMOS OUTRA VIDA

Este capítulo faz reflexão sobre a vida, o tempo, as pessoas e suas escolhas. Na vida, cada perda pode significar um encontro: do "caos" nascem as novas ordens, dos medos nascem as coragens, e dos sonhos, outras realidades possíveis. Somos, portanto, o que fazemos para modificar quem somos. E qual vida temos para dar conta disso? Esta. Que o texto a seguir lhe provoque reflexões profundas sobre a vida.

SIBELI BORBA

Sibeli Borba

Contatos
www.sibeliborba.com.br
contato@sibeliborba.com.br
Facebook: sibeliborba
Instagram: @sibeliborba
Linkedin: Sibeli Borba Coach
48 99800 4252

Sou doutoranda em Administração, especialista em Treinamento e Desenvolvimento Humano, mestra, especialista, bacharela e licenciada em História. Tenho experiência de mais de 20 anos como professora universitária e ocupei vários cargos de gestão pedagógica em instituições de ensino. Além de vasta experiência acadêmica, atuei por mais de 20 anos em áreas administrativas de empresas de segmentos variados no extremo sul catarinense. Atualmente, dedico-me à educação corporativa, desenvolvendo treinamento para líderes e equipes. Possuo as formações de *master coach, master trainer e executive & business coaching*. Possuo formação em *Leadership & Coaching* pela Universidade de Ohio (EUA). Sou proprietária da empresa Sibeli Borba Coaching, que é especializada em *Coaching* de Carreira e Negócios, e Educação Corporativa.

> *Cada promessa é uma ameaça; cada perda, um encontro. Dos medos nascem as coragens; e das dúvidas, as certezas. Os sonhos anunciam outra realidade possível e os delírios, outra razão. Somos, enfim, o que fazemos para transformar o que somos.*
> (EDUARDO GALEANO)

E qual vida temos para dar conta disso? Esta.

Sempre acreditei que cada pessoa nasce para ter felicidade e realização, sejam elas quais forem. Ao longo da minha vida profissional, aprendi a olhar o trabalho como um campo de possibilidades e as pessoas, como especialistas, afinal cada uma delas traz consigo algo precioso que aprendeu e pode ensinar. Nessa construção, teci uma trajetória de vida em que pessoas foram fundamentais, família foi imprescindível e trabalho foi o espaço de onde vieram as maiores oportunidades. Tudo isso associado ao que aqueles que me acompanhavam me fizeram acreditar desde criança: que eu podia ser o que eu quisesse.

Como você, eu nasci, cresci e me tornei adulta. Com isso, as responsabilidades aumentaram, o tempo encurtou e a pressa passou a ditar o ritmo da vida. Certo é que demora um tempo até você entender que não conseguirá dar conta de tudo, que terá de eleger prioridades a todo instante e que agradar aos outros não fará você se sentir menos culpada(o). Isso mesmo! Conversaremos sobre isso mais adiante.

Passadas quatro décadas, compreendi que o emaranhado de relações a que somos submetidos desde o nascimento – mesmo que não saibamos disso – já nos coloca numa rota de cobranças, modelagens e expectativas alheias. É na família, pensada como espaço seguro e de afetividade – ao menos como se pressupõe – que nascem os hábitos; as normas e regras; os costumes; os valores; a moral; as crenças e as "verdades cristalizadas". De lá vem também a formação do caráter; a construção da personalidade; os padrões do que é certo ou errado; os limites.

Numa retrospectiva de vida, damo-nos conta de que, num esforço de cuidado, afetividade e proteção, nossa vida foi-nos apresentada ano a ano, pouco a pouco: "esses são os sentimentos que você pode expressar; esta é a maneira como você deve se comportar, estas são as coisas em que você deve acreditar; estas são as pessoas que você deve amar; estas são as pessoas que você deve temer; este é o tipo de vida que você deve querer. Faça-se caber". Foi com essa reflexão que a escritora Glennon Doyle, em sua obra *Indomável*, provocou-me a pensar: mas afinal, "quem era eu antes de me tornar quem o mundo me ensinou a ser?".

Em algum momento nos fizeram caber. De alguma forma, isso aconteceu nos mais diversos lugares em que estivemos: nas redes de trabalho, nos círculos de amizade, nos grupos e tribos às quais pertencemos, nas relações afetivas, na escola, na família etc. É possível que muitos anos se passem e que você nunca se sinta desconfortável com as pressões que foram endereçadas a você. De outra forma, pode ser que o desconforto bata à porta e instaure um certo caos. Mas não se aflija: todo caos nos promove a uma nova ordem, que leva a um novo caos, que leva a uma nova ordem. Parece ser esse o ciclo da vida. Parafraseando José Saramago, o caos é uma ordem a se decifrar.

Pois bem, são nesses relâmpejos de reflexão e de (re)busca de si que nos reencontramos. É nesse lugar também de reencontro que compreendemos nossa própria história, refinando narrativas a partir das novas experiências e interpretações que o tempo vai nos apresentando. É como se a experiência fosse nos oferecendo outros filtros, novas formas de enxergarmos a vida e tudo o que nela existe.

Enfim, crescemos. E com isso, temos a responsabilidade que é atribuída a uma vida adulta que se espera exitosa e feliz. Como se fôssemos projetos alheios, parece haver um tracejado prévio; antecipado ou imaginado por quem nos acompanhou ou acompanha, a fim de que tenhamos uma caminhada mais segura e promissora. Sim, possivelmente o que se pretende nessas rotas de segurança, controle e proteção é, antes de tudo, a nossa felicidade, o amor e a realização. Certo é que a intenção genuína de cuidar e proteger uns aos outros advém do amor.

No entanto, é no desenrolar da vida que o nosso inconsciente passa a evocar sentimentos, memórias e significações que desarrumam os elementos que a mente consciente tentou ordenar, bagunçam os roteiros que foram dados como absolutos e descontroem certas percepções e certezas que nos foram apresentadas. É possível que, a partir daí, passemos a questionar o modo como levamos nossa vida, como fazemos as nossas escolhas e, não raro, até a relevância que têm as pessoas que estão ao nosso lado. Ao que parece, é como se estivéssemos nos lembrando de quem nós éramos antes das pessoas nos dizerem como deveríamos ser e com quem deveríamos conviver. Em modo "faça-se caber", passamos parte da vida nos esforçando para reconhecermos e justificarmos as conexões que nos foram oferecidas. Certamente, este é um momento bastante propício ao autoconhecimento, mas é preciso que você consiga entendê-lo e senti-lo.

Como eu, é possível que você já tenha se questionado sobre: "quem eu sou?"; "o que realmente importa para mim?"; "qual é o lugar e a importância que as pessoas que convivem comigo ocupam na minha vida?"; "o meu trabalho me realiza?"; "quais passados estão por trás das 'verdades' que eu carrego ou construo?"; "com quais filtros eu enxergo a vida e como tomo minhas decisões?"; "quais sentimentos foram ou estão ainda reprimidos em mim?"; "o que eu gostaria de viver que ainda não estou vivendo?"; "minha vida não deveria estar melhor?". Pense. Alguns desses questionamentos já bateram à sua porta? Faz parte do ciclo da vida questionar-se sobre o que interessa em cada fase, como também faz parte estranhar ou inquietar-se com muitas das escolhas que até certo momento nos geravam satisfação, bem-estar e prazer e, depois de algum tempo, não mais.

Há uma voz interna que anseia por algo a mais dentro de cada pessoa. Existe em nós um esforço constante para sermos bons em tudo: bons profissionais, bons colegas de trabalho, bons filhos, bons pais, bons amigos, bons estudantes, bons irmãos, bons pares e por aí vai. Quando entregamos o nosso melhor, deixamos confortáveis e mais satisfeitas as pessoas que estão ao nosso redor. Afinal, elas não esperam isso de nós? Por outro lado, em vez de nos sentirmos felizes e realizados, não raro sentimo-nos um tanto esgotados, sobrecarregados, sem forças, culpados. A sensação é de que ser bom em quase tudo cansa. Observe sua vida e se pergunte: "Eu estou enterrando a mim mesmo(a)?"; "de onde vem as expectativas de que eu seja sempre bom em tudo?".

Passamos anos de nossa vida reprimindo nossas insatisfações, nossos desejos e enterrando nossos sonhos. Aprendemos a ignorar nossos sentimentos, silenciar nossas vontades e viver a vida de um jeito como os outros desejam.

Contudo, a voz interna que pertence àquele garoto ou garota que você foi continua lá, mas só é possível ouvi-la quando paramos de deixar as expectativas alheias tomarem conta de nossa vida. Doyle (2020) recomenda que será preciso parar de "tentar ser boa para poder ser livre", parar "de tentar ser agradável" para começar a viver. É preciso compreender que o fato de você tentar agradar aos outros o tempo todo não lhe garante que você esteja conseguindo – nem a eles, tampouco a você.

Não basta despertar. Não basta ficar inconformado. Não há nada de errado em se colocar em primeiro lugar. É preciso assumir o centro do palco, porém é importante ter clareza de quais são os papéis que você ocupa quando está no centro desse palco, e sobre como desempenhá-los. Conhecer os seus papéis de vida faz com que você aprenda a gerenciar a vida de um modo em que se relacionar com outras pessoas não lhe cause anulação ou a perda de identidade. Podemos ser pais e mães altamente responsáveis por nossos filhos ensinando-os sobre como é viver a vida, e não necessariamente vivendo a vida por eles. Podemos ser adultos altamente responsáveis por nossos pais, determinando os limites de uma relação que agora também é compartilhada pela família que você formou. Podemos ser irmãos altamente responsáveis quando compartilhamos as nossas experiências e percepções sobre um assunto, mas sem tomar a decisão por eles. Podemos ser profissionais altamente responsáveis e comprometidos quando fazemos do nosso tempo livre o espaço para vivermos outras relações que não as profissionais.

Importante compreender que essas reflexões não são datadas, tampouco são endereçadas a um ciclo da vida. Não há um tempo certo ou definido, elas chegam como provocações para aqueles que escolheram se autodesenvolver, por demandas de uma área da vida ou de variadas áreas. Entre as áreas da vida, há duas que eu gostaria de trazer ao centro do debate: Carreira e Família. No esforço de pensar o trabalho e a carreira, Marques (2013) nos lembra que "a carreira é umas das dimensões mais importantes da vida de todo ser humano, pois é também por meio dela que conseguimos atingir nossos objetivos, realizar sonhos e construir nosso legado". É, portanto, por meio dela que suprimos nossas necessidades fundamentais, provemos conforto e conquistamos o que é importante para os nossos. De fato, é uma dimensão de extrema importância. Apoiada nessa premissa, grande parte das pessoas passa a dedicar ao trabalho a maior parte de sua vida.

A necessidade de prover passa a justificar a ausência da família, as infinitas horas de trabalho, o afastamento dos filhos, a omissão de tarefas e responsabilidades, a falta de férias etc. Aliás, quem por algum tempo já não investiu mais atenção e energia na carreira profissional do que na vida pessoal, seja por extrema necessidade ou razões de outra natureza? Eu mesma já fiz isso. E você, já assumiu essa postura ou está assumindo neste momento?

Pode ser que, depois de algum tempo; após ter eleito uma, duas ou três áreas da vida como as mais importantes e ter se dedicado a elas, você perceba que deixou de importar-se com outras que também eram fundamentais à sua satisfação e ao equilíbrio emocional. Pode ser também que você perceba que precisava ter tomado decisões importantes em outras áreas da vida e que até hoje não as conseguiu tomar, e que essas decisões sejam definidoras para a pessoa que você está se tornando. Agimos como se tivéssemos uma outra vida.

Certamente, você já deve ter conhecido ou conhece pessoas de seu convívio que desejaram ser algo, mas não foram; ter algo, mas nunca tiveram; fazer algo, mas nunca fizeram. Por que isso acontece? O que falta às pessoas para que aconteça o que elas desejam? O que leva um sujeito a ter expectativas e objetivos que nunca alcançou? Talvez uma das possíveis respostas resida no fato de que esse objetivo nunca passou de mero desejo; algo distante; desorientado. Ora, nenhuma meta ou sonho pode ser realizado sem ação, e nenhuma ação pode ser desenvolvida sem ter sido previamente planejada (Machado, 2017). É preciso ter um roteiro a seguir. Além do mais, sem intenção de fazer diferente; sem planejamento e com pouca disposição para agir, fica quase impossível alcançar resultados altamente positivos.

É preciso mudança. E ela acontece toda vez que decidimos fazer algo diferente por nós mesmos e por nossa vida. Aproveite o seu momento atual para traçar metas que sejam positivas e elaborar um planejamento eficaz que leve, de fato, à realização de seus sonhos e a uma vida com mais resultados. Para isso, compartilho uma ferramenta que utilizo e que pode ser um passo inicial para que você consiga planejar metas às áreas que são importantes na sua vida. Para realizá-la, basta selecionar imagens que representem os seus objetivos nas 12 áreas para os próximos cinco anos, e anexá-las no Cartaz. Além disso, estabelecer prazos e etapas, e acompanhá-las, contribui para que você focalize no objetivo. Funcionou para mim. Que tal aproveitar para iniciar hoje mesmo? Afinal, deixar o planejamento ao acaso como se tivéssemos outra vida é arriscado demais.

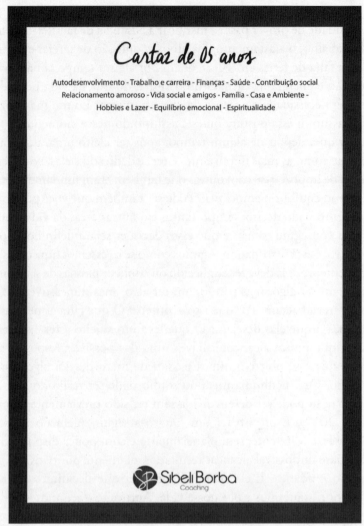

Figura 1: Cartaz de cinco anos. Fonte: Sibeli Borba Coaching

Referências

DOYLE, G. *Indomável*. Rio de Janeiro: Harper Collins, 2020.

MACHADO, S. C. B. Coaching para a vida. In: VIEIRA, N. *Coaching para a vida*. São Paulo: Literare Books International, 2017, p. 97-108.

MARQUES, J. R *Coaching & carreira: técnicas poderosas e resultados extraordinários: como o coaching pode transformá-lo em um profissional de sucess*o. Goiânia: IBC, 2013.

41

COMO EVITAR OS IMPACTOS DA INTELIGÊNCIA EMOCIONAL EM UMA CRISE

As pessoas têm um novo olhar para a vida, diante de todas as mudanças que tomaram conta da humanidade, gerando impacto na inteligência emocional de qualquer ser humano. Neste capítulo, trago seis pontos primordiais para gerar reflexão na sua mente, leitor, entendendo que qualquer desafio precisa ser analisado, averiguado, mas conhecido! E você? Já ampliou a sua percepção para conhecer as suas emoções?

SIDNEY BOTELHO

Sidney Botelho

Contatos
www.sidneybotelho.com.br
Instagram: @sidneybotelhooficial
YouTube: Sidney Botelho

CEO e palestrante da Toyê Coaching, Training & Eventos. Neurocientista, *master trainer, master coach*, especializado em Hipnose Ericksoniana e especialista em Oratória, Comunicação e Negociação, com formações pela PUC-RS, Universidade Presbiteriana Mackenzie, Universidade Monteiro Lobato e Instituto Brasileiro de Coaching. Experiência de 31 anos nas áreas de TI/Telecom, com passagens em grandes multinacionais. São 25 anos na área de Rádio e TV, como âncora de telejornal na Rede Gospel de TV; e 22 anos na área de cerimonial e eventos, como apresentador e mestre de cerimônias. Autor de *Além do microfone – improvisos de um mestre de cerimônias* (2016), coautor dos livros *Profissional de alta performance* (2019), *Coaching de carreira* (2019), *Coaching – mude o seu mindset para o sucesso* (2019), *Manual prático do empreendedor* (2018), *Momento zero e Otimizando relações* (2020), todos pela Literare Books. Já ministrou treinamentos para mais de 3 mil pessoas.

O mundo mudou, e creio que essa nova realidade na vida de todos, na sociedade, enfim, servirá para refletirmos sobre nossas atitudes, como definiremos o nosso futuro e escreveremos a nossa história perante as pessoas que estão à nossa volta. Muitas pessoas têm dificuldades de se reinventarem e acreditarem que o autoconhecimento é a ferramenta mais importante para superar cada desafio dos obstáculos que surgem em frações de segundos.

Ao longo de um período de recomeços e de descobertas, a população se adaptou rapidamente a esse novo mundo, que, na verdade, faz parte de um futuro que muitos não imaginavam que seria tão presente e que causaria frustrações, decepções, mágoas; mas quem soube entender a situação e desenvolver sua Inteligência Emocional, pôde amadurecer e evitar tamanhas dores.

O impacto emocional foi o que mais preocupou a humanidade. Nós, especialistas comportamentais, entendemos que seríamos fundamentais para auxiliar as pessoas a se manterem estáveis, garantindo a consciência fortalecida para encontrar alternativas a todos os obstáculos ou dramas que apareceriam neste determinado período transacional.

Esse mesmo impacto gerou preocupação para as pessoas, fazendo-as perceber que, na vida, dois dos grandes males da humanidade são a acomodação e a permanência no ciclo dependente das ações de terceiros ou de outras pessoas que vivem a mesma situação de sobrevivência.

Neste capítulo, reforço alguns pontos primordiais que o ser humano precisa desenvolver para eliminar impactos em seus pensamentos, se mantendo firme e convicto de seus atos, fortalecendo os sentimentos e aumentando a capacidade de se automotivar e encontrar soluções para esses novos desafios.

O primeiro ponto com que o indivíduo deve se preocupar é a **satisfação** pela vida que leva, deve entender que o atual momento é decorrente as situações não planejadas anteriormente e que caberá a ele próprio seguir em busca de encontrar algo que lhe dê significado para seguir em frente. A satisfação é justamente ligada às realizações dos objetivos e desejos, que são o combustível para o ser humano não entrar em depressão.

Esse sintoma toma conta da sociedade moderna, pois as pessoas são julgadas, criticadas, incapazes de entender que a vida vai além do que muitos dizem ou opinam em relação às atitudes delas.

É muito comum, diante de qualquer dificuldade, as pessoas desistirem do que foi planejado e não entenderem que, em todos os planos ou estratégias, existirão situações que permitirão o desvio da rota. Quando é feita a reprogramação ou alteração do caminho pré-determinado, a sabedoria colaborará para que o entendimento dos fatos venha a superar a dificuldade, trazendo o sentimento de alívio ou de conquista, trazendo de volta o prazer de viver.

O segundo ponto primordial por que o indivíduo pode se guiar para não ter o impacto emocional negativo é encontrar o **reconhecimento** de suas ações. Mas onde se pode encontrá-lo?

Somos pessoas dependentes de elogios, mimos, carinhos, mas ao mesmo tempo, quando estamos nos piores momentos da nossa vida, queremos o apoio das pessoas e esquecemos de nos dedicar a algo com o mesmo afinco, gerando o descontentamento de ambas as partes, causando internamente o sentimento de abandono.

Não fomos programados nem criados para o isolamento, mesmo que algumas pessoas prefiram a solidão. Quando o indivíduo fica recluso, os pensamentos voam em direções alternativas, fazendo com que a insatisfação pela vida e as pessoas alcance níveis de frustação não esperados. Porém, com atitudes, ações auxiliadoras, esse mesmo ser humano permitirá que outras pessoas possam valorizar suas atitudes, demonstrando a sua importância, reconhecendo-o perante um determinado grupo e fortalecendo assim, o ato da benevolência.

Para ser reconhecido, é necessário estar à frente de muitas situações e entender que a experiência correspondente é condizente com o que esperam deste indivíduo, pois muitas vezes as expectativas geradas são o que muda as percepções das pessoas. As pessoas precisam desse gesto para elevar e satisfazer o ego e, com isso, melhorar o emocional.

Todas as ações geram reações, assim afirmam os físicos e cientistas, e diante dessa afirmação, o impacto da inteligência emocional pode ser amenizado com a prática do **relacionamento** com as pessoas que vivem situações diferentes, causando reflexões em seus pensamentos, e facilitando o entendimento, que está em falta devido à preocupação como um todo.

Uma cabeça sozinha não produz a mesma quantidade de informações se comparada com todas as outras, pois as visões múltiplas de outras pessoas envolvidas em situações distintas fazem com que os pensamentos fluam e se aumente a possibilidade de melhorar a autoestima, permitindo a explanação de qualquer sentimento negativo que impede os próximos passos ou a chegada a outro destino.

O relacionamento é um dos pontos que amplia a capacidade de entrega do indivíduo, fazendo crer que a angústia alheia é também a mesma de muitas outras pessoas que passam pela mesma situação. Quando se juntam, podem mover e transformar essas lamentações em conselhos, ideias, entendimentos, em prol da melhoria contínua da sociedade ou do grupo em questão.

Para diminuir o impacto da **Inteligência Emocional**, esses próximos três pontos são fundamentais para alcançar a excelência. Eles demonstrarão que o ser humano precisa ser resiliente e adicionado aos três pontos anteriores. O **autodesenvolvimento** é o ponto de partida para esse novo estágio da busca pela melhoria contínua.

Muito conteúdo é publicado em livros, revistas, jornais, *sites*, podcasts, entre outros meios de aquisição de conhecimento, referente ao autodesenvolvimento humano. Cabe, neste momento, uma pergunta para reflexão: Por que as pessoas evitam aproveitar as oportunidades oferecidas para se desenvolverem? A resposta vem ao encontro das escolhas que o indivíduo faz para a sua vida. Pois, diante de todas as situações vividas, em muitos dos casos, ele mesmo está em um estado de sobrevivência humana, financeira, profissional, familiar etc.

Em muitas sessões de coaching que realizo, vejo as pessoas desmotivadas pelo seu mundo não perceberem que esse "mundinho" criado em sua mente é que sua vida foi levada pela rotina desprogramada ou desregrada, condicionada por seus atos. Surpreendo-me quando ouço pessoas em situações assim, e levam horas para identificarem que falta assumir a autorresponsabilidade para buscarem o desenvolvimento intelectual e humano.

Desenvolver-se é ampliar a capacidade do raciocínio rápido para modificar o entendimento de temas complexos e distantes do conhecimento adquirido anteriormente, possibilitando a criação de novas oportunidades geradas pelos novos conceitos, que abrem a mente, permitindo que o indivíduo reconheça que o seu futuro depende de si.

Para que essa nova fase seja transformadora – pois os impactos emocionais estão em diminuição contínua, devido ao crescimento motivacional gerado pela mudança na maneira de agir –, surge um novo ponto fundamental e que permite que essa trajetória seja mais satisfatória nesta descoberta de novos sentimentos, que é justamente **a participação em projetos** que agreguem valor à vida do indivíduo.

Quando o ser humano possui um propósito para despertar para um novo dia, levantar-se da cama para executar algo que lhe agrada, que tenha um significado em seu bem-estar, que essa atividade venha gerar desafios – e o melhor, que garanta aprendizado mútuo –, o lado emocional do cérebro o faz ter a certeza de que nada pode interromper os seus objetivos, sonhos e desejos.

É muito comum observarmos as pessoas frustradas por não acreditarem no seu potencial, pois simplesmente sofreram a perda do emprego, a falência da empresa, a separação do cônjuge ou algo mais doloroso. Porém, quando recebem uma oportunidade para demonstrarem o conhecimento, a habilidade e executarem o que aprimoraram ao longo da vida, para serem especialistas em uma determinada área, esses mesmos indivíduos entendem que é importante estar com a mente ativa constantemente, permitindo que o cérebro esteja sempre em movimento contínuo.

As grandes indústrias não fabricam nada se as máquinas estiverem paradas, e o nosso corpo é da mesma forma, pois dependemos de ações e reações para que nossos pensamentos sejam modificados para que nossos sentimentos não interrompam o seu funcionamento. Por isso é que estar, criar, definir, executar e elaborar projetos faz com que todos os impactos emocionais negativos sejam excluídos, garantindo o aumento da criatividade.

Se unirmos a satisfação pela vida, o reconhecimento das pessoas pelos atos, o relacionamento mútuo com os grupos a que o indivíduo pertence, o entendimento da importância do autodesenvolvimento e a participação em projetos, o ser humano encontra o último ponto fundamental para eliminar os impactos negativos da inteligência emocional, que é a **evolução contínua**.

A evolução contínua é essencial para que a pessoa tenha a consciência de que todo o processo de melhoria se faz ao se acreditar que nossa mente está em amplo funcionamento e que, diante de todas as situações por que passamos, temos que entender que os sentimentos causados pelos obstáculos que enfrentamos são consequências de nossas decisões.

O primeiro passo para que o nosso futuro não seja influenciado pelos sentimentos negativos que nos cercam é decidir o que queremos para nós. Mas o que queremos de verdade? O que buscamos encontrar? O que seremos depois que encontrarmos o que procuramos? Será que o mundo externo é tão importante assim?

As respostas estão no cérebro, condicionadas ao que acreditamos o acaso do destino ou ter sido oferecido pelo Universo ou, para aquele mais pessimista, a sorte simplesmente o levou para essa ocasião.

Não temos que avaliar os nossos sentimentos pelo que passamos e ouvimos de alguém, mas pelo que entendemos que seja útil para a nossa evolução, pois o quanto nos desenvolvemos, ao longo da vida – quebrando a cabeça para encontrarmos a melhor saída de um labirinto de opções, criando métodos, conceitos, técnicas, fórmulas –, é para que possamos destinar tudo isso a outras pessoas, para que usem as nossas ideias como exemplos, facilitando, em muitos casos, o entendimento de algo que não esteja planejado para elas e fazendo com que todos possam encontrar caminhos alternativos e fáceis para se transformarem, mantendo a autoestima, a autoconfiança, a alegria, a empolgação, podendo ser referências de um ser de luz, paz e de inteligência emocional condicionada a um único destino: encontrar o tão esperado legado na vida.

As pessoas querem chegar à plenitude, mas nem sempre temos a calmaria no nosso dia a dia, pois tudo muda simultaneamente e, quando vemos, nada está da forma que queremos.

Não há receita para a felicidade se as atitudes não estiverem conectadas com a nossa evolução!

O indivíduo tem que criar hábitos que venham a modificar sua maneira de agir, programar suas ações para futuro estruturado e identificado como único para ele. Reservar um momento para se questionar sobre suas escolhas: o que deu errado, o que pode fazer de diferente do que estava fazendo; enxergar suas falhas e modificá-las, para que não impacte mais a sua evolução humana.

As realizações são compatíveis com as ações geradas ao longo de um determinado período, e a adequação a cada situação se faz presente quando se entendem e assimilam os pontos fundamentais descrito neste capítulo.

Escrever este capítulo foi um desafio de vida, pois creio que o mundo quer algo novo, quer alguém diferente mostrando o destino para o pote de ouro ou o caminho da praia mais linda de água cristalina que existe neste planeta. Mas, quando entendemos que as palavras proferidas, escritas ou simplesmente pensadas são a forma de expressarmos o que sentimos e o que esperamos de nós ou dos outros que convivem em nossos ciclos de amigos.

Estou convicto de que todos os seres humanos evoluíram nos últimos anos, podendo entender que somos todos vulneráveis ao novo, mas que somos capazes de encontrarmos saídas se nos dedicarmos, se nos entregarmos, se acreditarmos na nossa intuição, na nossa mente, no nosso cérebro...

Não existe ninguém que não tenha sofrido uma dor, que não tenha olhado para o horizonte na janela de casa, da varanda do apartamento, de qualquer lugar que permitia ver a luz do dia ou a escuridão da noite.

O mundo está diferente, as pessoas estão diferentes, temos que fazer a nossa parte para que tudo seja melhor, com menos egoísmo, mais humanização, mais consideração; devemos entender que somos seres que possuem o livre-arbítrio e que nossas decisões são tomadas para mudarmos o nosso destino e o das pessoas, por isso, evolução é ter empatia e dar valor aos momentos.

Valorização é o princípio e a essência de tudo que temos!

Valorizar a vida, as pessoas, os seres, a saúde, os relacionamentos, as gargalhadas, as lágrimas, os beijos, os abraços, o tocar das mãos no rosto, as mensagens de incentivo enviadas, mas valorizar o poder se conhecer por completo, deixar se levar com sentimentos puros, humanos, transformadores, deixando sempre em evidência que ser inteligente não é ser racional, emocional, mas na verdade é ter dentro de si o amor pela vida e pelas pessoas.

42

CONSCIÊNCIA, UM PRODUTO SOCIAL
VOCÊ SE ENCONTRA NO (DES)ENCONTRO COM O OUTRO

Este capítulo propõe reflexões acerca da falta de imposição de consciência ao comportamento operante e suas implicações. Para tanto, analisa brevemente a variação do padrão comportamental que discrimina as esquivas funcional (adaptativa) e disfuncional (fóbica) da perspectiva da abordagem psicológica chamada Análise do Comportamento à luz da filosofia behaviorista radical que a embasa.

SOFIA BARILE

Sofia Barile

Contatos
www.sofiabarile.com.br
@barile.sofia

Psicóloga, analista do comportamento (USP-HU). Autora de *5 Passos para ser feliz – com a ideia de que não são cinco passos* (Literare Books).

Para Skinner (1974/2002, p. 133), não houve "divisão mais bem conhecida da mente", tal qual a proposta por Freud (1856-1939): consciente e inconsciente. Assim, o Behaviorismo Radical reconhece a proficuidade dos referidos conceitos, já que a eficácia das relações de controle entre o organismo e as variáveis das quais seu comportamento é função independe de serem observadas, ou seja, de serem conscientes.

Afinal, na prática, o organismo é controlado, ainda que não tenha consciência das relações de contingência envolvidas, posto que "o comportamento operante é, basicamente, inconsciente" (De Rose, 1982, p. 7).

Mas como o Behaviorismo Radical conceitua a consciência do comportamento?

O significado da palavra consciente é coconhecimento (do latim: con-science) ou "conhecimento com outros". Sob a ótica da Análise do Comportamento, constitui uma referência às contingências verbais necessárias para estar consciente (Skinner, 1990/1999).

Tais contingências são produto único, dado sob demandas sociais, de tal forma que o sujeito desenvolve a habilidade de auto-observação, tanto mais sua comunidade verbal lhe consequencia respostas a questões práticas como, por exemplo: "'O que está fazendo?' ou 'Por que fez isso?'" (Skinner, 1953/2003, p. 460).

A partir desse reforçamento – social –, o organismo fortalece seu repertório de introspecção, bem como aumenta a probabilidade de novos relatos do próprio comportamento ocorrerem, porquanto a consciência de seu propósito (De Rose, 1982).

De acordo com De Rose (1982) e Machado (1997), a capacidade de relatar a razão da própria conduta, para si ou para o outro, concede aos falantes mais do que ver, concede o que Skinner (1974/2002, p. 188) chama de "ver que estão vendo". Em outra ocasião, o mesmo autor complementa: "[...] o cerne da posição comportamental sobre a experiência consciente pode ser resumido desta maneira: ver não implica em algo visto" (Skinner, 1969/1984, p. 348).

Isso porque, pelo prisma comportamental da seleção pela consequência, outras variáveis podem controlar a aquisição do comportamento de ver, além de objetos reais. Dessa maneira, o organismo pode emitir o comportamento de ver na presença ou na ausência do objeto. Fenômenos ocorridos sob a pele (aos quais só o próprio sujeito tem acesso) dão-se na ausência; com a introspecção, não seria diferente (Skinner, 1969/1984).

Para muito além disso, à capacidade de "ver que está vendo", isto é observar e relatar – ao outro ou a si mesmo – o que se está fazendo de forma manifesta ou encoberta, atribui-se mais do que a consciência dos propósitos do próprio comportamento, pois "é aprendendo a se descrever que a pessoa constrói o seu eu" (Machado, 1997, p. 104).

Portanto, à capacidade de "ver que está vendo" atribui-se via de autoconhecimento, posto que "o eu é o que a pessoa sente a respeito de si própria" (Skinner, 1989/1991, p. 45).

Entretanto, "só quando o mando privado de uma pessoa se torna importante para as demais é que ele se torna importante para ela própria. Ele então ingressa no controle de comportamento chamado conhecimento" (Skinner, 1974/2002, p. 31).

Consonante a isso, a Análise do Comportamento faz-se ambiente para o exercício da auto-observação – amplamente generalizável –, já que reforça socialmente o cliente a discriminar e relatar as variáveis das quais seu comportamento é função, impondo-lhe consciência, ou seja, tornando-o observável introspectivamente (Skinner, 1986/1987).

Tal ambiente é amplamente generalizável no sentido de que o cliente esteja fortalecido para replicá-lo fora do consultório; inclusive, com repertório para se esquivar de forma adaptativa do que lhe é aversivo.

Classes de respostas de esquiva adaptativa podem ser comumente discriminadas no dia a dia. São critérios mantidos por contingências de reforçamento negativo como, por exemplo: sob regra implícita de seguros de variadas categorias (vida, imóvel, carro, residência, desemprego, saúde), como prevenção para o pior; direção defensiva, como disciplina para evitar acidentes de trânsito; fundos de aposentadoria para afastar um futuro indigno (Sidman, 1989/2009).

Em outras palavras, enquanto estimulado por reforçamento negativo, o comportamento é reforçado a se repetir em função da retirada de um estímulo aversivo (ou seja, em função de evitar o indesejável), caracterizando uma relação coerciva.

Em contraponto à contingência de reforçamento negativo, há a contingência de reforçamento positivo, na qual a probabilidade de o comportamento se repetir também aumenta, porém por ocasião da apresentação de um estímulo reforçador positivo (isto é, na apresentação do que é desejável) para aquele sujeito (SKINNER, 2003).

Como se pôde perceber, ambos os reforçadores (positivo e negativo) aumentam a probabilidade de um comportamento voltar a ocorrer. Todavia, é preciso estar atento, pois sendo o meio coercivo uma constante, a relação organismo-ambiente é passível de emitir severa depressão comportamental.

Em outras palavras, em ambiente coercivo, o agir fica prejudicado, fato que pode extinguir (ou nem mesmo desenvolver) o comportamento de se explorar o mundo, seja ele interno ou externo. Disso, duas condições retroalimentam-se: empobrecimento de repertório e comportamento de esquiva funcionalmente ineficaz.

Nessa lógica, em detrimento de sua função adaptativa (responsável pela evolução da espécie desde suas relações com o ambiente inanimado), o comportamento de esquiva torna-se disfuncional (fóbico).

Nesse cenário, os medos tornam-se despropositais, assumem caráter patológico, comprometem a autonomia, exibem "padrão comportamental característico dos transtornos de ansiedade, de acordo com grande parte da literatura" (Zamignani & Banaco, 2005, p. 79). Condição que, muitas vezes, conduz ao tratamento medicamentoso.

Assim, uma vez experienciada como ineficaz, a esquiva produzirá constantes respostas de ansiedade, condicionadas aos ambientes nos quais ocorrem.

Por esse motivo, não só o ambiente externo, mas também o interno pode se tornar aversivo na percepção de taquicardia, tontura, dificuldade respiratória, problema gastrointestinal, sudorese dentre outros fenômenos intrapele.

Acompanhe comigo este exemplo prático: se cada vez que você se expressasse, levasse um choque (estímulo aversivo), o ambiente externo se constituiria uma fonte de choques. Assim, o mundo representado por suas relações com outras pessoas ficaria condicionado a algo que você não gostaria de repetir, do qual se esquivaria a ponto de evitar o mundo, ou seja, as pessoas.

Isso lhe custaria alguma seletividade, podendo evoluir a isolamento e até mesmo a ataques de pânico só de se pensar em ser exposto a situações análogas (ainda que na ausência do objeto). Nas palavras de Sidman (1989/2009, p. 237):

"Enquanto outros nos virem como uma fonte de choques, eles reagirão a nós como ao próprio choque".

De certa forma, é o que algumas vezes você leva das trocas com o mundo: um choque. A questão é: o quanto está preparado para analisar seus comportamentos diante dele? Será que, uma vez instruído e fortalecido, alcança mais racionalmente a função da ansiedade e dos caminhos que levam à depressão antes que ela se instale?

Dessa perspectiva, ainda mais importante do que suas trocas com o mundo, sem dúvida, é o que você escolhe guardar e lembrar delas (o que vê na ausência do objeto visto) – já que, uma vez cumulativas, seu produto controlará as escolhas que as sucedem; em suma, todas as escolhas estarão em todas as escolhas.

Aonde quero chegar com isso?

Na imposição de consciência.

Por exemplo, você já parou para pensar: ainda que tenha nascido com aparelho fonador, se não tivesse modelo humano para aprender a falar, será que falaria? Ainda assim, quantas vezes sua mãe precisou repetir "mã-mãe" até que você conseguisse imitá-la?

De forma análoga, a consciência pode ser compreendida como habilidade adquirida nas relações sociais, nas quais há ouvidos e olhos interessados nos relatos do auto-observador.

Tanto mais você impõe consciência sobre seus comportamentos, mais conhece as próprias forças e fraquezas, e desse modo melhor discerne sua fragilidade da força com a qual realmente é atacado por um "choque" (em contraponto ao medo patológico, desproporcional ao estímulo). Assim, percebe qualidade em suas relações e consequente sentimento de aceitação.

Desse ponto de vista, observe seu entorno. De modo geral, como descreveria as relações sociais na contemporaneidade? Profundas e longas ou rasas e curtas?

Por analogia, o que a respiração rasa e curta aciona em seu organismo? Mecanismo de luta e fuga, ansiedade, esquiva?

Nesse sentido, a aceitação pode ser considerada uma necessidade fisiológica para o ser (do) humano. Mesmo porque são questões meramente didáticas que classificam suas necessidades, já que o humano só o é na sua totalidade.

Trazendo para a prática clínica, diariamente escuto pessoas criticando no outro a falta de responsabilidade emocional, compreensão, respeito, diálogo, espaço de discussão, vulgarmente resumidos como "vácuo".

Os sinônimos são muitos, mas a mensagem é a mesma: aceitação. Aceitação é o sutil abismo que distingue gênios de loucos. Gênios são os loucos bem aceitos.

Dessa perspectiva, se o resultado de sua auto-observação não tem atenção do mundo, a probabilidade de você se auto-observar vai diminuindo; afinal, oferecer a quem? Com quem você trocará? Quem quer o que você tem a oferecer?

Paradoxalmente, quanto menos você se auto-observa, menos sabe o que tem a oferecer, por conseguinte, menor é a probabilidade de encontrar quem o receba.

Nesse ponto, você corre o risco de duvidar do próprio valor. Uma vez que não se enxerga valoroso, revolta-se, isola-se ou busca atender aos critérios de valor impostos para, quem sabe, alcançar alguma atenção. A depender de sua carência, pode assujeitar-se a trocas sem valor e a audiências punitivas, como algum caminho para se sentir parte de algo (isto é, ser aceito). Que loucura, não é?!

Pois é, o humano busca trocas (de valor). O caminho para as trocas, ainda que consigo mesmo, é o outro. Entretanto, alguém precisa oferecer primeiro.

No recorte observado, as consequências de oferecer primeiro não têm sido reforçadoras, já que diminuíram a probabilidade de as pessoas voltarem a oferecer. Pior! Baseadas em seus históricos de relações, quando alguém oferece, chegam a evitar receber.

Uma prática econômica muitas vezes justificada com o que escolheu guardar das próprias trocas: "já sei onde isso vai dar". É como se a conta não fechasse. No lugar das trocas, restam débitos e o próximo investimento é incumbido de pagar por todos os caloteiros que o antecederam. Desse prisma, a preguiça de investir no (que vê do) outro desponta economicamente vantajosa.

Em contraponto à aceitação, há a (autor)rejeição. Em vista disso, se o outro é caminho para você se enxergar, quando evita enxergar o outro, evita-se.

Evita-se porque não foi reforçado a acolher o que enxerga quando se olha (trocas rasas, sem valor, falta de reforço social). Desse modo, exercita a autorrejeição.

Ora, para ser rejeitado, antes é preciso (ao menos) ser visto. Dessa perspectiva, a autorrejeição apresenta-se como esquiva da rejeição, uma vez que se antecipa: evita enxergar-se, expressar-se.

Nessa lógica, não ser aceito é dor, não ser visto é morrer de dor. Logo... não se enxergar é um matar-se. A esquiva, então, deixa de preservar para matar o que se propõe defender: a vida.

Referências

DE ROSE, J. C. C. (1982). Consciência e propósito no behaviorismo radical. In: JUNIOR, B. P. (Org.), *Filosofia e comportamento*. São Paulo: Brasiliense.

MACHADO, L. M. C. M. (1997). Consciência e Comportamento Verbal. *Psicologia USP,* 8(2), 101-107. doi:10.1590/psicousp.v8i2.107589

SIDMAN, M. (2009). *Coerção e suas implicações* (M. A. Andery; T. M. Sério, trads.). Campinas: Livro Pleno. (Trabalho original publicado em 1989).

SKINNER, B. F. (1984). *Contingências do reforço: uma análise teórica*. (R. Moreno, trad.). Coleção "Os pensadores" (pp. 161-393). São Paulo: Abril Cultural. (Trabalho original publicado em 1969).

SKINNER, B. F. (1987). What is Wrong with Daily Life in the Western World? In: SKINNER, B. F. (Ed.), *Upon Further Reflection* (pp. 15-31). Englewood Clifs, NJ: Prentice Hall. (Trabalho original publicado em 1986).

SKINNER, B. F. (1991). *Questões recentes na análise comportamental* (5. ed., A. L. Neri, trad.). Campinas, SP: Papirus Editora. (Trabalho original publicado em 1989).

SKINNER, B. F. (1999). Can psychology be a science of mind?. In: SKINNER, B. F. *Cumulative record: definitive edition* (pp. 661-673). Acton, MA: Copley Publishing Group. (Trabalho original publicado em 1990).

SKINNER, B. F. (2002). *Sobre o Behaviorismo* (7. ed., M. P. Villalobos, trad.). São Paulo, SP: Cultrix. (Trabalho originalmente publicado em 1974).

SKINNER, B. F. (2003). *Ciência e comportamento humano* (11. ed., J. C. Todorov & R. Azzi, trad.). São Paulo: Martins Fontes, 2003. (Trabalho originalmente publicado em 1953).

ZAMIGNANI, D. R.; BANACO, R. A. (2005). Um panorama analítico-comportamental sobre os transtornos de ansiedade. *Revista Brasileira de Terapia Comportamental e Cognitiva,* 7(1), 77-92. doi:10.31505/rbtcc.v7i1.44.

43

SEJA UM CONTADOR DE HISTÓRIAS
O PODER DO *STORYTELLING* NA EDUCAÇÃO DOS FILHOS

Não há nada mais sedutor do que uma história. Tanto que a prática do *storytelling* vem sendo usada por empresas no marketing, na comunicação interna ou no crescimento de um negócio. Histórias mobilizam. Tocam. Histórias dizem tudo sobre quem somos. Porque nossas histórias nos fizeram ser quem somos. Eu cresci numa casa de contadores de histórias, e isso me salvou. Cresci ouvindo as histórias da Segunda Guerra, dos meus avós e dos meus pais.

STELLA AZULAY

Stella Azulay

Contatos
www.escoladepaisxd.com.br
www.stellaazulay.com.br
stella@escoladepaisxd.com.br
Instagram: @stellaazulay / @escoladepaisxd
Facebook e LinkedIn: Stella Azulay
YouTube: Stella Azulay / Escola de Pais XD

Jornalista formada pela Fundação Casper Líbero, educadora parental pela Discipline Positive Association, e analista de perfil pela Success Tools, com especialização (extensão) em Neurociência Comportamental pela Faculdade Belas Artes. É *coach* de vida e carreira pela Sociedade Brasileira de Coaching. Trabalhou como repórter em emissoras como SBT e TV Record e foi correspondente do SBT em Jerusalém (Israel), onde morou por quatro anos. Especializou-se em comportamento humano ao longo dos anos, atendendo pessoas em suas questões pessoais e profissionais, e ministrando cursos e palestras sobre desenvolvimento humano desde 2004. Mãe de quatro filhos, adotou o tema da Educação como missão em sua vida. É mentora de pais e adolescentes. Stella fundou a Escola de Pais XD em outubro de 2020, a primeira escola do Brasil totalmente voltada para educação parental. Ela dirige a escola, que reúne cerca de 15 profissionais especialistas em temas desafiadores para os pais do século XXI. Também faz a curadoria dos conteúdos e apresenta vários deles. É especialista em comunicação entre pais e filhos, tendo criado uma metodologia de construção de vínculos e intimidade. Lançou seu primeiro livro, *E agora? Como educar se não sei me comunicar?*, pela Editora Literare Books.

Você é um contador de histórias, sim!

Você quer ganhar a atenção e o olhar de uma criança? Comece a contar uma história. Agora, imagine que aquela história teve você como protagonista! Isso é altamente impactante e inesquecível! Todos nós temos centenas de histórias. Do que vivenciamos em nossa infância. Na vida escolar. Nos primeiros amores. Nas primeiras frustrações.

Temos histórias boas e ruins, engraçadas e tristes, histórias tensas ou bobinhas, o repertório é infinito. Nosso único trabalho é as explorarmos. É termos predisposição interna para as compartilharmos com nossos filhos. Isso quer dizer tempo e vontade.

Nossos filhos sabem quando estamos nos esforçando. Sabem quando realmente nos importamos. Sabem quando estamos ali, inteiros, para eles. Mas também sabem quando apenas queremos encurtar nosso trabalho, quando estamos sem paciência e vontade, quando não sabemos o que estamos fazendo nem por quê; sabem quando queremos apenas exercer poder e autoridade, sabem quando estamos exaustos e só estamos sendo protocolares; enfim, eles sabem tudo. Então, não se enganem. Ser protocolar não educa ninguém. Porque não se criam vínculos sem esforço, sem muita dedicação, sem atitudes e sem errar! Mas é errar para aprender e não para se acomodar e dizer que não consegue. Relacionamentos se constroem através de diálogos reais, fortalecedores; relacionamentos se constroem através da humildade e da simplicidade, dos detalhes: detalhes num olhar, num gesto, numa palavra carregada de emoção!

A páscoa

Era a noite da Páscoa judaica. Nós ainda morávamos na rua Monte Alegre, perto da PUC-SP. Eu devia ter uns 12 ou 13 anos. Meu pai, na época, não seguia protocolos e regras religiosas, mas Páscoa, Ano-Novo e Dia do Perdão eram festas muito respeitadas por ele.

A mesa era feita com tudo o que tinha de melhor na casa. Talvez não era o mais chique do mundo, mas era o mais chique que tínhamos em termos de louça. Toda a ideia dessa celebração é contar para as crianças como foi a saída dos judeus escravos do Egito. Durante a leitura da história, tem-se que beber quatro copos de vinho ou suco de uva. Em casa, era só vinho na mesa (hoje, com a idade, meu pai aderiu ao suco de uva). Como eu já era assim "meio mocinha", meu pai deixou que eu desse uma bicadinha no vinho. Foi então, ali, pré-adolescente, que descobri o efeito do álcool em mim. Aquele pequeno golinho me fez esquentar o corpo. Soltou-me. E, de repente, comecei a achar graça em várias coisas e dar umas risadinhas inapropriadas, fora do contexto. Vinho é vinho.

Até hoje, lembro a reação do meu pai.

Mas antes, acho melhor apresentar meu pai para vocês. Jacó, aos 17 anos, se viu como chefe de família, tendo que sair em busca de prover a casa onde moravam sua mãe e duas meias-irmãs. A vida não permitiu que ele fosse um adolescente. Ele virou homem rápido demais, com responsabilidades de adulto. Isso tudo, e outras coisas mais, fez dele um homem mais duro, mais rígido, exigente, inflexível no que se refere a regras, inclusive. Meu pai não admitia (e não admite até hoje) qualquer deslize fora de contexto e postura no que se refere a respeito e honra a ele como pai ou a algum evento ligado ao judaísmo.

Agora estamos prontos para voltar a nossa mesa da Páscoa. Assim que meu pai observou minha atitude, olhou para mim firmemente (eu diria que quase ferozmente, na minha percepção na época), e com um tom de voz que se harmonizava com o olhar, ele disse:

— Pode sair da mesa, Stella. Agora. Quer rir, vai rir no quarto. Aqui não tem nada engraçado.

Até hoje eu lembro o mal-estar que senti. Calmamente, me levantei da mesa e fui para o meu quarto "me acalmar", ou melhor, curar a minha "bebedeira". Respirei. E, com o coração na minha mão, com um certo medinho atrás do pescoço, voltei para a mesa quando me senti no controle de mim mesma.

Naquele dia, chorei. Senti raiva do meu pai. Mas aprendi que tudo tem sua hora. Tudo tem seu lugar. E que o mundo sempre vai exigir limites de mim.

Hoje, quando me sento com meus filhos à mesa da Páscoa judaica, sempre exijo e espero deles uma postura. Claro que meus métodos são diferentes dos métodos do meu pai. Mais adaptados ao século XXI no que se refere à forma de se comunicar. Ainda assim, tenho certeza de que, conscientemente, através dessa minha exigência de postura deles na mesa, estou educando e preparando meus filhos para que eles sempre saibam quem eles são e de onde vieram. Para que tenham referências de limites, para que tenham referências sobre hierarquia, sobre respeito, sobre a vida real.

Nós sabemos que a vida real não é legal nem permissiva com a gente. A vida real cobra, a vida real bate na gente, a vida real exige postura, a vida real é dura.

Muitos pais hoje têm medo de não serem legais com seus filhos. Querem ser reconhecidos como os melhores amigos dos filhos. Querem receber o título de pais bacanas dos amigos dos filhos. Querem que os filhos postem sobre eles nas redes falando que os amam e que são os melhores pais do mundo.

O único título que os pais devem ter para os filhos é o título de pais. Já o adjetivo pode não ser tão legal. Se meus filhos falarem de mim "minha mãe é uma grande mulher que me ensinou a ser gente", para mim isso representa vitória, mesmo que "legal" não seja uma definição que me caiba aos olhos deles. Por um acaso da vida, eu também sou legal, mas não é um título de que corro atrás e muito menos que acho essencial.

Meu pai não era e não é legal. Não é meu melhor amigo. Meu pai é aquele que, quando pronuncia meu nome completo – STELLA –, eu já começo a suar. Está certo dizer que isso seria demais para essa geração. Mas hoje, olhando para trás, se eu tivesse que escolher entre um pai durão demais e um pai superbacana e permissivo, eu escolheria o durão.

Por conta dessa educação, eu sempre soube quem eu sou e qual meu lugar. Sempre tomei decisões e assumi responsabilidades. Sempre tive coragem de encarar as situações. Sou uma mulher forte. Madura. Que cria quatro filhos dedicando muito foco e energia a isso.

Nossos filhos precisam de pais que mostrem firmeza. Que coloquem limites. Com regras na casa e na família. Eles precisam disso, e o querem, por mais que o discurso adolescente juvenil seja outro. Eles querem sentir que, sim, os pais se importam. Que se esforçam para educá-los.

O binóculo

Agora vamos viajar no tempo de novo, mas para outro lugar. Copacabana, Rio de Janeiro. Eu diria que foi um período entre meus 10 a 14 anos.

Desde a minha infância, eu passava absolutamente todas as minhas férias em Copacabana com meus avós. As de verão incluía dezembro, janeiro e fevereiro, e normalmente já engatava no Carnaval. As de inverno era só julho mesmo.

Não preciso dizer que tenho lembranças emocionantes da minha infância no Rio com meus avós. Uma infância que foi marcada pelos parquinhos. Uma infância marcada pelas pecinhas de teatro ali na XXXX. Lembro-me até hoje da primeira mulher desesperada para se casar, com baixa autoestima, que conheci ali. "Quem quer casar com a Dona Baratinha" me fez refletir muito sobre nunca querer ser uma mulher tão desesperada assim por homem. Acreditem, aquela peça me deu uma angústia. Senti tanta pena da Dona Baratinha, não pela solidão dela, mas pela obsessão que se tornou o tema na vida dela.

(Meus filhos diriam agora para mim: "Lá vem a mami analisando o comportamento dos personagens.")

Ah, não posso deixar de citar também as estreias dos filmes dos Trapalhões nos Cines Roxy e Rian.

Vale uma observação aqui: recentemente, levei meus filhos para assistir Frozen 2 no Roxy. Foi emocionante ver que preservaram a fachada e a estrutura charmosa do cinema.

Voltando para 1900 e bolinha. Minha mãe pegava minha mão e, juntas, íamos assistir a tudo no dia da estreia. Eu amava um burburinho desde aquela época. A gente comprava amendoim e balas dos baleiros na entrada do cinema. Juntava com a pipoca comprada lá dentro. Era uma alegria, era tão emocionante para mim. Eu realmente sentia felicidade naqueles dias.

Claro que a praia ocupa lugar de destaque nas minhas lembranças. Era tanta moda que se lançava de biquínis... Eu amava acompanhar isso. Ver os biquínis das novelas ali no povo e não nos artistas. Simplesmente AMAVA os vendedores de Matte Limão. Eles tinham uma criatividade que – posso afirmar sem receio algum de estar enganada – me influenciou muito na minha própria capacidade criativa. O biscoito Globo dispensa apresentações. Quando batia um vento forte e alguém estava comendo, voavam farelos para todos os lados, e alguns inclusive grudavam no corpo como areia por conta do bronzeador.

Ir para o mar, mergulhar sozinha, era meu momento mais glorioso. O ápice da sensação de liberdade. Eu sabia nadar muito bem, então minha mãe permitia que eu fosse sozinha pegar ondas. E eu pegava as maiores. Aquelas que, quando você sobe junto, dá até um friozinho na barriga. Como eu amava sentir aquilo tudo! Parecia que o céu não tinha limites, que o mar não tinha fim. Ali, sempre pensava na minha vida. Sentia-me uma menina privilegiada. Eu amava minha família, amava estar ali, amava tudo que tinha e sentia que nunca precisava mais de nada.

Teve uma época, não me lembro exatamente qual, em que eu ia para o Rio sozinha e minha mãe vinha depois. Sentia-me uma mulher completa pegando avião sozinha. Tudo bem que era com a aeromoça a tiracolo, afinal eu era menor de idade. Mesmo assim, me sentia adulta. Isso me trazia uma estranha sensação de autoconfiança. Sim, é bom delegar responsabilidades para os filhos porque isso demonstra que confiamos neles. Mas sempre tem um "porém": porém, delegar responsabilidades nunca deve ser com intenção de abandono da função de educador. Foi só um comentário, ok?

Agora, então, quero contar para vocês onde entram os limites em relação às liberdades.

Como eu ia para o Rio muitas vezes sozinha, e meus avós não curtiam ficar muito na praia – e todos sabiam que eu amava aquilo, era apaixonada pelo mar e por tomar sol para ficar bem moreninha e chegar na escola fazendo inveja no bronze –, não tinham coragem de pedir que eu voltasse com eles. Então ficou acordado que eu poderia ficar sozinha na praia se cumprisse algumas regras. Vou chutar que eu tinha uns 14 ou 15 anos nessa época.

O apartamento do meu avô ficava (e ainda fica) na rua Domingos Ferreira. Uma rua paralela à avenida Atlântica. E é um apartamento de fundos. Ou seja, num dos quartos tinha uma janela que dava visão para uma pequena faixa da praia.

Então, funcionava assim: eu tinha que me fixar na praia em um lugar que desse vista direta para essa janela do meu avô. E ele, com um binóculo na mão, ficava me observando. Quando ele colocava uma toalha vermelha na janela, eu sabia que era hora de voltar porque o almoço estava pronto, me esperando. E não tinha essa de ficar só mais um pouquinho: regras são regras. E, mesmo nas férias, existem regras. Limites.

Meu avô. Vamos falar um pouco mais sobre meu avô. Meu avô, meu herói. Minha referência histórica.

Eu sempre fui muito próxima a ele.

Meu avô nasceu na Polônia, numa família de cinco irmãs e ele. O pai dele era um vendedor de couro muito famoso nas redondezas. E a mãe dele era uma mulher religiosa que cantava lindamente em casa. O pai não era religioso. E assim, meu avô pegou referências dos dois, mas o ídolo dele sempre foi o pai. Pelo que ele conta, era um homem muito sociável, que fazia amizades com facilidade, e clientes também. Aos finais de semana, ele jogava pôquer com os amigos. Um homem honesto, talentoso e divertido.

Com a chegada da Segunda Guerra e dos nazistas, meu avô resolveu fugir para floresta. Ele sabia que um dia todos teriam que sair de casa, então ele preferiu, aos 15 anos, já ir preparando a cama dele. Ele voltava para casa, para ficar com a família, mas digamos que morava na floresta.

Jovem curioso, espertíssimo e muito ativo, com espírito de liderança, ele tinha seus informantes e sabia de todos os movimentos dos nazistas na cidade. Quando ele entendeu que realmente chegara a hora de os nazistas invadirem a cidade e levarem os judeus para os campos de concentração, ele implorou para sua família que fosse com ele para a floresta. Meu avô já havia até conseguido armas. Ele, junto com mais uns dois amigos que decidiram segui-lo.

Mas sua família não quis. E, para resumir, ele perdeu absolutamente toda sua família, todos os seus parentes no Holocausto. Sua mãe e irmãs foram levadas para o campo de Sobibor. Ali, morreram nas câmaras de gás. Foram mais de 80 pessoas da família exterminadas pelos nazistas. Vivo, só sobrou meu avô.

E agora ele estava ali, na floresta, sozinho, com 16 anos. Foram três anos na floresta lutando contra os nazistas. São histórias incríveis de emboscadas. Histórias onde a morte passou perto, muito perto. Histórias surreais de luta e sobrevivência que vou deixar para um outro livro muito especial.

Até hoje, ano de 2020, aos 95 anos, meu avô recebe homenagens pelo heroísmo. Ele salvou muitos judeus de guetos e campos de concentração.

Meu avô viveu sob regras e limites para viver, para sobreviver. Teve que começar do zero diversas vezes. Precisou ter muita disciplina. Muita determinação. E ele sempre quis passar tudo isso para mim. A vida jamais iria me ensinar como ensinou a ele. Mas, de alguma forma, eu cresci com ele me educando como se eu estivesse numa guerra. Numa luta. E estou. Estamos. Eu. Você. Nossos filhos. A vida é uma luta.

    Entendendo tudo isso, ficou fácil acatar as regras da praia. Adorar a ideia do binóculo. E respeitar horários e tudo mais que me era exigido. Sempre me senti uma privilegiada me comparando com as histórias dos meus pais e avós. Esse sentimento ficou incutido em mim desde a infância. E apesar de não ser "*light*", não ser "de boa", não ser "plena", eu não troco por nada viver sob essa perspectiva. E é sob essa perspectiva que luto para que meus filhos vivam.

44

UM CASO DE SUCESSO

Neste capítulo, mostro um caso de sucesso que consegui obter, utilizando um processo de *coaching* com um cliente. Fico muito satisfeita quando obtenho um bom resultado. Isso mostra o potencial que o coaching tem, em melhorar a qualidade de vida das pessoas!

TERESA CRISTINA

Teresa Cristina

Contatos
www.circuluzespacoterapeutico.com
tcryz2014@gmail.com
Instagram: @circuluzespacoterapeutico
34 99961 2425

Médica graduada pela Universidade Federal do Triângulo Mineiro (UFTM) (Uberaba - MG, 1995), com residência médica em Clínica Médica (também pela UFTM, 1997), e especialização em Homeopatia (Sociedade Médica de Uberlândia - MG, 2001), e em Medicina Integrativa (UNIUBE - Uberlândia - MG, 2018). Instrutora de Tai Chi Chuan, formada pela Sociedade Brasileira de Tai Chi Chuan estilo Yang, em São Paulo - SP, em 2010. Terapeuta de florais de Bach e de Saint Germain desde 2012. Terapeuta de *Emotional Freedom Techniques* (EFT), formada em 2015 pelo Centro de Treinamento Oficial de Gary Craig & Sônia Novinsky. Formada em PPC *Coaching*, pela Sociedade Brasileira de Coaching (SP, 2015). Seu diferencial é sua paixão pela profissão de médica, o que se traduz na sua disponibilidade para buscar o melhor caminho para a resolução dos problemas de saúde dos seus pacientes. Coautora dos livros: *Vida em equilíbrio*, *Coletânea Literare* e *Passou, e agora?*

Introdução

É com muita alegria que venho relatar o caso de um cliente/paciente que atendi, e que teve muito sucesso! Sou médica, com Residência em Clínica Médica, e especialização em Homeopatia, Medicina Integrativa e Prática Ortomolecular. Mas também tenho formação em outras práticas holísticas, como Terapia Floral, EFT, Reiki e *Coaching*. Portanto, utilizo técnicas variadas para tratar meus clientes de forma individualizada, de acordo com as necessidades mais urgentes de cada pessoa. Vou estipular um pseudônimo para esse meu cliente, para preservar sua privacidade: vou chamá-lo de Rodolfo. No caso do Rodolfo, o enfoque principal da terapêutica utilizada foi o *Coaching* em qualidade de vida.

A técnica de *Coaching*

O *Coaching* é baseado no método de Programação Neurolinguística (PNL). É um processo que visa elevar a *performance* de um indivíduo, de um grupo de indivíduos ou de times de empresas, aumentando os seus resultados positivos na área desejada.

É realizado por um profissional habilitado (*coach*), em parceria com seu cliente.

Evolução do caso do Rodolfo

Rodolfo me procurou pela primeira vez em junho de 2016, com a queixa principal de estresse e ansiedade, que estavam atrapalhando sua *performance* na vida. Relatava as seguintes queixas:

- Ansiedade. Dizia que sua cabeça não estava legal, absorvia tudo de ruim.
- Preocupação com a parte financeira (apresentava muitos gastos). Dizia que, naquela ocasião, só não entrou em depressão porque comprou aparelhos de musculação, e praticava atividades físicas com regularidade.

- Gastrite associada à falta de apetite.
- Sentia-se perdido, sem rumo na vida.
- Medos: de dívidas, de ficar desempregado, de errar, do futuro.
- Dificuldade para pensar e agir, e para tomar decisões.
- Intensa timidez.

Ele trabalhou por muitos anos numa empresa de beneficiamento de grãos, na função de secagem e armazenamento de cereais. Na ocasião da primeira consulta, continuava trabalhando nessa empresa, na cidade onde morava, no interior de Minas Gerais. Não estava satisfeito com seu trabalho, mas relatava: "como a situação do País está difícil, não tenho escolha, tenho que continuar no meu emprego".

Ele morava com três irmãos e sua mãe, que tem doença de Alzheimer. Sentia-se totalmente responsável por ela. Ele tinha muita vontade de ser mais independente e morar sozinho, mas não tinha coragem de sair de perto de sua mãe. Na sua própria percepção, ele era o principal responsável por cuidar dela, não confiava em mais ninguém para essa função.

Ao final da primeira consulta, pedi que ele respondesse a uma ferramenta básica do processo de *coaching*, que serve para avaliar a evolução do cliente ao longo do tratamento. Essa ferramenta chama-se: "Avaliação do Nível de Satisfação". É feita uma avaliação, pelo cliente, da sua satisfação em porcentagem, em quatro grandes áreas da vida, antes e após o término do tratamento. As áreas são: qualidade de vida; pessoal; relacionamentos; profissional. Cada uma das quatro áreas têm três subitens. As respostas iniciais dele foram:

1. Qualidade de vida:

- Criatividade, *hobbies* e diversão: 10%.
- Plenitude e felicidade: 5%.
- Espiritualidade: 15%.

2. Pessoal:

- Saúde e disposição: 90%.
- Desenvolvimento intelectual: zero.
- Equilíbrio emocional: 1%.

3. Relacionamentos:

- Vida social: 1%.
- Relacionamento amoroso: zero.
- Família: 50%.

4. Profissional:
- Contribuição social: 15%.
- Recursos financeiros: 20%.
- Realização e propósito: 5%.

Prescrevi então os seguintes medicamentos e orientações:

- Remédio homeopático:

Phosphorus 30 CH, uma vez ao dia por 30 dias.

- Florais de Saint Germain:

Abundância + Lírio da paz + Lótus azul + Pectus + Mangífera + Cidreira – 5 gotas de manhã e à noite, diariamente.

- Exercício de respiração e relaxamento diariamente, de manhã e à noite, cuja técnica ensinei a ele.

Entre julho e dezembro de 2016, ele fez mais quatro consultas. O que mais o incomodava era a ansiedade, ligada ao estresse do dia a dia. Essa foi melhorando progressivamente, junto com as outras queixas. Até o sintoma físico (gastrite) também melhorou.

As melhoras estavam relacionadas ao uso correto dos medicamentos naturais que prescrevi, mas também à prática correta dos exercícios de *coaching* que o ensinei.

Na segunda consulta, em julho de 2016, ele disse que a ansiedade melhorara apenas 5%. Mas os principais pontos positivos foram que se sentia mais à vontade com as pessoas, e também mais tranquilo e relaxado. Mas um dos principais problemas mencionados era que apresentava muitos pensamentos negativos. Estava praticando a técnica de respiração e relaxamento, mas dizia que não estava respirando muito bem durante o dia.

Então, passei algumas tarefas para ele praticar em casa:

- Concentrar em sua respiração várias vezes ao dia, observar se os músculos dos ombros e abdome estavam tensos, e relaxá-los.
- Orientei o método da gratidão, pois ainda tinha vários medos, inclusive de ocorrerem acidentes graves. Nesse método, devemos agradecer à divindade, ou ao Universo, pequenas coisas ao longo do dia. O resultado esperado é uma sensação maior de leveza e bem-estar geral, maior satisfação com a vida e melhor percepção sobre os aspectos positivos da vida. Consequentemente, espera-se uma diminuição nos medos em geral.
- Orientei praticar a ferramenta de *coaching* denominada "O crítico interno", para eliminar os pensamentos negativos. Esse método tem o

objetivo de mudar o padrão dos pensamentos negativos. Trabalhei com ele dois padrões negativos:

1. O medo do futuro financeiro.
2. O medo de não conseguir realizar seus sonhos.

Em seguida, o ajudei a criar frases que neutralizassem esses pensamentos negativos, a saber:

3. "Sou capaz de vencer na vida."
4. "Eu posso conseguir realizar coisas que me deem satisfação na vida, basta eu querer."

Passei, então, à tarefa de monitorar diariamente a frequência, intensidade e as palavras de cada autocrítica e das frases neutralizadoras, que deverão sempre ser repetidas após os pensamentos negativos.

Mantive o complexo de Florais de Saint Germain diariamente. Após um mês de uso do Phosphorus 30 CH, passou a tomá-lo uma vez por semana.

Na terceira consulta, em setembro de 2016, ele ainda apresentava ansiedade, mas em menor intensidade. Estava conseguindo controlar melhor e atingir um estado de maior calma e maior relaxamento dos seus músculos, com a prática da técnica de relaxamento.

Estava conseguindo combater mais facilmente os pensamentos negativos, através da prática da técnica "O crítico interno". E assim, referia uma melhor sensação de bem-estar geral. Até em sua casa, sentia o ambiente mais leve; relacionava-se melhor com os irmãos, e estava tendo êxito nos cuidados com sua mãe, com a ajuda dos irmãos. Percebia também uma boa melhora nos medos que sentia antes.

Naquele momento, o que estava causando grande parte de sua ansiedade era a fase estressante do seu trabalho. Estava na fase da safra de milho e feijão. Ele era responsável pela secagem e armazenamento dos grãos, e diz que nessa fase trabalhava de 12 a 14 horas por dia, então se sentia muito cansado e estressado. Já fazia isso havia mais de 20 anos, e naquele momento estava insatisfeito com esse trabalho.

Ele relatou que era muito rígido com tudo o que fazia. Gostava de realizar as tarefas com perfeição e tinha medo de errar. Essa sua característica o deixava muito cansado e desanimado.

Sugeri a ele que pedisse ao seu patrão para sair dessa função de secagem e armazenagem de grãos, e ficasse apenas em outras áreas mais tranquilas, menos desgastantes.

Quando retornou para a quarta consulta, em novembro de 2016, iniciou-a dizendo que estava mais disposto, satisfeito com sua vida. Relembrou que, no início do tratamento não encontrava motivos para viver, mas naquele momento da vida disse que descobriu, sim, bons motivos para viver!

Citou algumas conquistas financeiras que conseguiu realizar, e que o fazia sentir-se grato e aliviado. Tinha passado por desafios financeiros alguns anos antes, mas sentiu que venceu: conseguiu pagar toda a faculdade de sua filha, até ela se formar no final de 2016; conseguiu pagar um tratamento dentário inusitado, devido a muitas lesões que apresentava na arcada dentária e fraturas na mandíbula. Essas lesões eram decorrentes de um acidente que havia sofrido em 1991.

Naquele momento, me disse: "Minha saúde agora está 100%! De agora em diante, só coisas boas!". Fizemos, então, uma reflexão sobre a importância de se viver em paz e se libertar de sentimentos negativos.

No final da consulta, o orientei a continuar tomando os mesmos medicamentos naturais, na mesma dosagem.

Ele retornou para a quinta e última consulta, em dezembro de 2016. Disse que continuava praticando o método da gratidão e a técnica de respiração e relaxamento. A ansiedade já tinha melhorado 50%.

Mas ainda se sentia ansioso devido a preocupações com eventos futuros. Naquele momento, a época da sua aposentadoria estava bem próxima, e isto o estava preocupando. Dizia que sempre passou dificuldades, e estava sentindo que as coisas em sua vida iriam melhorar, mas isso o incomodava, porque tinha medo de não conseguir se adaptar à aposentadoria. Seria algo novo em sua vida, e isso o assustava.

Tinha medo de repetir erros do passado, e fazer escolhas erradas, que pudessem atrapalhar novamente sua vida. Então, nesse momento escolhi a ferramenta de *coaching* denominada: "Meu grande sonho e crenças". É na verdade um roteiro para identificar sonhos e crenças, feito através de um questionário para o cliente responder. Ao analisar suas respostas, o cliente, juntamente com a ajuda do *coach*, pode identificar se ele próprio apresenta crenças limitantes que o estão atrapalhando, bloqueando seu desenvolvimento em alguma área da vida. Isso leva a um autoconhecimento maior, proporcionando reflexões sobre quais meios usar para corrigir essas crenças limitantes, e qual caminho tomar para realizar seus sonhos.

Após essa última consulta, ele continuou praticando as técnicas que o ensinei, seguindo minhas orientações e tomando a medicação que passei.

Em primeiro de maio de 2020, liguei para Rodolfo, para saber sobre sua evolução com o tempo. Ele disse que estava muito satisfeito com o tratamento que fez comigo e que sentia que aos poucos foi evoluindo melhor, e no momento apresentava melhora de 90% em todos os setores que sofria antes de começar o tratamento, ou seja: ansiedade, medo do futuro, medo de morrer, medo da pobreza, tristeza, desânimo, dificuldade para tomar decisões, e também seu principal problema físico (gastrite).

Hoje, sente-se mais satisfeito com a vida. Aposentou-se em 2017, e após, começou a trabalhar em outra empresa do ramo de beneficiamento de grãos, em outra cidade próxima, onde foi morar sozinho. O ambiente nesse trabalho atual está muito bom: seus patrões são pessoas muito boas, sente-se valorizado por eles.

Ele tem uma irmã que está cuidando muito bem de sua mãe. Sua única filha se formou na faculdade de Nutrição, também numa cidade próxima da sua, e no momento está fazendo um curso de especialização. Esse fato também é uma vitória para ele, que acompanhou o esforço e dedicação da filha durante o curso.

Antigamente ele sofria muito por antecipação, pensando em possíveis problemas futuros. Mas, atualmente, ainda tem um pouco de ansiedade, porém consegue controla-la melhor: espera o problema acontecer, para depois organizar uma estratégia para superá-lo.

Usou os remédios naturais: Phosphorus 30 CH e o complexo de Florais de Saint Germain até o final de 2018 e parou. Disse que esses remédios o ajudaram bastante neste processo de melhora da ansiedade e da qualidade de vida.

Solicitei então que respondesse novamente ao questionário da "Avaliação do Nível de Satisfação". Desta vez, as porcentagens de satisfação em cada área foram as seguintes:

1. Qualidade de vida:

- Criatividade, *hobbies* e diversão: 50%.
- Plenitude e felicidade: 80%.
- Espiritualidade: 60%.

2. Pessoal:

- Saúde e disposição: 98%.
- Desenvolvimento intelectual: 60%.
- Equilíbrio emocional: 85%.

3. Relacionamentos:
- Vida social: 70%.
- Relacionamento amoroso: 40%.
- Família: 90%.

4. Profissional:
- Contribuição social: 50%.
- Recursos financeiros: 95%.
- Realização e propósito: 90%.

Conclusão

Podemos observar, com este caso, que é possível obter-se grandes melhoras de alterações emocionais com técnicas de *coaching* e medicamentos naturais.

No caso específico dele, o problema principal a ser tratado foi um quadro de intensa ansiedade, medos, insegurança, falta de confiança em si. A melhora em cada item da "Avaliação do Nível de Satisfação" foi bem significativa.

Portanto, o *coaching* tem grande possibilidade de ajudar pessoas com distúrbios emocionais leves. Temos inclusive a possibilidade de associar ou não outros tratamentos naturais. Percebo que a principal vantagem desta abordagem é a ausência de efeitos colaterais indesejáveis. Pelo contrário: ao final do tratamento com esta abordagem, o paciente/cliente tem a tendência de sentir-se mais feliz e satisfeito!

45

FENÔMENO DA LUZ CINÉREA

Apesar de mencionar, no decorrer do meu livro *Introspecção*, como as doenças psicológicas infelizmente ainda são negligenciadas, quero começar este texto me aprofundando um pouco mais no assunto e direcionar a luz do holofote para outros temas.

TIAGO LAVESO

Tiago Laveso

Contatos
tiagolaveso@gmail.com
Instagram: @tlaveso

Para mim, escrever sempre foi um passatempo, até que senti que deveria compartilhar o que havia escrito. O livro *Introspecção* é a minha primeira publicação, feita em parceria com a Literare Books International.

O mundo e suas rotinas estão deixando as pessoas cada vez mais ansiosas. Ansiosas por preocupação, ansiosas por viverem no futuro mesmo estando no presente, e ansiosas para resolverem suas ansiedades. De fato, a ansiedade às vezes pode ser comparada a uma bola de neve.

Eu quero que você saiba que é por causa disso que a saúde mental se vê tão necessária hoje em dia. Os anos em que qualquer um era colocado em uma camisa de força sofrendo eletrochoques como tratamento já se passaram. Nós, agora, estamos preocupados em não ficarmos loucos.

Todos nós, sem exceções, já acumulamos lenços ao lado da cama devido a um resfriado. Em algum momento de nossas vidas, já vimos as cicatrizes dos machucados sendo curadas. E, de modo similar, todos nós já sentimos as borboletas da ansiedade voando no estômago. Alguns até sentiram tamanha tristeza a ponto de se acostumarem com ela.

Mas existe um outro tipo de ansiedade, e um outro tipo de tristeza. Um tipo patológico. Doenças que se desenvolvem e se estabelecem ao longo do tempo, ou a partir de um evento ou trauma, assim como é comum pegar um resfriado depois de tomar chuva por muito tempo.

É como se algo tivesse te enraizado no mesmo lugar para sempre.
Como se existisse um abismo entre o raso e o profundo do mar
TIAGO LAVESO

Tão reais quanto a gripe, tais doenças se alojam em nossa mente em próprias intensidades. E por não serem visíveis a olho nu, tão difícil quanto perceber sua presença é achar uma forma de tratá-las.

A ansiedade patológica não pode ser comparada à ansiedade que sentimos normalmente. Ela provoca sintomas físicos e psicológicos, que acabam interferindo de modo direto no dia a dia. Se antes havia borboletas no estômago, agora são vespas.

Já quando falamos da depressão, a indisposição e a melancolia são seus únicos sintomas. Se antes era possível se acostumar com a tristeza, agora é impossível não sentir cada aspecto dela. A falta de esperança na mente impede os olhos de enxergarem tudo com clareza. A espera é uma eternidade, e quando lhe fazem perguntas, você já está entorpecido demais para dar respostas.

Não se pode medir os sentimentos e suas intensidades com completa exatidão. Talvez seja por isso que a maioria das pessoas tem dificuldade de expressá-los. Principalmente os sentimentos ruins. Se, quando estamos felizes, não convertemos o sorriso em palavras, por que então converter as lágrimas?

O que fiz na maior parte do tempo foi usar metáforas. Disse que minha cabeça era como uma televisão que chiava devido ao mau sinal, e de fato, não percebia os sinais quando chegavam.

Eu sempre tive essa impressão de que estava atordoado. De estar esticando as pernas no balanço, quando, na verdade, deveria estar com os pés no chão. Essa sensação de estar vivendo um mundo diferente das demais pessoas.

Eu disse também que as praias eram motivo de desconforto para mim, mas quando percebi que as coisas estavam melhorando, era possível sentir o sal no ar quando ele soprava, e meus pés estavam fincados na areia.

Ainda sinto que saltei da infância para onde estou agora. E ainda estou lavando o sal que restou em minha pele. Mas não sinto que fui vítima do infortúnio. Sinto que lidei com tudo da forma que pude. E que os anos que passei entorpecido em tristeza me fortaleceram emocionalmente, por isso consigo viver o agora da melhor forma possível. Embora tenha sido por meio da dor, aprendi a lidar com o que venha acontecer. Agora sinto os meus pés tocarem o chão onde piso.

A pedra que antes estava em meu sapato agora estava em minhas mãos. Eu não mais estava pálido, muito pelo contrário. O que eu faria então? Respiraria. Afinal, meu coração sempre bateu mais rápido .
TIAGO LAVESSO

"Luz cinérea", ilustração do livro *Introspecção*.

Eu sempre tive grande admiração e paixão por aves. Vê-las voando transmite paz, e é justamente por isso que sinto um aperto no peito ao saber que muitos pássaros são contrabandeados e mantidos em gaiolas durante toda a vida. Estar preso em uma gaiola é também uma metáfora que expressa muito bem como é estar em profunda depressão.

Com toda certeza, essa ilustração é uma das minhas preferidas. Basicamente, o fenômeno da luz cinérea acontece quando os raios de luz do Sol estão refletindo na superfície da Terra e chegam até a lua. Nesse ambiente de contrabando, os pássaros, antes enjaulados, se rebelam escapando pela janela, voando livres em uma noite de luz cinérea.

Referência

LAVESO, T. *Introspecção*. São Paulo: Literare Books Internacional, 2022.

46

MENTALIDADE DE CRESCIMENTO

A autora evidencia as razões pelas quais algumas pessoas conseguem lidar e aceitar as mudanças advindas com mais facilidade e otimismo, enxergando oportunidades em meio à crise, ao mesmo tempo em que outras pessoas estagnam, paralisam, culpam terceiros, assim, identificando crenças fortalecedoras e limitantes desenvolvidas a partir de uma mentalidade fixa ou de crescimento.

YARA FURBINO

Yara Furbino

Contatos
yfurbino@gmail.com
Linkedin: Yfurbino@gmail.com
Instagram: @yarafurbino
Facebook: Yara Furbino

Administradora, bacharel em Ciências Contábeis, tem MBA em Gestão Executiva, é *master coach* e *practitioner* em PNL. Executiva com mais de 25 anos de experiência em gestão nas áreas de recursos humanos, Programa de Diversidade & Inclusão, universidade corporativa, recrutamento, treinamento e desenvolvimento, remuneração, gestão de clima organizacional e gestão de desempenho, folha de pagamento, benefícios, saúde e qualidade de vida. Coautora do livro *Coaching no DNA*.

Observando o comportamento das pessoas expresso na fala, nas atitudes ou na linguagem corporal, percebo o quanto o sistema de crenças influencia os relacionamentos interpessoais. Compreender as motivações do comportamento humano o que, de fato, está por traz ou se esconde em algumas atitudes indesejadas nas relações, melhora o autoconhecimento, a flexibilidade da pessoa para enfrentar desafios, aceitar mudanças e viver uma vida feliz. Pessoas condicionadas a crenças fortes, que acreditam ser dotadas de certezas e verdades absolutas do seu ponto de vista de uma vida plena, genuinamente engajada na sociedade.

Expor ideias e discutir divergências é salutar. Todavia, há quem confunda e transforme a situação em conflito, que acaba provocando sérios danos físicos e mentais. Como também atinge aqueles que preferem omitir e guardar situações de divergências, transformando-os em rancor, ódio, formando tumores malignos.

Amigos deixam de se falar, casais se separam, pessoas são excluídas de grupos sociais ou profissionais, por não estarem abertas ao diálogo. O ser humano é egoísta por natureza. Desse modo, é necessário tomar consciência de que o homem é ser social, não vive sozinho, isolado, tem necessidade de interagir, aprender e ser aceito pelo outro. Isso implica expor suas ideias, compreender a si mesmo, dialogar, aceitar que o outro tem ideias próprias, bem como crenças de acordo com sua educação, cultura e história de vida. Apesar de sermos semelhantes e tão parecidos, somos únicos, ao mesmo tempo.

Temos convicções que são, basicamente, hábitos de pensamentos que representam padrões mentais consistentes e inconscientes que se manifestam automaticamente e involuntariamente nas nossas ações do dia a dia, alimentando nossas crenças.

Crenças que resultam do ato de fazer a mesma coisa, pensar do mesmo modo ou repetir as mesmas palavras o tempo todo. São como uma corda de náilon. Um fio isolado é frágil, mas à medida que vários fios são bem tecidos, tornam-se difíceis de serem rompidos, resultando um entrelaçado resistente, em pré-disposição humana para passividade e procrastinação.

Além do mais, não gostamos de sermos perturbados nas nossas crenças, convicções e preconceitos. Isso porque exige mais trabalho, energia e esforço do cérebro. Ele não gosta disso. Trabalha sempre no modo de economizar energia, poupar recursos internos, objetivando sempre a autopreservação.

Para mudança de padrão, é necessário conscientização, tempo, dedicação e esforço. Cada pessoa possui crenças que, ao longo de sua vida, vão se tornando verdades absolutas; algumas contribuem para uma vida virtuosa, são crenças fortalecedoras, e outras, crenças limitadoras, que podem limitar a evolução se não houver um esforço para compreendê-las. Estagnamos nossas mentes, cultivando o medo, amarguras e a insegurança.

Então, seria possível desenvolver minha mente e mudar esse sistema de crenças?

Carol S. Dweck, que conduziu estudos na área de Psicologia, demonstra em seu livro *Mindset* (2017) dois tipos de atitude mental que definem as pessoas de acordo com suas crenças: as de Mentalidade Fixa: são pessoas que acreditam que habilidade e inteligência são natas, e as de Mentalidade de Crescimento: são pessoas que acreditam que habilidade e inteligência podem ser desenvolvidas. A seguir, um teste criado por Dweck, para que você descubra seu tipo de *mindset* predominante e possa desenvolvê-lo (Dweck, 2017, pag. 21):

Qual é seu *mindset*? Responda às afirmações sobre personalidade e caráter e decida se concorda ou não com cada uma delas.

1. Você é de um certo tipo de pessoa, e não há muito que se possa fazer para mudar esse fato.
2. Independentemente do tipo de pessoa que você seja, sempre é possível modificá-lo substancialmente.
3. Você pode fazer as coisas de maneira diferente, mas a essência daquilo que você é não pode ser realmente modificada.
4. Você é capaz de modificar os elementos básicos do tipo de pessoa que você é.

As afirmações 1 e 3 se referem ao *mindset* fixo, já os números 2 e 4, ao *mindset* de crescimento. Com qual dos dois grupos você se identifica mais?

A opinião que você adota a respeito de si mesmo afeta profundamente a maneira com a qual você leva sua vida. Assim, se você acredita que suas qualidades são imutáveis, que sua inteligência é limitada, que risco e esforço revelam suas deficiências e tem dificuldade em absorver ou aceitar as mudanças, você provavelmente possui uma mentalidade fixa. Por outro lado, se você valoriza o risco, o esforço e a persistência, tem uma mentalidade de crescimento, exemplificada pelo ditado popular de que "quem não arrisca, não petisca": "Se não der certo da primeira vez, tente uma segunda e uma terceira".

Pessoas de mentalidade fixa prosperam até um determinado limite, quando as coisas estão seguramente ao seu alcance. Se as coisas forem muito desafiadoras e essas pessoas não se sentirem inteligentes o suficiente, desistem ou perdem o interesse. Ao contrário, as pessoas de mentalidade de crescimento prosperam ao ir além de seus limites. Sentem-se desafiadas quanto mais difícil é uma situação.

O ano de 2020 foi marcado na história pela pandemia causada pela covid-19, provavelmente a maior crise sanitária enfrentada pelo Planeta. O mundo não será o mesmo depois disso. Tivemos que quebrar muitas crenças. Aprender, desaprender, tomar novos rumos. O governo brasileiro decretou estado de calamidade pública no País, quando todas as atenções se voltaram para a saúde e a importância da ciência para a humanidade. Países fecharam suas fronteiras. Medo, dúvidas e incertezas se alojaram em nossas mentes. A Organização Mundial da Saúde (OMS) já havia previsto que a depressão seria a doença mais preocupante no mundo até 2030. Casos de estresse, depressão e *burnout* tiveram acréscimo de 50%, e conforme esse mesmo estudo da Universidade Estadual do Rio de Janeiro e da Universidade de Yale, publicados na revista *Você RH*, de cada sete a dez brasileiros estão com medo acima do normal. A Pandemia causou e acelerou impactos na saúde mental da sociedade de uma forma geral. O indivíduo com mentalidade fixa provavelmente é o mais suscetível a ter sua saúde mental comprometida.

Foi um momento em que veio à tona o quanto o ser humano é vulnerável e suscetível de ter sua espécie ameaçada. Mas Deus é tão perfeito que, ao criar o homem, fez dele um ser único que se difere pelo seu conhecimento, capaz de se desenvolver e transformar, concedendo-lhe a virtude da sabedoria para usar sua inteligência em prol do bem de toda a sociedade.

Vivenciar e sobreviver a esta crise me motivou a escrever este capítulo, objetivando registrar a história para que sirva como fonte de pesquisa e aprendizado para as próximas gerações. Enfrentamos uma crise que jamais esperávamos. A situação política vivenciada pelos brasileiros já era de polarização entre esquerda e direita e ficou ainda mais acirrada na pandemia. Pessoas a favor e contra o isolamento social, vacinas e a gestão política da crise provocaram muitos conflitos sociais.

Postos de trabalho foram cortados, muitas pessoas perderam o emprego, outras tiveram que ser adequar ao teletrabalho ou *home office*. Hospitais e leitos de UTI lotados, hospitais de campanha foram construídos, covas nos cemitérios foram abertas aos montes. Houve um número alarmante de pessoas contaminadas e mortes diárias. Fomos invadidos por uma quantidade assustadora de notícias falsas via redes sociais (as *fake news*), intoxicando nossas mentes. Tivemos que cumprir isolamento social, que foi o maior desafio desta crise. Nunca havíamos valorizado tanto o contato humano. Tudo isso acarretou instabilidade emocional e financeira e, em alguns casos, moral.

Fomos forçados a adquirir novos hábitos. Simples, mas que nos consomem energia, uma vez que não estávamos acostumados: lavar as mãos com mais frequência, usar máscaras, utilizar álcool gel, esterilizar objetos de uso compartilhado; tivemos que cumprir rigorosamente protocolos de biossegurança. Quem tiver consciência de uma mentalidade de crescimento conseguirá driblar mais facilmente a crise da pandemia de 2020 e sairá mais forte e saudável.

Na fase dos 20 anos de idade, eu alimentava a ideia de que precisava me esforçar para ter um futuro tranquilo, de que, ao chegar à idade que tenho no presente momento, estaria com a vida resolvida, sem precisar de esforço.

Realizei meus sonhos daquela época e sou grata pelas minhas conquistas, todo esforço valeu a pena, mas descobri que foram ciclos que se completam, que a vida é repleta de desafios e realizações em todas as fases.

Nunca imaginei enfrentar uma crise sanitária, em minha vida. Mas, em pleno século XXI, estou me esforçando para vencer mais uma batalha e encontrar as oportunidades. Afinal, não estávamos preparados para algo de repercussão mundial.

Dessa forma, será necessário ser mais do que resiliente. Resiliência é um conceito extraído da física, que está relacionado com a capacidade de o corpo ser submetido a um esforço muito grande e retornar ao seu estado natural após o impacto. Assim, a Pandemia provocou mudanças que precisam ser aceitas e transformadas em oportunidades, diante de um novo cenário que se estabelece.

Pessoas de mentalidade de crescimento terão mais facilidade para isso, pois este novo normal exigirá muita flexibilidade. As chamadas *soft skills* – competências comportamentais, tais como: adaptabilidade, generosidade, colaboração, influência, curiosidade, falar em público, empatia, compaixão, e outras – serão a base, as raízes e o tronco da árvore de sua vida. E o mais interessante é que essas competências são cultivadas, podem ser preparadas e preservadas, assim como nossa felicidade.

Então, comece a se esforçar e a desenvolver sua mentalidade. Quais são suas crenças? Elas alimentam uma mentalidade fixa ou de crescimento? Pessoas de *mindset* fixo fogem de seus problemas. Se sua vida é imperfeita, é porque os outros são imperfeitos. Mais tarde, acabam descobrindo que tal verdade servia-lhe como uma armadura, construída para as fazer se sentir seguras, fortes e dignas de respeito. Embora tenham conseguido atingir essa proteção inicialmente, enfrentando batalhas negativas, o *mindset* mais tarde impedirá seu crescimento, isolando-as de seus relacionamentos satisfatórios.

A parte boa é que você pode desenvolver uma mentalidade de crescimento. Liberte-se da preguiça, da insegurança e do medo. Não importa o tamanho e quão complicado seja, é preciso saber que a solução está em algum lugar da mente, num pensamento, numa ideia ou numa visão. E como ela existe, é preciso procurá-la para encontrá-la.

Recomendo iniciar conscientizando-se sobre o julgamento que tem sobre as pessoas. Será que ele faz sentido? Você se permitiu avaliar uma situação de outras formas? Comece se esforçando para ser mais útil aos seus colegas de trabalho, filhos, cônjuges e amigos, minimizando o poder do ego, abandonando a ideia de superioridade.

A crise advinda da pandemia da covid-19 possibilitou a aceleração da inclusão digital das pessoas. Tivemos que aprender a utilizar a tecnologia disponível e descobrimos o quanto podemos aprender uns com os outros. Passamos a ser mais tolerantes com os erros e a aceitar que o erro faz parte de uma cultura de inovação.

Como você tem lidado com o fluxo de informação que chega até você? Você é capaz de fazer filtros? Separar o que é negativo e compartilhar coisas boas, em vez de disseminar notícia ruim? Comece a aceitar o que não controla. Aceite que não é possível controlar tudo, seja sensato para colocar seu talento no lugar certo e influencie as boas ações, atitudes e decisões.

É sabido que se leva muito tempo para que se consiga obter satisfação e muito tempo para que se comece a pensar em termos de aprendizado. Mas à medida que você aprende a importância de se construir relacionamentos e ajudar as pessoas, você começará a perceber o quanto é ajudado por elas e as mudanças provocadas em si mesmo. Sentirá satisfação, orgulho e felicidade interior, desenvolvendo uma mentalidade de crescimento em qualquer situação da sua vida.

Utilize a sua sabedoria para transformar e tenha humildade para aceitar a fragilidade na condição humana. Emoções como medo e tristeza fazem parte da vida. O medo nos protege de um perigo maior. Tenha sabedoria para lidar com as adversidades e transformar a realidade aparentemente ameaçadora, mas o mais importante, é ter consciência de que passamos por desafios que são próprios de cada fase da vida. Alimente seus sonhos, projetos e propósitos de vida. Encare a crise como oportunidade de mudança.

A vida é energia, movimento e um esforço contínuo. É preciso ter fé e esperança de dias melhores! O caminho da vida é maravilhoso e cada desafio superado é gratificante. Divirta-se na montanha russa da vida, alimentando a crença de que você é a melhor versão de si mesmo, em constante crescimento e transformação. Assuma a mudança, crie novos hábitos, mude as palavras, crie um novo *mindset* – uma mentalidade de crescimento. Conscientize-se de que você é obra-prima do Criador. Deus está sempre com você.

Referências

DOLAN, P. *Felicidade construída: como encontrar prazer e propósito no dia a dia*. Tradução Rafael Montovani. Rio de Janeiro: Objetiva, 2015. 248 p.

DWECK. C. *Mindset: a nova psicologia do sucesso*. Rio de Janeiro: Objetiva, 2017. 310 p.

GALLWEY, W. T. *The inner game of tennis*. 10 ed. Málaga, Espanha: Editorial Sirio, SA 1994/1997.

VIEIRA, P. *O poder da ação: faça sua vida sair do papel*. São Paulo. Gente, 2015.